告別歷史

一個獨特
語文教育
研究所的結束

周慶華 編

作者

周慶華、王萬象、
楊秀宮、歐崇敬、
鍾屏蘭、黃筱慧、
許文獻、彭正翔、
黃亮鈞、周靖麗、
陳意爭、許靜文、
林明玉、許淑芬、
匡惠敏、林彥佑、
蕭孟昕、林桂楨、
瞿吟禎、張銘娟、
許瓈玲、何秋菫、
黃紹恩、許彩虹、
史益山、李心銘、
林怡沁、黃獻加、
蔡正雄、廖五梅、
曾振源、巴瑞齡、
林靜怡、江依錚、
陳雅音、黃梅欣、
鍾文榛、周玉蘭
（依章節順序排名）

目　次

熄燈號響起

學界朋友的慰勉

夥伴們道別離

留住課堂的一點迴響

回顧語教所做的事

附錄

熄燈號響起

時光就讓它流轉

——臺東大學語文教育研究所告別記

周慶華

中國文化大學文學博士・臺東大學語教所所長

語教所就要走入歷史了。

還記得接掌所長上任茶會那一天，才以一首詩〈與語文教育共舞〉跟大家共勉獻身語文教育研究志業的永志弗諼，而大家也很期待語文教育研究這塊招牌的持續光亮，但不到兩年時間卻被迫要結束一切。

所原有四位教師，可以維持很好的運作形態，但離職的離職，退休的退休，如今僅剩一人，學校就以不符教育部的總量規定理由，一再逼迫我們系所整併；沒有人為我們講話，補聘案不是出不了所教評會，就是被院教評會封殺，完全得不到奧援。這時抗爭，反被當成是系所整併的阻力，徒然惹來更大的打壓。

學校一向都沒有進退場機制，誰強勢誰就把權益全盤端去，弱勢的一方永遠只有挨整的份。這從過去的語教系碩士班時代到現在的語教所，我們沒有自主權的命運都是一樣的。而面對別人的虎視眈眈，我們越感孤立無援且寒徹心骨！

東大語教所在申請設所時，就以「結合現代語言教學的理論與實務」、「發展多媒體語文教材」、「培育專業語文教育人才」、「提供在職教師語文教育進修」和「開拓未來語文教育產業」等為宗旨，至今連暑期在職專班已培養了一百多名研究生，學位論文出版超過五十種，在外口碑極佳；而所裡每年舉辦的學術會議、工作坊、學術演講、研究生論文發表會和出版語文教育叢書等，也不斷熱絡所的學術氣氛和提升師生的學術研究能力。但這些卻在學校一個整併政策下，都不被重視而全數無法再延續。

本來還可以爭取系所整併後仍維持既有的方向，但因為人力不足而人家也不願意等因素，只好忍痛把所交出去，在外享譽了十年的東大語教所從此消失。而要接語教所的華語系，只有少數平常有互動的老師，會同情我們的處境，私下幫忙奔走找救濟，但仍然無法改變既成的事實。因此，我僅能跟學校力爭保障既有研究生的權益和行政助理的工作權，此外就不便再提任何的訴求，包括我個人的去處。

我知道語教所一向都是在艱難中經營，但來這裡作研究的夥伴們卻不嫌棄，個個認同度高，也展現了超常的研究成果。不料，現在卻要眼睜睜的看著語教所吹熄燈號，可以想見大家心中的難過和不捨！而我作為一個無力挽救語教所的末代所長，說什麼對大家都有虧欠，恐怕這輩子再怎麼也償還不了。

晚近，由於出路窄化，少數夥伴中途退出，先跟語教所道別離，或經商去，或游走小眾職場，我也無能勸阻。往昔杜甫的感歎「安得廣廈千萬間，大庇天下寒士俱歡顏」，竟在我心頭縈繞不去。因此，結束語教所，或許也是一個必要的選擇，因為我不忍心再看到

4

一些「求助無門」的眼神！倘若有人不諒解我所妥協的，那麼我只能以眼前「沒得可以承諾」為由，暗中羞愧的自我釋懷！

　　該奮鬥的我們都努力過了，而難以接受的事我們也默默面對了，東大今後會不會有更好的發展我們就愛莫能助了。離開這個舞臺，突然意識到孤獨的滋味，宛如進入空茫的世界，前景白曘曘，不知道路走去那裡了。

　　回顧是一班無從倒退的列車，前進中我們會看到悠悠也幽幽的自己，而時光只能讓它無償的流轉。

學界朋友的慰勉

砂城晨雨紀行

王萬象

美國亞歷桑納大學東亞所文學博士・臺東大學華語系副教授

一、島嶼邊緣賦新詞

晴嵐翠微連紫陌，暮色昏黃覆蒼穹。豐源橋邊風肅肅，
利嘉溪畔雨濛濛。

初春淡漾天無極，苦楝團團滴粉紅。鸞宮棟裡雲移去，
始覺洄瀾千萬重。

（驚蟄後偶題）

砂城歲月靜謐悠緩，光影掠地物候自新，人來人往鳥去鳥還，
山海之間日昇月落，風雨陰晴歌哭無端，而安住「亂世」難免根觸，
徒呼負負之際，且自開懷飲幾盅，掃鬱壘樂盡天真。在無止盡的時
空途程中，總有些散落的音符逸失在寰宇之間，後來卻又悄悄潛入
旅人的心扉，因此生命的記憶遂被鑄成永世的風景，疊現於夢境與
現實的邊緣。這樣的春夏之交，天潮潮地濕濕，從清明到端午，有

時淅淅瀝瀝，有時轟轟隆隆，在醒睡惺忪的當兒，總讓人失了心魂，那斜斜細細的銀線織就一幅煙雨圖，「此時無聲勝有聲」，一切的感覺都中止了，就讓我向那巨大的宇宙深淵滑落，不知所終。四月該是艾略特的荒原裡最殘酷的月份，可斯時南國春日負暄，光影亮閃閃灑滿一地，雲樹飄絮晴絲裊裊，竟無從感受詩人心底的寒意，而太平洋明灩灩的波浪浩瀚無垠，又怎是陰風怒號的英倫三峽差可比擬？我們都是時空旅次中的孤獨行者，打從降生此時此地，有了屬於自己的家屋天地，也就有了寂寞的途程等在前頭，數不盡的出發與歸來，就在季節與星辰的流轉中，敷衍成一片片日夢或記憶深藏其間的人世風景。然而，有些人不肯當時間的石人，寧願是空間的歌者，所以也就有了風的呢喃和雨的囈語，他們想用這斜斜的絲網罩住不經用的生命。但是，不管我們如何在冰涼的旅途中努力前行，就算人人都有千耳千眼，也無法聽見窺視世界的全貌，更不用說抓住幾個啟示的瞬間，在獨白中留下無聲的迴響。

　　氤氳草樹連蒼翠，島嶼邊緣賦新詞。綠野平疇瀰惝恍，山風海雨漫迷離。

　　秋光黯黯接天際，物色寂寂入地陂。枝頭白鷺自悠悠，敻遠潮音惹夢思。

（丁亥霜降前有感）

　　這樣一個小雨紛飛的五月早晨，開車行駛在雲霧繚繞的花東縱谷，四處滿眼青翠涔浸於白茫茫中，霎時彷彿置身氤氳的潑墨山水間，暫時忘卻所從來的卑南平原，手握方向盤卻毫無目的地晃蕩著。已經好些時沒開車閒逛了，這十幾年來臺九線不知駛過多少

回，於風朝麗日或微陽暮霞，伴隨親朋故舊同遊後山勝景，但都不如獨自一人走馬坡道川谷，可以了無牽掛地漫遊在寧靜的雨晨。幽居在島嶼邊緣的東南砂城，可又是近端午的時節，一年容易等閒過，山風海雨入夢遠，中歲靡悶的日子好似閒淡的山水小品，應該是字字入禪的，奈何檻內人塵緣俗念未斷，雖然身處翠微晴嵐之間，此心亦已沾滿泥絮，無從衝決愛憎的網羅。三大千世界裡浮生若飆塵，吾人所行則如心網撈水耳袋裝風，在醒睡夢覺之際，向虛空無窮處探問因緣法，而雲氣水霧兜滿山谷，昇證自然妙造一切的奧秘。

　　砂城九月秋霜重，迢遞邊聲白露稀。

　　木葉流塵相囑咐，瀟瀟暮雨送芳菲。

（砂城秋景）

在秋霜裡回想盛夏，真有恍如隔世之感。那年梅雨斷斷續續綿延了幾個旬日，有時淅淅瀝瀝不辨昏曉，有時黑雲壓城一片鬱鬱，就這樣從立夏直到端午。砂城歲月有時是幽居靡悶，舊鐵道迴廊不知已走過多少遍，棧道旁的路樹雜草枯死又重生，雨中昏黃的立燈顯得格外的淒清迷濛，迴廊間幾許交錯的身影穿梭成流光，悄悄收納進記憶的百寶盒裡。而在烟草風絮的梅雨過後，時節依舊會是炎熱的六月暑天，滿城的鳳凰花仍然嬌豔欲滴，幾番風雨的洗滌更加簇麗瀏亮。當無可名狀的悸動觸發了生命的玄思，我們或許可以仰望夜空中的星斗，在斑爛裡追憶起苔綠瓦紅的舊夢，不管是春暖秋涼抑或夏燠冬寒，只要雙瞳順著斗杓的方向滑落，心之危檣孤筏便能駛向遙遠而又明亮的銀河。常常想起那曾經走過的最遠的街燈，

迷離飄忽的光暈照見許多落寞的身影，在時代的風雨聲中花鈿委地枯死，然則透過書寫的方式，我們可以於字裡行間尋回並安置，那些早已黯淡的昔往輝光，那些逸失的年少情懷。

> 東南天際黯，雨霧午前秋。
> 渺渺樓臺遠，淒淒草樹幽。
>
> （有雨）

雨落在平靜的東南海面上，雲繚霧繞將射馬干山遮掩了大半，平日的晴嵐夕照了無蹤影，天潮地濕襲人衣袖而來，這一方土地欲雨未雨前氣涌如山，驅車在孤寂的島嶼邊緣，此心亦淒然如同置身潑墨畫裡。從人文學院的樓頂近眺遠望，但見利嘉溪畔的綠野平疇，豐源橋下乾涸的河床，西康路兩側的阡陌縱橫，以及知本農場內的老牛和白鷺鷥，都與礬宮圍牆接連在一起。四月杪的知本校區謐靜已極，長空一陣孤鳥斜斜飛過，春雨霧笛裡，草樹翠微前，滿園飄灑在細細的銀絲中，那感覺像是醒在不真實的夢境裡。

> 秋陽似酒不知寒，夕照如霞映海瀾。半百春華皆過往，
> 詩文志業竟消殘。
> 書空咄咄成孤憤，種李栽桃述作安。暝色高樓驚客夢，
> 星霜屢變意闌珊。
>
> （秋興）

我蟄伏於東南海隅的鯉魚山下，種桃栽李忽忽已閱十載，邊城的華燈依舊燦亮如昨，許多的人事物卻暗中更迭變換，這些年月樓居在背山面海的校園樓角，推窗不遠處有海浪洄瀾歙合綿延，開門

映入眼簾的便是氤氳山色蒼茫穹冥。這山海之間總是藍天白雲的模樣
居多，真有「一江煙水照晴嵐」的景象，翠微碧於蒼穹深於海藍，置
身其間就覺得朗潤清圓，層層巒影黛綠，裊裊晴絲淡樣無極，世外
仙源未必勝過於此。雖然天氣偶有陰霾沉黑，時則或波光瀲灩山色
空濛，草樹田疇屋宇消融在一片惝恍迷離中，看山風海雨緊緊圍繞
著卑南平原，臺九線和臺十一線蜿蜒迤邐在島嶼邊緣，就像是兩條蟄
伏於人世的潛龍，暗自守護住著這一方天地。我研究室的長窗開向
太平洋，海平線幾乎與我的眉眼同高，校園內蓊鬱的草樹圍繞著幾
棟樓房，穿雲小徑隱沒於鏡心湖畔，朗朗乾坤有此靜好歲月，實在
不易。在如此這般賞心悅目的環境裡工作，可說是得天獨厚幸運之
至，因此我落腳這裡已近三年，坐擁三面書牆一片碧琉璃，直欲以
「知本野老」或「大學中隱」自號，應該能夠於此「春風化雨」到老。

二、沈浸醲郁說人情

　　中年人有時不免會回首來時路，在前塵舊夢裡思苦憶甜一番，
雖然也屬晏幾道所謂「補亡」之舉，但是「感光陰之易遷，歎境緣
之無實」，則為人情之常。人其實是一隻隻孤獨的蝸牛，背負著各
式各樣重重的殼，爬行在自己的軌道上，不管陌生或熟識，無論志
趣情性思想見解為何，少有會心莫逆之時，大抵皆各行其是，彼
此之間隔閡甚深。然而，這亦是無法強求的事，如若得幸便自會有
一番巧遇，師友風義如松柏長青，為這寂寞的年代撐起一片天，讓
人在花影下相濡以沫相忘於江湖。雖則如是，事情總會有例外的，
就像我側身上庠十數載，黌宮多見權謀紛爭，相知相賞之人自是

難逢，與同事慶華兄的結識，自忖十分幸運，能有此「師友」一路提攜照顧，讓教書生涯多了點希望。我認識慶華兄有十五年了，向來對他的治學為人十分欽佩，更是驚訝於他的才華橫溢，詩文小說無所不能，簡直是一個手握五采筆的奇葩，令人既羨且妒。去年慶華兄寫了〈感念之外——致王萬象教授和簡齊儒教授〉一詩相贈：

都是第一次
相遇就接續前世的盟約
在踐履的儀式中驚詫親善
沒有牌局的險巇
只為了承諾

承諾年年的淨心
忘情於東海岸的山巔水湄
跟隨季風的游牧路線
書寫一頁雲的傳奇
淡泊今生

今生快了追逐情緣的節拍
奔波窮困後欣見
舒緩的旋律
已然輕盪在邊地花香的徜徉裡
陶醉可以抵償有心的回饋

回饋你們百般的愛護

遺憾只剩一顆歷險江湖的餘悸

他們都在爭奪別人的痛楚

把希望寄託過去

得意的搶先站上擁擠的舞臺

舞臺需要黯然的身影自己落幕

翩翩無法帶著出場

前面有遼闊的蒼茫在等待

返身眺望是未來最深的顧念

第一次再約定

　　杜甫〈徒步歸行〉則云：「人生交契無老少，論心何必先同調？」杜甫〈徒步歸行〉又曰：「此身飲罷無歸處，獨立蒼茫自詠詩。」書齋生活只如案頭山水之悠遊清賞，無事得閒呆坐電腦螢幕前，我乃以古體樂府作〈傷歌行──答慶華兄兼及齊儒〉唱和一番：

　　　　蒼穹衝浪黑幕低，扁舟危檣感鬼神。論學翻作兩地書，吟詩吐成一家音。

　　　　任運東南十五載，栽桃種李三十春。文哲著述負奇氣，駭世篇章同等身。

　　　　碧潭岸邊寶桑亭，洄瀾深曲憶平生。含英咀華傳芬芳，沉浸醲郁說人情。

　　　　鯉魚山下紅濕處，砂城秋月伴孤星。黑袍博士最困窘，

白頭教授單車行。

嵐影溪聲應非夢，樽前微醺終混茫。年命朝露薤上晞，蘆花搖曳亦自傷。

流塵生意惜教違，飄蓬相顧夜未央。青襟侷促是非圈，衣冠輾轉名利疆。

鬢宮權謀時不贓，拂逆橫眉君豈憂。燕雀惴惴爭喙食，鴻鵠翩翩但遨遊。

風片雨絲雖有因，海色天容本無由。高情遠志臥松雲，皓首窮經更何求。

後來再填一闋詞〈八聲甘州〉，聊以致贈慶華兄：

落山風、四面捲沙來，城鄉盡蒙灰。看阜南溪畔，林間步道，過客徘徊。朔野清秋千里，孤雁沒檣桅。惟有周公博，東大星魁。記取鯉魚山下，對華燈初上，隱隱輕雷。歎人非物是，日月暗移推。待文期、高談闊論，更幾番、街市買新醅。中華路，幾曾淹留，且進餘杯。

有些人有些事並不如煙，要記取還是要忘卻，恐怕一時間無法定奪，後世自有公正的評價。歷史的偶然和錯誤寫就了英雄故事，白頭教授於此十數載春風化雨，知識霖澤霑漑千百人修成語教課業正果，認真的師生以質實的論文鋪成一條堂皇的學術之路。無論如何，生命中所有的歡樂與哀愁必歸於沉寂，一切的一切終將隱淪虛化，在春雨笛霧中獨身飄然曠野，於迷離的夢境中尋訪失落的靈魂。一年容易春花謝，鬢宮又奏離別歌，校園中剛送走一批畢業生，

不久又得接來另一批，時間就在「送往迎來」中悄悄流逝，而人事亦如委地的阿伯勒小黃花瓣，推陳必繼之以出新，碾作塵泥更護他日芳枝。語教所雖然即將吹起熄燈號告別歷史，但是短短的十年即已展現出相當可觀的學術成果，學校生態環境及人事因素致令其休，有識者不免為之扼腕歎息，然終已來到無可如何之日，在此臨別之際，我衷心希望大家記得它獨特的面貌，亦能聽取眾絃寂寂後那悠揚的清音，兀自在歷史的幽谷中迴響不已，直至天玄地黃宇宙洪荒。

完稿於 2011 年 12 月 20 日

過客美麗的回憶

——我眼中的語教所

楊秀宮

東海大學哲學博士·樹德科技大學通識教育學院副教授

　　臺東大學語教所是一個師生親切，令我難忘的單位。但是自聽聞語教所即將成為「校史的一部分」時，我卻萌生了一些「惆悵感」。這或許要從我的老朋友周慶華教授談起，他一直為這個所把舵，也把它營造得有聲有色，只要與這個所有所接觸的人，第一時間的反應恐怕免不了忖度：怎麼會是一個發展有望的所即將「結業」？

　　也許我的惆悵交織著大環境對於教育理想的忽略與無感，而更貼切地說，我惆悵的理由是來自對一個「優質教育系所」的停歇所引生的感慨。

　　近年來，因為認識周慶華所長，經由一起論學的緣故，也就有了到語教所演講、口考碩士生、發表論文等機會。對我來說，每次到了語教所總有「賓至如歸」的感覺，或者說到語教所令人「流連忘返」。原因不是因為臺東的好山好水使人佇足，也不是校園優雅的緣故。而是語教所學生的「氣質」與「好學」，加上周教授的「學

者風範」、「良師形象」共同營造出的氛圍，那也正是我研究與教學的生涯裡所殷切盼望的情境。

參加研討會時，曾不經意說出「很高興『回到』語教所參加論文發表會」。但是我並非這裡的系友，也不曾在這裡任教過。我只是為了演講、口考、發表論文等「一時之任務」來到這裡。我充其量就是「過客」，但是卻被這裡的氣氛「感染」而到了「心有所嚮往」之境。也因此聽說語教所要劃下「休止符」時，我也就有一份不捨其作罷的「惆悵感」。

雖然有被「惆悵」盤據的感覺，卻也不至於太多傷感。因為從成果的展現來說，語教所可以在「任務完成」的時刻「光榮退場」。所以我要出清「惆悵」改為道說「恭喜」。恭喜周慶華所長在獨力扛下責任的情況下，誨人不倦堪稱表率。恭喜語教所的同學，你們在語教所遇到了良師益友，寫出了你的碩士論文，出版了你的第一本專書。恭喜臺東大學，在校史的扉頁裡有語教所優質的紀錄作為內容。

道過「恭喜」，我還要在此道「謝」。謝謝有機會參加語教所的各類學術活動，也謝謝有這樣的機緣，可以體會此耐人尋味的「艮，止」之象。語教所在周慶華所長的戮力之下，展現了一種氣象，相應易經〈艮卦〉彖辭所云：「艮，止也。時止則止，時行則行，動靜不失其時，其道光明」。

誌此短文，不只是表達作為一個「過客」的感懷與美麗回憶而已，更是出自對好友周慶華所長的一份感佩。最後，謹以《易經‧艮卦》裡「敦艮之吉，以厚終也」一語略表我對語教所「結業」的評價。

誌於 2011 年 12 月 8 日

19

因為寫作而偉大

歐崇敬

中國文化大學哲學博士・環球科技大學通識教育中心副教授

2010 年 6 月，我首度應臺東大學語文教育研究所所長周慶華教授之邀，演講兩岸的文化創意產業，因而我到了臺東市，這是我一生中第三次進入臺東境內，不過卻是第一次深度的認識臺東。在前往臺東之前，我一直有一個想法，就是久聞周教授著作等身，總創作量截止 2010 年 6 月以前的出版已經超過 40 冊以上，充滿好奇心的我，尤其是對於能夠創作理論的著作家而言，我從來未曾放過對於他們的研究與著作的全面閱讀，我這樣的態度並不僅僅對於臺灣當代的學者，也包括對於海峽兩岸所有華人的理論創作家的著作，我其實都在過去的二十多年收藏和閱讀過程中逐一的吸收和品味他們的生命結晶。如果說在當代學人裡面還有那一位理論創作家的著作我還沒有仔細閱讀的話，就是周慶華教授了！截至 2010 年為止就我所知兩岸學人裡面能夠出版作品超過三十冊以上，並且具有理論創作特質的著作家並不到二十位，周慶華教授就是其中一位。我之所以說我帶了高度的好奇心前往臺東，並不意味著我從來沒有讀過他的作品，正是我已經讀了若干部他在書店裡容易找

到的作品之後，我才發現這是一位著作極豐並且值得深入閱讀的創作者。

比較奇特的是，周教授這位作家他的著作並不容易完全在同一個圖書館裡面找到，由於我自己手邊可以接觸到的幾個鄰近的大學圖書館，對於周教授的著作蒐集並不完整，這就使得我能夠受周教授的邀請而到臺東大學去演講給了我另一番的「尋奇」之感。換言之，我除了前往臺東大學演講以外，我還有一個為當代華人理論界尋寶或者說工作的任務！於是，我在出發的過程裡，即便我在 2010 年的 1 月到 5 月是多麼的繁忙，或者是心情惡劣，但都由於有這樣的一個任務或者旨趣使得我足以暫時拋開所有的煩惱和困頓。我還記得我到的時間是下午，蘋果旅店的執行副總開著廂型車前來接我到旅館下榻，而周教授還在上課，到了午後五點半，周教授下課騎著單車來看我。說到騎著單車，周教授在所有創作家裡面有另外一個特色是他自己不用 email，只透過助理收發，也不用手機，不過卻從來不遲到也不失約，當然，他也不開車。五點半之後的那一天，他要我騎著蘋果旅店外借的腳踏車和他一起旅遊臺東市，大約在兩小時以內我們經過了主要的臺東市景點。在騎車旅遊的過程裡面我發現周教授是一個細心而且非常擅長照顧朋友的大哥型人物，並且，在他的身上充滿了詩意，很多途經的景點都是他寫詩或者沈思的所在地。如果臺東是一個充滿靈氣的場域的話，那麼我看大半的靈氣都被周教授吸收到他的大腦裡面，為人間創作了許多重要的篇章了。

隔天，我終於得幸可以進到周教授的所長辦公室，在那裡我終於見到他那壯觀的四十多本個人創作，我迫不及待的拿起幾本久仰

多時的理論作品加以閱讀，不過由於時間的關係，加上我過去曾經
閱讀的周教授作品，其實我還沒有讀完他的一半創作。不過我卻有
另外一個發現是，周教授在自己獨立創作之外，他還大量的指導學
生的碩士論文，並且為學生的碩士論文作深度的修改和整理，到了
2010 年 6 月的時候竟然關於語文教育的研究出版在他的指導下已
經有五十多種書籍完成出版，所涉及的題目可以說遍及語文教育的
每一個可能面向，我稱這是周教授手下的「周派作品」。說是「周
派作品」，其實一點也不為過，為什麼？因為周教授的研究生們其
實都依據著周教授的理論作為整個研究的綱領，而深入在語文教育
的各個領域中加以發揮。當我在敘述這段話的時候，我並不準備歌
頌周教授完成的字數或者是書本份量，我想要稱許的是一種獨特的
精神，我稱這種精神為「因為寫作而偉大」的精神，某種程度上這
種精神和「因為創作而偉大」或者說是「因為藝術而偉大」，乃至
於是「因為認真生活而偉大」有些類似。

　　創作與主編的作品能達到一百冊以上的人不要說是當代華
人，就是古今的華人都不多見，或者說不要說是華人，就是古今中
外的創作者也都不多見。這樣的例證我們很容易在各大圖書館裡
面，通過查詢而得證我說的是否真確。然而真的令人感到震撼的
是：臺東，這是一個臺灣幾乎可以稱上最偏遠的地方，一個在臺灣
東南角的小城裡，在一個人口三十幾萬的縣和十餘萬的小城市中，
書店不到十家，圖書館不到十座，大專院校只有兩所，高中職十餘
所，缺乏太多的文人聚會的場域所在，伴隨著創作的是狹長的海
岸，和卑南族的豐年祭歌聲，以及為數才三千多人的臺東大學師生
的談笑風生。

　　是什麼樣的力量，讓一位生於 1957 年，在 2010 年才五十出頭就完成了這樣蔚為壯觀創作風格豐富多元的成果？我體會到周教授身上存在著一股因為寫作而偉大的力量，也就是說他的意志力和創作力合而為一，並且轉化在對學生的教學工作和論文的指導上。2010 年 7 月 15 日，我再次獲得周教授的邀請，作第二場演講，同時對一位語言音樂教育的研究生論文口考。因緣際會在 7 月 15 之前，我才和家人從澳門返國，人在臺北進了國門隔天，原先我因為夏天酷熱造成的口內五、六處的潰瘍尚疼痛不已，為了周教授的演講，我特別要求耳鼻喉科醫生連續兩天幫我打了消炎針，使得我可以順利的在臺東講演；同時，由於上一個月的經驗，我特別想讓我的妻子和孩子見識到周教授這種獨特的精神，於是我們搭乘了觀光列車從臺北大約經過五小時的時間，再次的來到了臺東，也再次入住蘋果旅店。這次的旅程是我們一家人首次在臺東的參訪，很幸運的是在口試的過程裡，因為周教授的介紹我認識了王萬象教授。在為期三天兩夜的 7 月臺東之行中，我們大概參觀了臺東主要的人文和旅遊勝地，女兒栩韶特別希望能夠看看初鹿牧場，雖然在當地 Starbucks 某位深具導遊身分的熱心人士介紹中，他不建議我們在緊迫的時間裡把初鹿牧場放作是優先行程。不過由於女兒獨特的期待下，王教授仍然開著車同時也帶著兩個女兒和我們一起到了初鹿牧場。在整個牧場的參訪過程中，我似乎發現女兒栩韶之所以堅持到牧場參觀，似乎也和周教授的創作精神有著些許的類似和共通之處。女兒一直告訴我她希望在國中時代就能夠創作出一本屬於她自己的小說或者散文作品。如果沒有錯的話，我猜想她對於初鹿這樣的一個牧場能生產出牛乳和各種乳製品，對於她這樣一個孩童或者

說才脫離孩童不久的國中生來說一定充滿了浪漫的期待。在參觀牧場的過程自然也就成了她採集靈感和增加創作資源的一個重要過程了。我和王教授坐在牧場的銷售部廊下談了兩小時，而她們幾位小姐則在牧場四處走動。我想無論是男士或者女士在那一天的行程裡面，我們都分享了一種屬於知性和創作上的饗宴。

由於內人黃淑基在大學擔任的教職是文化創意產業，於是其實她對臺東這一個遙遠又寧靜、陌生又熟悉的縣城自然也充滿了好奇，況且這又是一個原住民為數眾多的縣治所在。首先她就在臺東市誠品書店後面的「部落美男子」店鋪中蒐集了若干屬於卑南族年輕人自製的 T-shirt 和創意作品。我陪在她旁邊看她採購的過程也像是寫作的資料收集，同時間我也充當起她的助理，向店鋪中的店家詢問，意外的我們發現店家都是原住民的青年，並且有著豐富的學經歷和創作的作品。在店家的建議下我們到了「都蘭」，妻子在都蘭的藝術村裡以及都蘭的街道上分別收集了好幾個不同的都蘭書包。對於旁人來說或許以為這只是一個新奇的採購動作，對於我而言我卻認為這在我們的家族生活史上是一個重要的里程碑。妻子從一個城市的音樂演奏者並且被各種資本主義的品牌包圍，手邊用的耳朵聽的淨是名牌的符號，似乎在 2010 年 7 月的都蘭村午後的時節裡，她跨過了世界十大名牌的皮包，有了自己面對文化創意的品味。從 T-shirt 到背包，從明信片到食物，她開始知道撇開資本主義的主流價值，而看到創作的生命內涵。

從因為寫作而偉大的周教授之邀請，到我們看到因為創作而感動的臺東或者都蘭村，生活的世界裡面，原來平凡無奇的聲響之中，就可以捻出偉大的氣質，關鍵並不在錢財，也不在科技的日新

月異，卻在創作的心靈裡面和在意志的抉擇之中。人類因為擁有自由意志和創作的能力而可以偉大，沒有一個偉人是因為累積收藏了什麼大量的資本主義商品而偉大，所有的歷史巨人都因為他們的心靈和德業而令世人感動。周教授的語教所和這兩次的臺東之行，對我和我的家人都成了豐富的饗宴。

　　附：2010 年 11 月我第五次到臺東大學參加語文產業研究所會議發表論文，並且在開幕式中致開幕詞。開幕詞裡我稱周教授是我們這個時代讀書人中的聖人。2010 年 12 月，我又接到 2011 年的會議邀請。

悼念一個獨特語文教育研究所的結束

鍾屏蘭

高雄師範大學文學博士‧屏東教育大學中文系教授

　　驚聞臺東大學語文教育研究所在學校的系所整併政策下，將運作到 101 年 8 月結束！東大語教所在語文教育研究方面，成績斐然，貢獻良多！我與東大語教所緣分不淺，因為我在屏東教育大學有擔任語文科教學研究的課程，所以藉著東大語教所每年的學術研討會，讓我有發表教學心得及教學方法等論文的平臺；同時我也擔任好幾位周所長指導的研究生的論文計畫審查及論文口試，每次總有令人驚艷的表現。正如周所長每次見面必定奉上一部大作──他又有新書發表了！既敬佩他的才情洋溢，也折服他對語文教育研究法的講究，更佩服他對學生打從心底的熱情，用循循善誘的方法，讓他指導的學生善用他的語文研究法，完成一篇篇有學術價值、也有實際貢獻的語文教學論文。

　　遺憾的是這麼一個有特色的研究所竟然要被整併了，我只想說這是一個非常非常重要的研究所，因為語文是一切學科的基礎，尤

其國小語文教育對學童更有無與倫比的重要性。加強國小語文教育的研究，對整體的教育是有實際的重要性、必要性的。我不知道這樣一個重要的所被整併了，今後國小語文教育研究這個領域將由那個大學學系擔負起來？我是很傳統的中文系出身，以前我沒有修過教材教法，沒有修過教育理論，也不懂得它的重要性，直到有一天，我擔任了語文教育研究的課程，才明瞭其中的價值。以下我謹摘錄一篇多年前我得到屏東教育大學教學績優老師獎項時的一篇訪談稿，來說明語文教育研究的重要，及其對我深遠的影響；更期待有朝一日，還能再有一個新的語文教育研究所的誕生！

中文系與教學大綱的心情故事

一、學富五車的揮灑～照表操課的嚴謹

在這裡我要講一些我自己在教學的時候，遇到的些許衝撞，我自己怎麼樣去調整？我自己怎麼樣去把它融合？因為我是很傳統的中文系出身，中文系給人家的感覺就是很古典，不太講求什麼很一定的方法跟什麼教學大綱。以前我沒有修過教材教法，沒有修過教育理論，當有教學大綱的時候，它就好像必須要照表操課，這中間我一直覺得是很衝突的事情，為什麼？因為我覺得中文系的老師在課堂上就真的是如癡如醉，隨時揮灑，然後往往會忘記時間。像我們中文系老師的傳統，上起課來就是滔滔不絕，黃河之水天上來，奔流到海不復回。真的是奔流到海去了，然後一路就講下去了。

我們說：「羽扇綸巾，談笑間、強虜灰飛煙滅。」他在談笑間就把一些很深的人生道理講給你聽。另外有一些境界，例如「庖丁解牛，以神遇而不以目視」等。神遇當然是強調你心領神會，而實際怎麼操刀那是另外一件事情，所以中文系古典文學方面對方法論比較不講究，但是會一直強調那個境界很高，你要去體會，你要去感受。還有中文系的老師普遍會有一種感慨：古調雖自愛，今人多不彈。現在古今有一點脫節，學生也會覺得那些就是老東西，現在沒什麼用了。我覺得這蠻令人傷心的，老師之間、同事之間，他們也都會感慨，現在的學生越來越不重視這些東西了。因此在古今之間、滔滔不絕與授課大綱之間，我都產生相當的衝撞，也試圖在這之間取得一個調和。

授課大綱第一個要定教學目標，你要把學生教到什麼程度？課程的綱要就是你的上課內容。另外你授課的方式為何？你是自己講授？還是分組討論？還是叫學生上臺發表？還有所謂評量的方式，也就是考試啊！有沒有筆試？有沒有口試？還是交期末報告之類的。你主要的是用那一本教科書？你還有什麼參考書目之類等等。以前這些東西我都等閒視之，因為以前我們的老師不是這樣教的，習慣用老師那一套，就是教到那裡就算到那裡。

尤其像以前我們中文系有一門中國文學史的課，中國文學史其實是很重要的一門課，你不管考任何研究所，只要跟中文有關的便一定要考這科，但教我那個老師很瀟灑，從先秦的《詩經》開始，《詩經》講到《楚辭》，《楚辭》講到漢樂府詩，一整年的課就講到這裡。因為他講的非常非常的詳細，每一段都發揮的淋漓盡致。

上他的課好不好聽？好聽！有沒有收穫？有！對研究所考試好不好？不好！因為後面的四分之三他幾乎沒有教。

大概隔了十年之後，我接了「國語科教學研究」這門課，教了這科以後，我突然有很大的一個衝擊。其實教學研究講的就是：你教的對象是誰？他是什麼程度？他是幾年級？後面的背景知識有那些？還有既然是這樣的對象，他的程度是怎樣？那你要用什麼樣的教材來教他們比較合適？如果他的英文明明不好，你硬要用一本很大本的原文書給他用，好像也不是很恰當。另外就是怎麼教？你怎麼把他教會？以前中文系的老師比較不強調所謂的教法，我回想起以前的確是有一些老師是滿腹經綸，但他上課時常常說：「這真是絕妙好辭！」比如〈長恨歌〉中的那句「梨花一枝春帶雨」，他會說：「好啊！這句真是好啊！真是絕妙好辭！」當然老師是強調要去體會，但當時我始終不知道這句有多美？他始終也沒有講出個道理來。

那到底要怎樣把學生教會？怎麼樣很有系統的帶領學生，讓他們有一個完整的一個概念？還有我到底要教會學生什麼？我要把他帶領到那裡？從這個程度要提升到那一個程度？這之間要用什麼樣的教材？我們有一定的教學時間，那我怎麼安排進度？在一定的時間內，一個學期之內或一年之內，把我應該要教給學生的、有系統的知識整個給學生。最後就是教會了沒有？教學評量就是了解他到底了解了沒有？學會了沒有？有沒有感發？有沒有感受？這個給我很大的啟示。我想怎麼樣可以很盡情的揮灑，又可以配合教材教法中這些很嚴謹的要求？所以我在兩者之間開始思考一些折衷協調的問題。

二、從古典到現在～理性和感性～有限與無限

　　我前面曾說：「古調雖自愛，今人多不彈」。那怎麼樣才能把古典的東西在現代人身上得到應用，有它的價值存在？所以我在設計教材的時候，如果是教古典的東西，我常常會把古典跟現代去結合，比如說駢文。駢文大概在對偶上、排比上都是很好用的東西；像詩歌，在現代生活上有什麼可以結合？四書五經都是一樣，如何跟現代生活去結合？

　　那理性和感性方面？我覺得嚴謹的照表操課是理性的設計，那你上課的時候可以很感性，可以很揮灑、深入其中的去跟學生分享。

　　另外一個就是有限跟無限的問題。也就是說我們的教學時間是很有限的，但是我們事實上想要傳授給學生的知識或學問是很多的，那怎麼樣在有限的時間內給他那麼多的東西？我覺得需要課程設計，也就是規矩跟方圓。人家說：「不以規矩，不能成方圓。」你還是要教他基本的方法，方法的指導是很重要的。至於說這個孩子以後他畫的那個圓有多大？或是這個方塊有多小？或是他形成一個什麼樣形狀？有沒有再去變化？那就要隨著他的個性適性去感發。我們讀文學的很重視讀了作品之後心中要有感受，你的感受能夠表現出來，就是能感發。我覺得起碼你要教他一個方法，所以後來我就比較講求方法，因此我折衷的結果大概一個是很理性的教學設計，另一個則是很感性的上課方式；還有在有限的時間裡面，給他們最多最多的一個量。

三、把每一週上課當作一場小型演講來處理

　　經過幾年的修正，我就把每一週上課當作一場小型演講來處理。小型演講大概就是要有很明確的主題，要有系統的、有組織的演講內容，還有要在一定的時間內講完。因為時間有限，所以我發覺這樣的好處就是：你會把最菁華的重點，很有系統的安排在一定的時間內講完，因為一次就是一個主題，下一次課就是換另一個主題了。因為每一次都要在時間內把最菁華的重點講完，所以我在選擇例子的時候，會仔細挑選最菁華的做代表。以詩詞來講好了，如張九齡的〈望月懷遠〉為例──跟「月亮」有關的，跟「思念」有關的詩，隨便都有上百首。但我會把這一首詩我最想要教的重點是什麼給傳達出來。給他們兩個觀念，一個觀念是「相思」；另一個是「憐惜美好的事物」，於是在旁徵博引的時候，我會仔細加以挑選，各舉一首最好的，這樣就會把時間控制好，也把最菁華的重點講完。另外，因為每一週是一個小型演講，一個學期下來上課大概有十五到十六週，那我儘可能把這十五六週加起來，就是一門完整的知識系統。我大概用這樣的方式來處理，所以這就是在有限的時間內做我覺得比較無限的延伸，給它一個完整的系統。這些可說是我接觸語文教學研究之後，在自己的教學上所做的調整與精進。在這同時，我也把課程設計的概念回饋到語文教學研究上，對他們強調課程設計的重要，教學活動設計的重要，及照表操課有系統教學的重要。

四、為不同的學生量身訂做教學內容

　　有了課程設計的概念和方法後,我開始為不同的學生量身訂做教學內容。因為我們的課程裡面大概有所謂的專業課程,也有通識課程,也有教育學程。通常這三種我就會用不同的方式去教。所謂的專業課程我覺得是專業知識的傳授跟訓練,所以要有很紮實的基礎,很深入的探討,這個方面我可能就比較從專精的方面去發展。那通識課程?通常我覺得通識應該是結合博雅的精神,還有最好它能夠在生活上應用,所以既然是「博」,便要廣泛、要多,那既然是「雅」,應該培養他們優美的情操,讓他在待人處世上,在胸襟器識上有大學生的風度。另外,儘可能讓他們能夠在生活上應用,讓他不會覺得這古典的東西毫無用處,這個也是我在結合古典到現代的一個方法。

　　我在國小語文教學的課程方面深深體會到中文系的老師可能很有學問,但卻不一定最會教書,或者教得最有條理、最有系統。因為在一門課奠定學生最基本能力的方法,事先的設計課程與活動是很重要的。通常我會把課程設計得很有條理,每一週照表操課,這麼一來規畫的課程大概都會教到;有了活動設計,上起課來較能生動有趣,學生也就比較不會打瞌睡。另外我會考慮通識課程和專業課程同與不同的地方,或許有些老師比較習慣用同一份教材,我比較不這樣做。因為我覺得一個是博雅課程,一個是專業深入的課程,所以像我在中文系開「詩選與習作」,「詞選與習作」的課,在全校的通識課程我開「詩詞賞析」的課,兩種課程看來接近,但

我所上的便完全不同。我會因為通識課來特別設計一個不同的課程內容，我覺得這其中很有趣。很多老師不願意上通識，好像覺得這個沒學問，但我覺得我喜歡上通識，因為我覺得它可以把很多我知道的知識整理成一套適合學生的課程，讓我覺得很有成就感。而且上非中文系學生的課，你能夠上到他不打瞌睡，上到他願意每週接受考試，上到他接受你的要求，到最後還能夠愉快的結束，在路上碰到你說：「嗨！老師好！」那種開心的表情，就會讓我很有成就感。

五、各種課程的搭配與統整

我受語文教學研究課程的影響，所以很重視各種課程的搭配與統整。有些跟其他課程有重疊的地方，就可以比較省略不用講得那麼清楚，把時間節省下來。另外有些的搭配性，像語文科教學研究，我就常常跟他們說：其實這是一個統整的課程，文字學可以用在生字新詞教學上，國音學可以用在注音符號的教學，我們有漢語語法跟修辭學，可以運用在學生的造句，以及長句縮短、短句伸長等國語習作的指導上。我們有文章結構學，可以用在課文形式深究上；我們很多詩詞文章的內容分析，就用在課文內容深究上。我會提醒同學它其實是一個很好的統整課程，它把我們所學的東西全部統整在同一個科目上一起去集中發揮。而且我上課的時候大概會儘可能的用他們以前上過的高中課本內容，看看他們選過什麼文章？例如我在上文學史或其他如詩詞散文課的時候，只要他以前有學過的，我大概馬上就溫習一下，或讓他們回去找那個書來看，我說這是溫故而知新，他們又可以認識的比較深、體會的比較深。

33

六、為各班學生量身訂做教學內容——以「詩詞賞析」為例說明

「詩詞賞析」每週教學進度表

❖ 詩歌的本質與藝術的形式——詩歌總說

❖ 老祖宗的浪漫——詩經中的愛情

❖ 雄才癡情的交集——項羽、漢高祖與武帝之歌

❖ 年青女子的愛與怨——漢魏樂府詩欣賞

❖ 七步成詩之一門三傑——建安詩歌總說

❖ 廣陵散絕與採菊東籬——晉世詩人的深沉思路

❖ 風骨奇高與比興寄託——唐詩氣象的開啟

❖ 雄奇奔放與小兒女呢喃——百變李白與現代信樂團

❖ 痛苦的繁榮，貧窮的哀音——杜甫、白居易的新樂府

❖ 夕陽落花的淒美意象——晚唐的哀音絕唱

❖ 要眇宜修的詞心——宋詞中的深美婉約

❖ 浩懷逸氣的橫放傑出——曠達豪放的蘇辛

❖ 驀然回首那人卻在燈火闌珊處——人生三境界

❖ 從詩詞讀生命——面對人生風雨的三種感悟

　　我有一門通識課程「詩詞賞析」，我在擬訂教學大綱、安排教學進度時，就把它設定為每週的演講。因為既然是詩詞賞析，我覺得學生應該對詩歌的本質內涵有所了解。詩詞的本質在抒情，而詩詞的抒情跟一般的文學不太一樣的地方就在其藝術的表達形式。比如說它講求格律、要押韻、講平仄、句子整齊，或者是錯落有致，

還有分行的排列等等，這個藝術形式是為了要表達其抒情的本質而來。所以我第一週開始講詩歌總論，便從「詩歌的本質及其藝術形式」開場。接著我就照時代來排，一方面找有特色的作品，一方面找各種身分不同的作家。所謂的有特色，大概是照詩歌的一個發展。比如說《詩經》是四言詩，那漢高祖他們那個時候的詩是楚辭式的楚歌體；至於漢樂府是雜言體的樂府詩，而建安詩歌則是五言開始成熟的時候，然後七言詩開始萌芽，這以上是古體詩。接下來是近體的唐詩，唐詩發展可分成初、盛、中、晚四期，各有不同的特色。然後講到宋詞，宋詞中有豪放派、婉約派，我大概會依角色、人物等方面選取作品，因為我覺得既然是博雅，所以要有多樣性。最早的詩歌，從《詩經》開始，我挑選的是愛情詩，我想這是人類共通的主題，以前的人談戀愛，現在的人還是談戀愛，我覺得它跟生活比較有相關，學生比較會有興趣，所以我定的標題是「老祖宗的浪漫——詩經」。

《詩經》是一般人民的作品，所以接下來我選了帝王之作，那是雄才跟癡情的交集，我專門講項羽、漢高祖、漢武帝他們的作品，各舉一首詩然後比較其中的異同。接下來的漢樂府詩中有許多年輕女子的愛與怨，它專門是女性的作品或者是描寫女性的。當時的女性也很多種：有些為愛情很熱烈付出的、也有那種很哀怨的棄婦，當然也有堅貞果決的女子，可以慧劍斬情絲，拂袖而去，她心目中有理想的愛情觀——我覺得這可以讓現在的男女生去思考體會：古今人情相去不遠——為什麼詩歌它有亙古存在的價值便在這個地方。因為事實上他們描寫的生活、感情、內容等跟我們現在還是息息相關的。接下來是七步成詩的曹植，曹氏一門三傑是建安詩歌的代表。我們說曹操、曹丕、曹植他們三位是奠定五言詩基礎的人，

而且他們有帝王的霸業，一統天下那種雄心壯志，我覺得可以激發一些年輕人不同的胸襟器識。

另外，「廣陵散絕」跟「採菊東籬」講的是兩個悲劇人物！晉朝是一個亂世，前有廣陵散絕的稽康，他是以很剛烈的態度面對當朝的司馬權貴集團，但他的剛烈風骨為他贏得激賞與敬佩，太學生三千人去朝廷為他求情，最後阻止不了他被殺的命運，他死之前彈了一首〈廣陵散〉，他說他死後大概沒有人會再彈這個曲子了，所以說「廣陵散絕」。另外那個採菊東籬指的當然就是陶淵明。陶淵明在亂世裡採取了隱居遁世的方法來維持自己清白的生活。我想這兩人同樣風骨奇高，一個是剛烈絕決，一個是隱居遁世，如此也可給學生們一些進退出處的問題思考，可以給他們一些啟示。

唐詩的氣象十分壯闊，最好的地方是很有風骨，而且用比興寄託的方式來表達。一方面可以看出詩歌的表達藝術，再方面可以讓他們興起一種像盛唐氣象般開闊的氣度。這期間有百變李白，所謂的詩仙就是詩仙，他有七言歌行體的雄奇奔放，也有五言體所表現的小兒女的呢喃，而且都各有風情。他那「君不見黃河之水天上來，奔流到海不復回。君不見高堂明鏡悲白髮，朝如青絲暮成雪」的奔放；而他又有屬於小兒女的呢喃，比如說〈長干行〉，講到女孩十四歲嫁給青梅竹馬的伴侶，十五歲怎麼樣，十六歲怎麼樣。講到小兒女，「妾髮初覆額，折花門前劇。郎騎竹馬來，遶床弄青梅。」真是充滿小兒女的風情。剛好七言五言又可以對照說明。還有他的邊塞詩，那種蒼涼悲壯的情懷，這時我會特別選一首現代信樂團的〈one night in 北京〉來呼應，它跟李白的邊塞詩意境，很多地方真的是不謀而合，所以我放這首音樂給大家聽，當作古典與現代的結

合。接下來是介紹中唐，中唐我用的標題是「痛苦的繁榮，貧窮的哀音」，這期間有杜甫，有白居易的新樂府。其實現在我們社會上還是一樣——朱門酒肉臭，路有凍死骨；一邊有人滿漢全席，一邊有人燒炭自殺。所以我覺得，古典跟現代距離並不是那麼遙遠的。最後則是介紹具有夕陽落花悽美意象的晚唐。

接著由晚唐淒美意象的詩歌順接到宋詞，有「要眇宜修的詞心——宋詞中的深美婉約」，也有「浩懷逸氣橫放傑出的蘇辛」，兼顧詞裡面的婉約與豪放。最後兩週，我把課程設定在「驀然回首、那人卻在燈火闌珊處」的人生三境界，這是王國維說人生凡成大事業大學問者，必經過這三種境界，他舉詩詞裡面的例子來說明，我則用來鼓勵學生，立定目標、堅持到底，不畏艱難，終致成功。另外我覺得詩詞在日常生活當中，處處用得著，詩詞其實是在寫生命，在寫很深刻的情感。所以最後一週我設定的是「從詩詞讀生命——面對人生風雨的三種感悟」，當你面對人生風雨的時候，你該用什麼樣的態度去面對。人家說太陽底下沒有什麼新鮮的事，你碰過的最悲慘的情況，古人也碰過了，你從那邊可以得到很多的安慰，可以得到很多的啟發，很多的自我調適。

幾年下來，這個課程一直很叫座，所以這是我受語文教育研究課程影響後，從事課程設計，覺得設計得很得意的一門課。

七、為各班學生量身訂作教學內容——以「中國文學史」為例

中國文學史的課程是中國語文系一個很專門的課程。專業知識的訓練是很重要的，因為這是中文系的必修課，也是所有的中文

系、中文研究所或華語文研究所要考的科目，所以現在有些英語系的學生也會來旁聽這門課。我一樣每週設定為一個演講，然後就固定一個主題，嚴密的排進度；另外我會選權威的教科書，也是最多大學認同的那本書，還有我會告訴學生要另外找什麼參考書。若是教科書上講的不是那麼清楚，或者學生對答題來說不能全面照應，那我就會給他們一些補充資料。所謂補充資料就是教他們怎麼樣把這個地方濃縮成比較完整的答案。通常一開始我就會告訴學生怎麼讀這本書，比如說文學史，你一定要有「文學」這個觀念，以免文學、史學常常糾纏不清；另外還須具備「史」的觀念，也就是一個發展的觀念，有承繼、有創新。另外各章節我都會歸納重點，還有這個章節的考古題大概是怎麼出，有不同的變化，那你要有不同的寫法。此外我大概會教他們一些答題的方法，比如說怎麼做一個小小的開頭，後面舖敘，最後再做一個小小的總結。我也會把答得好的跟答得不好的考卷給他們做參考，讓他們去思考答題時怎麼樣答得漂亮。不能只有寫主幹，或是寫的很簡單，要怎麼樣添加枝葉進去，怎麼樣引原文進去，什麼要背什麼不背等等。

　　我的期中考試、期末考試都比照研究所的考試一百分鐘、四題問答題，再加一大題五小題簡答題。閱卷時我會親自將不好的地方圈起來加註，並將考得特別好的同學的考卷給大家觀摩，說明他這題為什麼答得很好；至於成績特別差的我也會個別輔導，跟他說你這裡答的不好，為什麼會答的不好。通常上學期能考到九十分的同學非常非常少，六七十分的比較多，但經過這樣的提點之後，下學期開始有人考九十分，有人考八十幾，剩下一些七十幾的當然還是有，但是那個分數很明顯的就是有很大的一個躍進。

　　分數不能代表一切，但有計畫的教學，有目的的教學，嚴謹且講求方法的教學，這些無不是語文教育研究給我的啟示與改變。

　　以上是節錄多年前我得到屏東教育大學教學績優老師獎項時的一篇訪談稿，主要用來說明語文教育研究在我的教學上對我產生的深遠影響，也用來證明語文教育研究的重要性。在此我要肯定東大語教所對語文教育研究的貢獻，更要肯定周慶華所長在這領域無私的耕耘付出，更期許有遠見卓識者，能再度催生出一個新的語文教育研究所！

豔紅洛神花 vs.墨綠釋迦

——由臺東大學之旅看語文教育的創新

黃筱慧

輔仁大學哲學博士‧東吳大學哲學系副教授

一、前言

在參與來自在 2010 年 12 月與 2011 年 7 月的研討會的機緣之下，筆者得以近距離了解臺東大學的語文教育研究所。得知這個單位的最新轉變，有令人沉重的遺憾之感。東大語教所對語文教育研究的貢獻，在筆者的了解面向下，這是一個兼顧融併了多元的語言與文字、文學研究的單位。我們是否期許再生出一個語教所？答案當然是肯定的。因此，本文擬針對筆者認為的，以及透過參與這個所的特殊性與國際性視野兼具的相關學術活動，與出版的相關規畫，建議由如何透過創意與行銷臺東，以期待在未來將會再有一個語文教育的研究單位誕生。臺東得天地之厚愛，有豐富美煥的出產與人文，因此，一個適合當代臺灣的文化界與商業界，具體推動如

何以臺灣的資產，透過大學對人的教育，這個面向足以由師生與臺東的在地人們，一一與全世界分享這個大地的美與愛。我們的行銷將首先以優美的洛神花與釋迦為案例，具體探討如何由一個教育單位，耕深在文化研究與符號學思考角度，表述出人們對產物的深度意義，以行銷臺東到全世界的機會。我們期待在近日的將來，就會有一個臺東的語文教育單位的重生。以實現臺東之美於人文視野下的文人商品的重構與新生。

二、豔紅的洛神神話與臺東

筆者的研究近年來多集中於如何應用當代的法系符號學與詮釋學，研究該領域中的思想，是否可以應用於當代的臺灣人文的與創意的社會應用。當代的法國符號學家羅蘭・巴特（Roland Barthes）以《符號學要義》（Elements of Semiology）一書[1]，整理出有關語言之言說（la parole / speech）、語言的系統（la langue / language）、語言整體（le langage / Language）；與指涉活動（signifier / to signify）的所指（signifié / signified）與能指（signifiant / signifier）的應用等重要的思想。

在筆者 2010 年，參與研討會之際，首先抵達了臺東的機場，在 2010 年 12 月離境時，擬選購些紀念品回臺北，忽然我的腦海中浮現出一個潛藏的，足可令人心悅神怡的豔紅的洛神花的布置與行銷可能。這也構成了筆者日後一些通識課程教學時的現場式的臺東行銷的規畫與推廣。洛神花，Roselle，在繁體中文取這個美妙的音與字符之後，仿如女性的神話主角般引起人的愛戀，而其意義的指涉，我們何

---

[1] Roland Barthes, Elements of Semiology (New York: Hill and Wang, 1967).

妨就以這個華文的美學的感受研究面向，一一呈現出臺東的洛神降臨的高空凌照？以吸引眾生親臨此地，慢慢沉醉在這一片豔紅色的美與醞熱的愛戀可能？而當我們本身可以在這種命名系統與實景的召喚之下，享受到這一種屬於符號學的美學的行銷之後，臺東的豔紅季旅，即可開展我們為其規畫的嶄新的神話學式的語文行銷了。

其學名是 Hibiscus sabdariffa[2]，如果我們擬以洛神花為這個機場的主要季節性推廣的象徵[3]，如果我們參考西非大地的飲品，他們稱為 red sorrel, sorrel, or roselle 的飲料，可以取其紅的色澤，或

2　　玫瑰茄（學名：Hibiscus sabdariffa），又稱洛神花、洛神葵、洛神果、山茄、洛濟葵，是錦葵科木槿屬一年生草本植物或多年生灌木，生長於熱帶和亞熱帶地區，最高可有 2-2.5 米高。葉片裂成三塊或五塊，8-15 厘米長，互生。玫瑰茄原產於西非、印度，在中國的廣東、廣西、福建、雲南均有分布。其盛產在 4 月或在 8 月下旬，成長期大約是 4 個月。其花果中富含花青素、果膠、果酸等，其味更是天然芳香、微酸，色澤鮮艷、紅潤細嫩。玫瑰茄的花含有豐富的維生素 C、β-胡蘿蔔素、維他命 B1、B2 及 B 等，不但可以促進新陳代謝、緩解身體疲倦、開胃消滯、振奮精神、清涼降火、生津止渴、利尿的功效，對治療心臟病、高血壓、調節血脂，降低血液濃度更是達到一定的效果，是一種保健食品。可以用來沖泡茶和製作飲料，其味酸。玫瑰茄也可以提取玫瑰茄色素[1]，用作食品行業的食品添加劑，亦可製成果醋。http://zh.wikipedia.org/wiki/%E7%8E%AB%E7%91%B0%E8% 8C%84。有關洛神花的另一個詳細資料來源，請詳參：http://www.hort.purdue.edu/newcrop/morton/roselle.html。

3　　Jus de Bissap: Made from the dried red flowers of Hibiscus sabdariffa, a kind of hibiscus plant, Jus de Bissap (Beesap) seems to be more of a tea than a "juice". It is often called the "national drink of Senegal". Every busy street, train station, bus depot, and stadium will have its bissap vendors selling the drink. The dried flowers can be found in every market. Bissap is equally popular in many neighboring countries of Western Africa: both the flower and the beverage are also known as l'Oseille de Guinée, Guinea Sorrel, and Karkadé. In Arabic-speaking countries, such as Egypt and Sudan, they are called Karkaday. The dried flowers are often called dried red sorrel, sorrel, or roselle. http://www.congocookbook.com/beverages/jus_de_bissap.html.

玫瑰華麗的色澤等為名，由此繁體中文的世界對於語文的豐厚底蘊亦可以一一發揮。這將比西文更要豐富得多。而這也是語文教育的深度所在。我們知道各地的資料都會也可以充分地針對這個來自大地的產品的成分、功能與使用在飲品、醫學上的各種可能，亦都有相當詳盡的整理。但臺東大學的語文教育所使我產生出一個透過符號學深度耕耘華文的美與豔的行銷策略可能。我們提議一種深度教育的可能：這非要具有深度的繁體中文系統與辭藻豐厚的功力不可的教育與實用兼顧，方可實現出這個願景。當代的更新式的語文教育可透過教授深度語言與文字的撰構，使之表現出多元的與多層的美感與意義。而當代的文化行銷，臺東語文教育，就可以透過這種方式將來自大地的對象，化整為豔麗的酒紅色神話。

三、洛神的出場──親臨者的創意與表述[4]

我們建議在臺東的觀光之旅的建構基礎上執行這個計畫，這也就是說：可以透過配合多重點線面的規畫，但小心地不再以洛神的分析出的物質性因子為主。由於洛神花其實是它的花萼，因此我們可以首先觀賞她有如豔光四射的神話女主角般的樣態，改以整個在花萼的各種飛舞姿態取勝，一一邀請來臺東的遊客，品思這種美，

---

[4] 由於華文文學的洛神賦，雖與本產品之名稱無關，但它是一個本身極有名氣的大作。因此本文擬提出一種新的洛神神話之賦。取本地的與當代的洛神花之符號新意，以對仗於古典的洛神賦的美。洛神為中國神話裡伏羲氏（宓羲）之女兒有關其資料，可詳參：http://zh.wikipedia.org/wiki/%E6%B4%9B%E7%A5%9E%E8%B5%8B；http://zh.wikisource.org/wiki/%E6%B4%9B%E7%A5%9E%E8%B5%8B。

而每一個花萼都是一個萬千的可能。一杯茶不再是一個飲品，而是轉化物質於有形色的意義與語言言說的說法。例如：在我們放入了一兩個洛神美萼之後，深具詩文能力的導引者，可以在臺東，配合著這種飛舞，起詩興意地，創作與品茗。並由當代的思想者與在地者，一一依其當下的感受，說出具有符號性的說法，比方說，深紅豔光映照，當遊者有了詩性之後，這一次的旅程將再也難忘了。創作是會陪伴一生的，最好的臺東導遊人。

「洛神的臺東」的符號學創意行銷法，需要一種新的洛神花之賦。一種對於時間性不再追趕的遊的興致。我們將以每一朵為主角，每一位飲用者，品茗者為主人，一一邀請他／她們在唇齒間慢慢品賞，也透過水溫與杯碟，使洛神現身於臺東的遊景之中，伴人為旅。並由此轉化出當代臺東的新洛神的賦與文，取其歡樂之意，以對仗古文的淡淡哀愁感。賦本就非詩非文，而其內含，卻又有詩有文，可以說是一種半詩半文的混合體。當代的臺東洛神新賦，可以配合一種華文的遊興感，將眾人導引到一個美境，奉上洛神的豔紅色澤之後，邀請人們以此為憑，使心悅神遊地想出一些語文的與意義的字詞，在創意之下，人將被自身的一些感動帶引，使臺東亦入詩文佳句，以敘事出有關他們的／她們的生命與洛神之賦。

這一個導引，何妨由機場鐵道即可開場，由俯瞰的角度，臺東亦可勾勒出屬於此地的豔紅新妝。現代的洛神花神話，由於我們以其花萼為材，故是一種保護的與環抱的豔麗之美，但本文更希望，進一步，透過一種意義上的敘事（narrative）[5]，將洛神花，敘事到

---

[5] 敘事是一種知道些什麼的相關知曉，以說出新的結構。其原文意涵具有與之相關的意願。本文將以此運用在語言的說出，與文案的行銷之上。A

與當代的豔美的濃情為主要的符號指涉。當代的洛神的臺東行銷，可以透過這個色澤與保護的意義，表達積極的愛情之美。當代的洛神新意下的神話，是深具能量的，可單獨地，一蕾一蕾地品嘗與欣賞的。因此洛神神話的敘事，使臺東的來者與在者一一說出己身的現場性與感受性。

四、墨綠釋迦的神話

臺東令我難忘的是另一個色澤優美，深具靈動的墨綠色的釋迦。我們下一段將以此為另一案例，以建立如何使用符號學與敘事法的示範。[6]因為果皮凸起形似釋迦佛頭，因此別名「釋迦」。「釋

---

narrative is a constructive format (as a work of speech, writing, song, film, television, video games, photography or theatre) that describes a sequence of non-fictional or fictional events. The word derives from the Latin verb narrare, "to recount", and is related to the adjective gnarus, "knowing" or "skilled".[1] Ultimately its origin is found in the Proto-Indo-European root gnō-, "to know". The word "story" may be used as a synonym of "narrative", but can also be used to refer to the sequence of events described in a narrative. A narrative can also be told by a character within a larger narrative. An important part of narration is the narrative mode, the set of methods used to communicate the narrative through a process narration. http://zh.wikipedia.org/wiki/%E5%8F%99%E4% BA%8B .

另一極有價值的網頁是：可由專業的學術資源，具體參考以找出敘事行銷的可能性：http://www.clas.ufl.edu/users/pcraddoc/narhand1.htm。

[6] 番荔枝（學名：Annona squamosa），又稱林檎（廣東潮州）、唛螺陀（廣西）、洋波羅（廣西龍州）、假波羅（廣西凭祥）、佛頭果、番鬼荔枝（廣東粵語區、香港、澳門）、釋迦（臺灣），為番荔枝科番荔枝屬多年生半落葉性小喬木植物。[...]釋迦品種約略分為土種釋迦（原生種）、軟枝釋迦、大旺釋迦、旺來釋迦 Atemoya（鳳梨釋迦）。
http://zh.wikipedia.org/wiki/%E7%95%AA%E8%8D%94%E6%9E%9D。
英文稱為糖蘋果，詳參：http://en.wikipedia.org/wiki/Sugar-apple。

迦」之名另有一說應來自馬來語 srikaya。本案例我們何妨邀請來訪臺東的友好人們，享受一下這個溫潤的綠玉般的壯美？當代的臺東行銷，或可以此為例，將一個有著配合洛神的豔紅的對仗色澤，以對應方式呈現。釋迦的本身即有一種穩度，令人沉思，它可以提供出一種臺東的深度與蘊藏，這種行銷的文案，不須太過修飾，我們建議以其原初之重與穩為基礎，我們的重點是來者或在地者的深度文化與語言的思考。也因這個主要的因素，這個行銷是需要當地的人才在語文上有深度的沉思與撰寫能力的。例如：玉綠沉靜，思緒幽香，都是很好的文字表述。謹提供臺東的同好參考。

人說深情須有對仗與互韻的動力與張力，當代的文、哲行銷與語文有深度的關係。筆者在這個旅程中走訪的地與人情，在在都使人神迴嚮往，如果，臺東可以運用這種來自大地的如玉沉靜的美好，將釋迦轉化為符號的神話，這一種穩重的存有物，可以與以豔紅飛舞的洛神配成一對。以一種深度的文字與語言的建構，將臺東的兩位佳人與君子一一推廣。吾人勢必將可見一種新型的旅遊行銷將依此開展。

五、結語：暫時的尾聲，神話的起點

臺東的兩趟旅程，使筆者本來就極有興趣思索的符號學與詮釋學敘事理論的應用浮現了兩種色澤，對仗的風情，與沉思中對臺東這個大地之美的愛情。

另一資料請參見：http://www.hort.purdue.edu/newcrop/morton/sugar_apple.html#Toxicity。

　　本文的目的在於拋磚引玉，想透過吸引人們學會運用物品的本身之美與色澤、形構與份量等，建立出人們來當地的心得與書寫。但這在在都極需要有住在當地的人們，學習如何陪伴遊於其間的外來的人，共同地，以具有文采的方式對比地與來訪者互動。因為，凡是人都可以論述，但如果有了知交好友對應於文，賞析於心，再表述於字，這種華文的美，不是單由翻譯可以呈現的，我們可以先創作，再透過譯文與國際交流，但前提是有人們以語文建構出屬地的心情。人都需要人與人的情誼互動，方可留住思念，回神忘返。

　　反觀世界的美景佳物眾多，可以種植這些美物的大地亦屬多有，遍在於各角落。但如果我們的獨特語文教育做的精緻透徹，深刻入人心，那這一種美的分享，與在地的悠遊，就將成為一個世內桃源，是全世界的人們都可以賞析的場域。就像吾人學習外文方可欣賞外語文學般，語文教育如可與符號與書寫結合，以己身臨物取景，依景沉思，則臺東的產物將有如煥然一新般，提供出臺東的美——原本的美物奇景，與美文的創作動力，所共同匯聚而成的一種新的旅遊。本文所希望推動的，是一種語言的與文字的創作與不斷在來者與在者之間更新的符號學神話建構之旅。以凸顯出繁體中文的深度之美，與懂此精深文采之人，悠遊於撰述與創作之間的產物的聆賞。旅行就是創作。當地的景與物是媒材，但心境才是源源不絕的臺東之美的真正源頭，與醞釀的處所。唯有透過此親臨式的觀賞與創作，人們才會不忘於心，並且與自身的感動繼續互動。

　　語文教育的目的可以設定在人對於外在的領悟，這一種領悟是極需要人以深刻的、但同時可以是質樸與洗練的能力所表述的物與景。一個具有豔酒紅澤的洛神花蕚的故鄉，是一個人們永遠可以歌

誦詩歌的美妙的愛情之地，一個具有深邃樸玉綠色的釋迦的大地，
是可以陪伴人們學習沉穩地品思嘗潤的好的人文佳果。感謝臺東大
學語文教育研究所的邀請與啟迪，使我開始這一個使人感覺到深具
意義與使命性的符號與文化的品思撰述之旅。希望有緣，很快地我
們將會再聚，以共同建構屬於臺東大地，來自語文教育靈魂深處的
神話之美。有緣再會。

淺談語文與教育之關係

許文獻

臺灣師範大學國文博士·屏東教育大學中文系專案助理教授

　　自古以來,「語文教育」一直是國家施行教化之主要內容與目標,也是我民族文化傳承之基礎。因此,或可謂「語教者,國之大也」,舉凡國家教化事宜,莫不以語文教育為磐基,而語文教育之基礎,又在師範教育。因此,臺東師院前何三本教授曾云「師院是國小師資的搖籃,而語文教育又是國教的基礎教育,是進入各學科的一把鑰匙,在師院中任教,研究語文教育,是職責,也是使命」[1],一語道出語文教育之重要性,其所言甚是矣!然而,「語文教育」之真正內涵為何?「語文」與「教育」之關係又為何?此皆語文教育發展之重要關鍵。因此,本文擬以「語文」與「教育」之相關內涵為論證基礎,試論二者之關係,並針對語文教育之發展提供建議:

一、從語文談教育:就「語文」而言,「語文」可分為語言與文字
　　　等兩大範疇。大抵而言,在五四運動以前,「語文」指的是傳

---

[1]　詳見何三本著,《語文教育論集》,臺東:臺東師院語文教育學系,1993 年
　　5 月出版,7 頁。

統樸學或考據學上之文字學、聲韻學與訓詁學等科目，但在五四運動以後，「語文」之範圍逐步擴大，逐步涵蓋聽、說、讀、寫、作等語文學習基礎能力。因此，若依語文研究法而言，則所謂「語文教育」之內容與目標，應該要涵蓋以下幾個向度：

（一）語文語料之平面分析：包括歷時性語料與共時性教材之分析研究，此俱屬語文教育質性研究之基礎。所謂歷時性語料，殆指先秦至今之語言文字、文學與思想文獻，乃傳統中文研究之基礎，此正合於孔子所云「言之無文，行而不遠」（《左傳·襄公 25 年》）之理，鄧仕樑更認為此乃語文教育之「最低目標」[2]，其言甚是！至於共時性教材則包含幼稚園語文教材、中小學國語教材、語文工具書與華語文教材等，當然亦包括學界所認知之廣義教材[3]，惟其範圍是隨著社會教育風氣而有所調整，可謂與時俱進之研究向度。

（二）語文教學之實務應用：受中西教育文化交流之影響，語文教學法日新月異，並隨著數位化教學之提倡與普及，現今語文教學更強調的是科際整合應用，且在更多方面可說是語文教育量化分析之基礎。以目前語言教學上，最常用之直接教學法而言，以此理論基礎在課堂實施相關教學活動時，為有效提升學生的學習興趣，仍必需搭配其他教學法或教學媒介，始得見其成效。因此，語文教學法所要強調的是各種教法交

---

[2] 詳見鄧仕樑著，《語文能力和文學修養——新世紀語文和文學的教與學》，香港：三聯書店，2003 年 7 月香港第一版，96 頁。

[3] 關於教材之界定，可參張鴻苓主編，《語文教育學》，北京：北京師範大學出版社，1993 年 8 月第 1 版，104 頁～119 頁。

互應用，藉此以讓語文教育發揮最大之功效，此即學者所謂
語文教學「常式」與「變式」之應用模式。[4]

（三）語文產業之多元開發：受社會環境變遷的影響，語文專長之
出路，不再僅侷限於教育與相關產業，而是朝適性多元化發
展，包括：語文教材之編纂、語文資料庫之開發與非母語語
文教學領域之拓展等，此等發展方向皆仍大有可為。然而，
更應強調均衡發展，而不可有所偏廢，即基礎語文能力之養
成，才是以上三項語文產業開發之基礎。換言之，培養具有
優秀語文能力之教學人員，仍將是國家教育發展不可或缺的
一環。

　　因此，從上述三個方向來說，可知語文教育之內容與目
標，應隨著時代變化而有所調整，但調整過程應秉持「立足傳
統，放眼未來」之原則，亦即吾人應以兼容並蓄之精神，以大
格局的氣度看待語文教育的未來發展，才能讓千百年來的語文
教育傳統得以延續，並發揚光大。

二、從教育談語文：我國語文教育之推展，實際上是沿承民國以來
舊有之教育精神與目標，直至九年一貫課綱制定以後，才有了
更明確之階段目標、教學策略與量化標準，因此，依學界之看
法，語文教育可分為「語文教學法」、「語文教學論」與「語文
教育學」等三個層次。[5]大抵而言，在九年一貫的課程框架下，
現今的語文教育更強調學生本位、課程結構與延伸活動相關內

---

[4]　詳見張鴻苓主編，《語文教育學》，北京：北京師範大學出版社，1993 年 8
　　月第 1 版，394 頁。

[5]　詳見張鴻苓主編，《語文教育學》，北京：北京師範大學出版社，1993 年 8
　　月第 1 版，1 頁～2 頁。

容，這對學生之多元發展有相當大的助益。然而，此中仍有一些問題，值得再作進一步之探究，包括：

（一）語文教育應朝專題研究之方向發展：據學者之研究，可知強化基礎理論之應用研究，仍為語文教育發展之主要趨勢[6]，而以近年語文教育相關學位論文而言，有更明顯的趨勢是專題研究類的論文大量產出，尤其在環保、區域文化或性別意識等方面。因此，配合時事主題與社會脈動之專題研究，應是未來語文教育之主要發展方向，而行動研究則仍將是主要之實踐方法，可配合「事件描述──成果分析──經驗共享──理論建構──改進建議」之過程，以達到語文教育專題研究之目標。

（二）課室教學仍為語文教育之主軸：現今語文教育提倡多元化與數位化教學，甚至更強調學生自學的能力[7]，即便如此，課室教學之設計，仍是語文教育過程中，最不可或缺之主軸。大抵而言，語文教育課室教學之發展，在舊式教學方式中，較重視單元語文分析與課室講授，但現今在九年一貫課程框架下，已轉為更注重領域與經驗之統整，應可有效提升師生之互動情況與學生之自學能力。因此，課室教學仍為語文教育發展之主軸，同時也是教育目標實踐上無可取代的平臺。

---

[6] 詳見趙明著，〈在研究中推進語文課程改革──兼談課題研究的性質、方法及當前研究的重點〉，《語文世界》2011 年第 5 期，52 頁~55 頁。

[7] 國內九年一貫課綱強調學生自學能力，自不待言，而海峽兩岸三地亦有此相關主張，例如：葉水濤著，〈黃振宇：語文教學的回歸與再出發〉，《語文世界》2011 年第 6 期，4 頁～5 頁。

　　綜上所述，可知未來語文教育之發展仍應是「專業化」與「整合性」等兩大主軸。這兩大主軸乃語文教育一體之兩面，即「專業化」強調的是更精微之研究；「整合性」則整合更多不同領域之學科。一則屬尖端式的突破；另一則屬圓融式的包容。因此，這兩項主軸可說是語文教育未來發展之兩把利刃，更是吾人從事語文教育刮垢磨光之利器。

　　透過以上的簡要討論，可知現代語文教育之發展，應該有更不一樣的理念與思維，正如學者所云語文教育之基本特點應是「研究領域寬」與「研究方法新」。[8]若以近年之學術研究情況而言，大抵有以下幾種發展取向：

一、教材比較研究：此為上述「語文語料之平面分析」內容的一部分，除傳統之選材、注釋、賞析、延伸閱讀、版面設計、正誤校讀、語譯與《教師手冊》等內容之比較研究外，近年來教材分析更強調的是市場分析，其內容更擴及於「過程導向研究（process-oriented）」、「產品導向研究（product-oriented research）」與「接受導向研究（reception-oriented research）」等，甚至對於聽、說、讀、寫、作之教材編選分析能力標準亦已逐漸建立，此俱為教材比較研究之主軸，更屬上述語文產業之後續研究發展方向。

二、語文分析研究：在語文分析研究方面，錯別字、破音字與虛詞之教學實務，仍為此方面研究之基礎。然而，隨著近年二語教學與新式教學理論的融入，包括近義詞與語文學習標準等，更

---

[8]　詳見張鴻苓主編，《語文教育學》，北京：北京師範大學出版社，1993 年 8 月第 1 版，2 頁~4 頁。

53

成為上述語文教育量化分析之基礎。大抵而言，近義詞之研究，牽涉到語用問題，乃往昔語文教育語概課程之延伸，並成為近年華語教學之重點教學目標，而其研究方法仍是循統計語料，並作量化分析；至於語文學習標準之建立，則又是近年九年一貫課綱之基礎要求，尤其在識字量與詞彙量之制定上[9]，學界多希望能藉此迎頭趕上大陸或香港在語文教育標準量化方面之成就與水準。[10]

三、統整教學研究：如上所述，相關學科之整合，乃未來語文教育研究無可避免之趨勢。大抵而言，統整教學在心理學、教育學、社會學與哲學等方面，各有不同的意義。而以語文教育而言，教學活動與學習單元之設計，仍為此方面研究發展之主軸，即以近年相當熱門的閱讀寫作而言，「合作統整閱讀寫作法（Cooperative Intergrated Reading and Composition：CIRC）」仍為關注之焦點，尤其在同質性與異質性的分組作法與學生讀、寫、說能力之統整上，應可為語文教學之統整工作注入新活力。

綜上所述，可知語文教育成敗與否，端繫於傳統語文之學習基礎是否穩固，並配合時代脈動而持續作應用與推展。倘以國內目前之語文教育發展情況而言，大多數的語文教育學系轉型為中國語文學系，即本文所謂「從語文談教育」之回歸發展，而部分語文教育學系選擇保留研究所或成立碩博士班，則又是「從教育談語文」之多元開拓。因此，若能調和這兩種語文教育之發展模式，並營造更

---

[9] 詳見何三本著，《九年一貫語文教育理論與實務》，臺北：五南圖書出版公司，2006 年 1 月初版。

[10] 兩岸三地語文教育之量化成果，可參何文勝著，《兩岸三地初中語文教科書編選體系的傳承與創新研究》，香港：文思出版社，2007 年 6 月第一版。

適性的學習環境，且藉此以拓展近年亟需開發之教材比較研究、語
文分析研究與統整分析研究等範疇，深信語文教育之發展將是可長
可久，而且相當具有可塑性的。

緬懷、唏噓與惋惜

彭正翔

清華大學臺文所碩士班・苗栗縣通霄國小教師

一、前言

我是國立臺東大學 2005 級語文教育系畢業的學生，雖然沒有就讀臺東大學的語教所，但語教所的前身（語文教育學系）陪我度過豐富而精采多姿的大學四年訓練。當聽到語教所要有結束時，不禁令人感到惋惜與錯愕，而希望透過本文的書寫緬懷過去的點點滴滴……

二、一路走來的歷史發展

有句話說：「在這個時代唯一不變的就是變的哲學。」短短近十年內我深刻的感受到東大語教系的巨大變化。我是 2001 年入學的，當時母校還不叫國立臺東大學，而是叫國立臺東師範學院（簡稱東師），以培育國小師資為主要的教育目的。但隨著少子化的影

56

響以及地方人士的諸多期待，東師要面臨時代大環境的變化衝擊，自己本身也要調整與變動。於是乎在諸多內力（學生或學校內部的需求）外力（如地方政府或人事和當時政府的政策縣縣有大學）的需求雙重影響力的支配下，在 2003 年起從國立臺東師院正式升格為國立臺東大學，並且從過去只有教育學院新增了人文學院和理工學院。此外，教育部這幾年來也針對高等教育各系所進行所謂的評鑑工作，系所紛紛也考慮到學生畢業的出入和招生的危機；在這樣的時空背景脈絡下，語文教育也面臨多種的調整與轉型壓力。以過去語文教育學系的課程來說，有一部分是兒童美語教育學程，在我大四那年正式成立英美文學系，從此就中英文分道揚鑣。畢業後學校也許考慮到語教系過去以培育國小本國語專業教師為目的，但市場上已沒有那樣多的老師需求，再加上這幾年來的對外「華語」教學熱潮席捲全臺，於是進行系所的整併調整——在大學部成立正式的華語文學系。而語文教育研究所的前身是「語文教育學系碩士班」，語文教育學系碩士班早在 2002 年就招生了，爾後招收暑期部給在職教師進修。語文教育碩士班於 2008 學年起正式更名為語文教育研究所，隸屬師範學院。

在大學期間我還記得語教系（含碩士班）所上有辦一些研討會。如在 2003 年當時的語教系辦理第一屆語文研究與語文教育研究學術研討會，洪文珍老師有發表一篇〈語文教育學系暨碩士班的定位與發展〉提出他個人對於語文教育學系所的定位。以洪老師的觀點而言，他希望可以跳脫過去以中國文學系為主來培育語教師資的觀念，而成立一個真的以語文教育為研究和教學的系所。在大學時期我也聽過洪老師質疑過其他的師院語教系課程，他問：「他們

這樣的課程設計，和一般大學中文系的課程有何不同？」很顯然的，洪老師很想區別彼此的差異與不同之處。而在參與研討會的過程中，可以感受到學長姊來自不同的專業領域，而發表出形形色色多采多姿的論文。那時我記得有的學長姊是用語言學的角度來發表，比如研究語言人權、母語教學。也有的研究兒童文學、現當代文學以及古典文學和語文教育的關係等，甚至有寫英語句型分析。一開始語文教育學系碩士班的師資也可以說是很多元的，比如有研究語言學的王本瑛老師、張學謙老師和陳光明老師，也有研究寫字教學和兒童文學的洪文珍老師和洪文瓊老師，而周慶華老師則教授語文研究法的必修課程，也曾請王萬象老師授課修辭學專題研究等課程。爾後人事起伏更迭，有些老師退休，有些老師轉到不同的學校系所服務，這期間的差異變化往往令人感慨萬千。

三、兩間語文教育研究所的比較

無獨有偶國內的其他師院語教系（有的後來改制為教育大學或升格或合併）有的則更名為中國語文學系，鮮少仍以語文教育為掛名。國立臺中教育大學（前身為國立臺中師院）也設有語文教育系的學士班、碩士班、博士班。但中教大語教系和臺東大語教所發展的方向似乎有所不同，筆者認為中教大語教所較偏向教育學方面的訓練，而以中國古文能力為基礎，其網頁這樣陳述系所特色：「本所為加強語文教育理論與實務的結合，開設基礎與實務必修課程，更提供四個組群之課程：語文教學類、語言類、文學類、思想與文化類。研究生可依個人專長及興趣彈性修習課程，藉以提升語文教

育之專業素養。此外，課程之安排，除密切配合國內教育政策之發
展原則及趨勢，並放眼國際，使本所培育的語文教育人才，都具有
宏觀的視野。」最近臺中教育大學則想成立全球讀經研究中心，這
或多或少看到他們所要努力的走向。而臺東大學語教所則偏重強調
課文的文本分析、語文教學活動設計、兒童文學、語言學、多媒體
輔助語文教學方面，在語教所的網頁則這樣說明：「本所的發展重
點為：（一）注重現代語言學；（二）強調語文教學；（三）培養文
學與文化的素養；（四）結合現代的科技媒體；（五）從事學習漢語
的語誤及偏誤的蒐集、分析與研究，以作為語文教學的參考依據；
（六）發展語文教育產業」。很顯然的兩所發展的方向並不相同，
這樣的課程設計或發展方向或多或少和師資或整個系所的歷史有
一定程度的關連。但如今臺東大學語教所將要「歇業」，我們不禁
要問為什麼臺中教育大學可以把語文教育系所經營下去？這之間
的問題與差異到底出在那兒？

四、語教所的不可替代性

當我們思考到語文教育系是否需要廢存時，可能還要考慮到一
個最根本的問題：「臺灣的高等教育需要設有語文教育研究所嗎？」
也就是說，我們需要一個專門研究語文教育政策、研發語文教育課
程與教法的學術單位、培養語言教育研究的學術人才或提供在職教
師進修管道的研究所嗎？不同的人可能有不同的看法，或說現在有
國立教育研究院，應該請他們設專門研究國家語文教育的單位或小
組。也有人可能或認為現在不少大學設有課程與教學研究所，裡面

有不少研究生以撰寫閱讀教學、作文教學等等為碩博士論文，何必再額外設立一個語文教育研究所？同樣的道理我們也可以看到不少學校設立學校行政所，照樣有研究生寫語文教育政策相關的議題。可是單單從 2006 年共有 46 個國家及地區參與促進國際閱讀素養研究（Progress in International Reading Literacy Study，簡稱 PIRLS）來看，PIRLS 的研究，全球學生的閱讀分數平均是 500 分，最高分國家俄羅斯學生平均為 565 分，臺灣學生平均為 535 分，名列第 22。閱讀能力又是語文教學的核心，也是所有學科的基礎。這表示我們的語文教育仍有不少的進步空間，也暗示著我們需要培育語文教育研究或是教學更加精進的人才。2006 年的研究甚至有提到一個警訊：對於教師受過的閱讀教學相關專業培訓，多數教師只有概要或入門的程度，四分之一左右的教師則沒有過類似的學習。這或許與有三之一左右學校沒有設立「校內教師培訓課程」有關。若是教師沒有閱讀專業訓練，要求他們在課堂上進行閱讀策略教學自然是不可行的事。[1]也就是過去的語文教育師資針對閱讀教學的師培仍是不夠的，這樣凸顯出語文教育研究所的重要性，因為這提供給想要提升語文教學能力的在職老師進修的天地。

五、學術做為一種生態：生態多樣性與學術多樣性

在生物學領域有個重要的專有名詞叫做「生態多樣性」（biodiversity 或 biological diversity），在維基百科中這樣界定：「又

---

[1] 參見柯華葳等著，《2006 年臺灣的 PIRLS 報告書》，http://140.115.78.41/PIRLS_Report.htmhtm。

稱物種歧異度，是生物界一個較為嶄新之概念。簡單來說，是指所有不同種類的生命，生活在一個地球上，其相互交替、影響令地球生態得到平衡。」[2]如果我們把臺灣的學術環境想像成一個大的生態系統，我們會震驚甚至會驚嚇到：「原來臺灣的學術環境那樣不健全，那樣不平衡！」也就是說，我們整個學術呈現重理工輕人文社會的弊病，從上級到下級似乎都是如此。也因此語文教育被放在學術脈絡時似乎常常被人刻意的忽略或看輕（比如有人認為國小語文教育就是只要教導聽說讀寫、會使用注音符號就好，而忽略教學者需要的背景知識或背後的文化傳承意涵等等），甚至於我們可以看到只有在政治力介入的時候，意識型態的鬥爭時才會重視到語文教育——比如高中國文課文文言文和白話文的比例多少等議題。那語文教育放在整個臺灣的大學術環境中似乎往往只是邊陲他者的位置，迥異於中心的主體學術霸權領域，這樣的學術環境又怎能營養均衡而達到身心平衡？

六、出版傳播作為一種學術的存在力量

回顧語教所這十年下來的點點滴滴，日間班共招九屆、暑期班共招三屆。學術雖然地處邊緣偏僻的東臺灣一隅，我們卻看到驚人的出版力量。無論是碩士學位論文出版抑或是東大語文教育叢書、東大詩叢，都是精采無比，替語文教育界增色不少。這或多或少和周慶華老師多年來所堅定的信仰有關：「作文（或者說是創作出

---

[2]　http://zh.wikipedia.org/zh/%E7%94%9F%E7%89%A9%E5%A4%9A%E6%A8%A3%E6%80%A7 。

版吧）是彰顯人的成就，以及熱心參與改造世界的行列！」[3]我想這也是這間研究所很不一樣的地方，一方面具有鼓舞研究生的作用，一方面呈現出某種能動性，也許正如「蝴蝶效應」裡那千百萬隻的蝶翼正醞釀對學術界起陣狂風。

七、結論

白先勇在〈遊園驚夢〉這樣寫著：「錢夫人沉吟了半晌，側過頭來答道：『變多嘍。』」[4]這樣的今昔之比似乎也在我的心田裡蕩漾著！一切似乎不只是白雲蒼狗或滄海桑田之歎，有更多的唏噓與惋惜。而我心裡想著也許這不是這個階段的結束，而是下一個階段的開始，而是需要更多的能動力和醞釀著豐厚的生命力。

---

[3] 周慶華著，《作文指導》，臺北：五南圖書出版公司，2001 年。
[4] 白先勇著，《臺北人》，臺北：爾雅出版社，1983 年。

那一年，我認識了周慶華教授

黃亮鈞

臺灣大學國發所碩士·桃園縣忠福國小教師

　　與周慶華教授相識，是在大一剛進語教系時的新生座談會上，當時語教系分為甲、乙兩班，周教授恰巧正是我們乙班的班級導師，對於周教授的第一印象，就是他那滿頭的白髮，厚重鏡框後的犀利眼神，雖然一身休閒的 polo 衫，卻又一付不容侵犯的模樣。爾後，藉著修課的機會，我對老師的了解才愈來愈深。

一、「周某」何許人也

　　周老師的教學風格是自由且開放的，不但能提出許多基進的觀點來刺激學生思考，且又能接納學生不同的質疑與批判。周老師總是自謙自己為「周某」，不以老師自居，對老師來說，教與學之間最重要的是「過程」，而非「結果」，因此授課方式多以師生間的對談與互動為主，頗有孔子與弟子論學的味道。

　　猶記得周老師的兒童文學課，第一堂課並非制式化的定義「何謂兒童文學？」反而質問我們「暴力的故事可不可以納入兒童文

學？」想當然耳，我們全班一致舉手反對，理由都是「冠冕堂皇」的為孩童身心好、不可污染小孩的心靈，但誰也沒想到周老師竟繼續追問，「所以任何童話故事中，王子或公主殺死巫婆的劇情都要刪掉，兒童故事只能有善不能有惡，是嗎？」這一回答，讓我們心中的定見開始動搖了，舉手反對的人又少了些。然而有些同學為了「衛道」，堅持立場，於是師生間開始了一場精采的蘇格拉底式辯論，直到下課鐘響，我們依然沉浸在哲學的思辯中久久無法自拔。老師對兒童文學的質疑，我一直到畢業後才真正明瞭，原來周老師口中的兒童文學，不在於定義何謂「兒童文學」，而是要我們重新思索兒童文學的可能性，勇於打破過去似是而非的成見，不要一進入師院就自我設限，自動將自己預設為國小老師，凡事都將文學上綱到道德倫理層面，而忽視了文學中存在的矛盾與衝突之美學，才是開創未來兒童文學新風貌的關鍵。

　　周老師的課堂報告與作業安排也都相當「另類」，老師一反諸多教授以上課固定點名、強制按時繳交學習報告、期末撰寫省思心得等來嚴格督促學生學習，周老師反而採以引導與互動的教學方式，鼓勵學生自由創作兒童文學作品，讓學生實際沉浸在兒童文學的世界，甚至以即興分組戲劇表演，取代枯燥乏味的分組報告。兒童文學課反而成為兒童「創作」課，同學一同集思廣益、天馬行空，學習不再是負擔，反而是一種玩樂。老實說，當時大一的我仍懵懂青澀，甚至誤解老師是教學不務正業，講授內容抽象而不實際，對於另類作業的安排感到不解，直到我開始於國小任教後，才體會到老師是以「創作」作為探求真知的途徑，試圖讓我們「做中學」，以身體力行的方式取代紙上談兵，真實感受文學的魅力。

二、「讀／寫」信仰

升上大二後，漸漸收拾玩樂的心，開始將重心擺在課業學習上，我因為選修系上故事讀寫學程的關係，再次在課堂上和周老師見面，這次我下定決心，開始試著習寫筆記，以跟上老師授課的思維脈絡，對於不懂之處，下課後更積極詢問老師，老師也不吝給予指導。除了解答課業困惑外，老師還樂於將他藏書與我分享，每次從老師研究室走出來，都是搬著一本又一本的厚重書籍回宿舍研讀，十足是「滿載而歸」。日子一久，我漸成為老師研究室的固定常客，除了問學外，也喜歡傾聽老師最新的研究創見，對於老師的認識也更進一步。

在我看來，周老師的學術之路，不外就是「讀」和「寫」而已。他常與同學分享他的讀書經驗，他認為，讀書要多要廣也要深，別人二、三天看一本書，你一天看二、三本書，數量上你就贏在前頭；別人閱讀只專注於特定領域，你廣泛涉獵、自然而然會懂得觸類旁通；而有了大量且廣博的閱讀後，你自然會產生自己的知識系統，往後閱讀任何一本書，你就能比別人早抓到重點，看得自然比別人深。但是，對老師來說，閱讀只是途徑，最終的目的是在「創作」，在於知識的產出，因此老師的寫作量更是驚人，白天雖然忙於教學，但是晚上總會鞭策自己進行著述，一絲一縷的條理思緒，一筆一畫地辛勤筆耕，平均每天都能有二至三千字的成果，無怪乎，每學期都能看見老師書架上又多了新著作。

老師常以創作人的過來經驗，在課堂上勉勵後生看齊，要我們將創作視為志業，更實際引導我們參與文學創作。猶記得，在周老

65

師「故事學」課程中，為了完成故事創作作業而閱覽各家文章、為尋求靈感而徹夜未眠、為劇情鋪陳而索盡枯腸，雖然最後創作出來兒童故事仍差強人意，但創作過程中的艱辛歷程，以及完成後的成就感，都是令我難以忘懷的回憶。如今身為國小老師，我也常鼓勵班上孩子們進行大量閱讀，並積極引導他們進行創作，持續散播「讀／寫」的種子，期待能在孩子的心田中開花結果。

三、東大語教所的先行者

東大語教所成立的那年，時值我大二升大三之際，周老師對語教所的發展方向充滿期待，老師認為語教所必須走出學術的象牙塔，摒棄無謂的文獻堆砌，讓研究生多創作、多發表、多交流，並從中不斷地進行學術創新，但最後礙於所上師資與課程的限制，老師的建言終究未能落實。但老師不因此而氣餒，反而決定以實際行動來推廣自己的理念。首先，老師每年都會帶領研究生與屏東師院語教所互相交流，固定舉辦學術研討會，讓師生之間有彼此切磋互動的機會；此外，周老師也不斷精進自己的研究領域，身先士卒地以「著述」來拓展語文教育的研究範疇。就我所知，老師專長在於文學研究，專精於文學理論、紅樓夢學、臺灣文學、兒童文學、語文教學等面向，但老師並不以此為滿足，反而積極開創新的研究視野，跨足到佛學、宗教學與靈異學等方面，所發表相關研究論文更不勝枚舉，迄今已累積相當可觀的學術成就。

我認為周老師最具特色的研究成果，就是以宗教學角度所建構出的世界文明三類型：創造觀、氣化觀和緣起觀，清楚透析世界各

宗教學派的發展現況與困境，並為東西文化差異提供了一新興的詮
釋觀點。老師曾幽默地以中國人與美國人的粗話打比方，中國人的
粗話多會牽連父母與親屬，如幹你祖宗、幹你娘、靠北等，但美國
人的粗話反而多聚焦於個人層面，如 fuck you、bitch 等，這一中美
間的文化差異，唯一較合理的解釋，就是東西不同的信仰觀念。中
國人相信萬物皆由精氣幻化，彼此原為氣化的一體，為氣化觀式文
明，因此人與人的關係較緊密，重視親屬關係，所以辱罵對方的親
人，其實就等於是羞辱對方；反觀西方基督信仰中，人由神所創造，
為創造觀式文明，個體獨立自主，因此罵人多聚焦在個體上，若提
及對方親屬，反而讓人覺得莫名其妙。此見解雖然令人莞爾，但也
不無幾分道理，讓人不得不讚歎周老師對宗教與文化之觀察力。

四、山不在高有仙則名

畢業後，我經過一年的實習，最後決定獨自前往臺北任教，並
於隔年順利考上臺大研究所。雖然每到寒暑假都有想回母校探望母
校的念頭，但總是在為自己找拖延的藉口，最後一年拖過一年。但
即便如此，我對周老師的印象卻沒有因著時間而淡忘，反而依舊能
在臺大圖書館的書架上，見到老師最新的學術身影。原來老師自
2007 年後，開始與秀威出版社合作，除了出版自身的學術論著外，
更推出了一系列以「東大」為名的叢書，內容包含：將語教所碩士
論文出版成冊的「東大學術」、為語教所師生所創作的詩集「東大
詩叢」、將語教所舉辦的學術研討會之論文集結為「東大語文教育
叢書」等。不禁令我深深感受到，周老師雖然潛居臺東一偶，卻仍

以著述的千鈞力道，不斷地向外爭奪話語權力，如今甚至以排山倒海的書叢氣勢，試圖撼動原近寂寥的學術大陸，似有「一夫當關，萬夫莫敵」的氣魄。

　　每回在圖書館架上發現老師的新著作時，我總會急著借閱回去一睹為快。周老師的著作中，大部分是智理的學術著作，每本都是老師針對不同領域所作的研究結晶，書中周氏獨特的寫作風格，強調大量文獻資料的旁徵博引，並針對研究問題進行透徹的批判，據此提出獨到的創見。雖然我也曾想學習此書寫方式來進行寫作，但卻常落入龐雜文獻資料的十里雲霧中，無法洞悉研究背後的關鍵問題，我想，這是大概就是周老師獨到的論述「藝術」吧！

　　此外，在學術理性的背後，周老師更常藉著寫「詩」來抒發澎湃情懷，老師一方面以詩來靈動文學理論，好比《未來世界》為融合後現代的詩寫技巧、《剪出一段旅程》以詩來詮釋宗教觀、《我沒有話要說——給成人看的童詩》則是另類的兒童文學等，可謂詩風多變，融會各派，又力求創新。另一方面，老師更以詩來紀錄生活，詩集中處處可見老師藉遊山玩水後所寫的心情詩、為自然萬物所編撰的故事詩、參與聚會暢言後所觸發的感想詩、贈予論學同好者的紀念詩、甚至還有不少是以他人之名而寫下的嵌字詩。

　　我後來也有幸成為老師嵌字詩中的主角，那是在我結婚的大喜之日，老師特地寫下的〈祝福〉賀禮：

　　　黃熟瓜甜的季節
　　　亮光放膽在前面給你引路

鈞天的昊樂響起了

劉家創造的歷史很悠長

蕾上等待花開兩隻蛺蝶蹁躚飛來

結出一道噴香的彩虹

婚配有你我的藍天在雙見證

大港口停泊的機動小船要航行

喜袋裝滿親友全給的福分

日曆翻到第一天

〜本詩已收錄於周慶華老師《飛越抒情帶》〜

　　雖然那一天正逢 919 凡納比強颱來襲，東部南迴鐵路全面停駛，原本有意請周老師上臺當介紹人致詞的計畫頓時泡湯，但老師捎來的〈祝福〉，卻為那天的婚宴增色不少，婚禮充滿詩意。

五、不止歇的尾聲

　　畢業後再次與周老師見面，是在 2010 年某周六的午後，那天我正好結束臺大研究所的課程，如往常般騎車行經臺大校門口時，竟然又再次看見那熟悉的身影，白髮蒼蒼、厚重鏡框、和一身輕便的 polo 衫，肅穆地站在人群中，那不就是「周慶華」老師嗎？我喜出望外，連忙調頭直駛，叫道「周慶華老師！好久不見！」老師對於我的出現也感到又驚有喜。原來周老師是因為要與暑期班的指導學生進行 meeting，在臺大校門口等待會合，竟然我又恰巧經過，真是「他鄉遇故『師』，人生一樂也」。

　　那一次的偶然相遇，才得知老師已於前年當上了語教所所長，但這時的語教所事實上已趨向落寞。隨著 2003 年臺東師範學院改制轉為臺東大學後，原三分之二的教育相關系所，在教育部的政策要求下，被迫轉為一般系所，語文教育研究所是以被學校視為裁併的對象，並不再提供新教職的名額。如今隨著所上專任教授接連退休、或因故轉任他校後，語教所最後竟然只剩周老師一人孤軍奮戰，但由於老師始終堅持著對語教所的初衷，因此義無反顧地接下語教所所長的職務，試圖力挽頹勢。

　　也許有人會認為，周老師對於語教所過於執著，甚至有些「一廂情願」，明明語文教育研究所裁撤後，不過將名額轉為華語文學研究所而已，周老師依然可憑著自身的學術專長繼續留用，何必一定要是「語文教育研究所」不可？但，我想，這大概就是周老師身為文人的「癡情」吧，始終對語教所有份難捨的感情、始終深知語文教育對國小教育的重要性、始終無悔地為語文教育奉獻犧牲、始終堅持走完語教所最後的旅程。

　　最後一屆的語教所，不會再有人給予額外的要求與期待，但周所長不以為忤，反而堅持語教所的每一天都可以是獨一無二。我雖無緣進入語教所就讀，但每每瀏覽語教所網站上的消息，總能感受到周所長為語教所注入的新生命：網站上「所長的話」不再是文謅謅的教誨，而是雀躍飛舞的詩句；「最新消息」不再有乏味的行政宣導，轉為激發思維的各類學術發表會；「多媒體展示」不再見例行性會議的特寫，取而代之的是笑逐顏開的師生出遊聚會；「學術出版」不再為一灘死水，反而每學年都有新的發表紀錄。

　　我想，如今，周所長的創作作品中，不再只有書冊式的學術論著或詩集了，他為語教所所寫下的絕倫典範，註定會載於眾人的記憶中。對於語教所如此獨特的最後一刻，永遠不會止歇，因為：走完／仍值得「倒帶」！[1]

---

[1] 附記：周慶華老師贈予我的第一本詩集《未來世界》中，最後一章〈尾聲〉為二行詩：看完／記得倒帶，如今微調後，正可為東大語教所的尾聲作一註腳。

敬吾師

——周慶華老師

周靖麗

政治大學中文系國文教學在職專班碩士・臺北市辛亥國小教師

老師，謝謝您，致上我最大的敬意，在我書寫論文的過程中給我無限的關懷與指導。

和老師結緣成為師生是同事的介紹，常聽同事（何秋菫）提及如何三生有幸遇到一個多棒的老師，於是一個轉念，我換了指導教授換了論文題目，一切從零開始，接受老師的指導。只是一通簡單的電話，我的相關經歷與背景，老師都不知道的情況下，就同意收我這個學生了，可見他是一個樂於教導學生，傾其所有樂見學生在學術研究上努力的老師。那一通電話，老師略知我想做的論文方向後，就馬上幫我擬了一個題目和架構，我心中的大石頭頓時放了下來。第二天回家時，我已經收到老師寄來的論文綱要和一箱與論文相關的書籍，剎那間，心中明亮了起來，論文的路開始看見曙光。至今，我仍覺得不可思議，一個已經忙到分身乏術的老師了，只在電話中簡單談話，無論我是聰穎或駑鈍，他已經為我鋪好論文的路。

　　書寫論文的過程中，我真的要一一細數周老師對學生的愛與付出：

　　第一次見面，老師就幫我上了五個小時的課，完全是關於論文的事，逐章逐節一一指導。我的手不停的記下每一字每一句，一個符號一個錯字一個圖表都在他的眼下一一幫我校稿過，深怕我回家後無從書寫。昏黃的燈光、吵雜的背景音樂，他仍是不斷的解釋給我聽，一有不明白就再舉例說明，我沒遇過這樣的指導教授，這麼認真對他的學生，心裡暗暗發誓，我一定要在論文的事上好好努力。因為老師自己成了我研究上最大的榜樣。他縝密的論學精神和孜孜不倦的研究態度，都是我最好的學習典範。

　　寫論文的過程中，因為資質駑鈍，常會有問題不斷出現，就不知如何繼續論述，老師會在電話中詳細告知，把我的問題一一解決。因為老師住臺東，而我住在臺北，問題比較多時，如果老師回臺北，儘管百忙中，仍會約見面，面對面指導或修改我的論文。老師不喜歡用電腦，我會將寫完的論文以電子信箱寄過去，老師再印出來批改，然後以坐高鐵的速度般隔天就寄回來，密密麻麻的修改筆跡，讓我非常感動。已經長繭的手，老師仍一字一字的批改，整齊端正的紅筆下都是老師認真的影子，至今我仍保留那些老師修改過的文字稿，因為那代表著老師指導我的每個歷程。有時寫的實在不好，無法論述的清楚或表達完整，老師從來沒有數落或批評，只是提供方法或資料，讓我再修改。我為自己讓老師多了幾根白頭髮不斷自責，並提醒自己不可懈怠、放鬆。

　　送研究計畫是一件大事，代表著論文的路已經走完一半了。老師陪著我，一遍一遍的校稿，每一字每一行，修過再修，就是要幫

我完成這大事。猶記最後校稿的那天晚上，我們約在外面吃飯，我已經把論文看過、修過數次，老師仍是在昏黃的燈光下，一頁一頁的看，一個逗點一個行距甚至一個錯字仍一一被他找到，面對老師的無私指導，我心裡的愧疚，讓我瞬間紅了眼眶。那個畫面至今一直在我腦海，很難忘記。每當班上學生不乖惹我生氣時，我就會想起那個畫面，告訴自己是如何接受老師耐心的指導，和顏悅色的關心，我也要以這樣的方式對待自己的學生。在送計畫的事上，尚有一些細節要注意，老師都當作是重要的事記在心上，深怕我會忘記，總是一再詢問或提醒我，道再見前又再一次叮囑我記得完成。

言談中，他會不斷問同事其他學生的狀況，老師不只是關心他所指導的學生的論文進度，舉凡生小孩、身體不適的狀況他都略知一一，從他的言語與神情，盡是透露他是一個真摯關心學生的老師。對於論文難產或沒消息的學生，他仍是放在心上，他總是可以細數每一個他指導過的學生的各種狀況。老師的生活很簡單，在學術產出上，也讓我很佩服，他有很多不同領域的專書都已出版複印，我讀過幾本，深奧的程度需要讀過三遍以上才能清楚其中內容，但一旦看懂了你就會發現老師的論點很精闢不同大眾的想法，可以說是在學術研究上很有「遠見」的學者。老師的著作涉及的範圍也很廣，語文、文藝、詩歌、靈異、宗教……都有。有一次老師同時約我和另一個研究生一起指導論文，我和老師先談一個小時後，他馬上調整思路可以再談另一個題目，而且可以清楚的指出那一章那一節寫了什麼，接下來要如何寫，方向是什麼，資料可以從那參考。我實在佩服老師，雖然歲月在斑白的頭髮留下痕跡，但老師的記憶力總是比我們還強，我忘了資料在那一頁，他一翻就找到

了。有一次我還開玩笑問老師，某一本書是那一年出版的，他隨口就說出來了，連我的參考書目人名錯、頁數錯都逃不過他記憶庫的掃瞄，我想這就是他的生活，點點滴滴都是對學生的關愛與無私的奉獻和在學術研究上嚴謹的態度。

考上研究所是一件憂喜參半的事，喜的是名利雙收，憂的是如果論文難產一切就回到原點。我就在這樣的憂慮時刻遇到了老師，像是〈創世紀〉裡，主造了天地後，嫩芽出現的那一線希望，劃過黑暗，一切都新鮮了起來。我早已不再擔心自己論文是否「難產」，因為有老師的指導，那種穩妥的力量成為我論文之路很大的動力。寫論文雖然辛苦，但一種研究中的成就感是當初想不到的，我想是老師給我的指導，讓我非常清楚方向不再猶疑。在這歷史時刻──東大語教所結束前夕，能為我敬愛的周慶華老師聊表心中感謝之意，是一件非常重要的事，我相信有很多同學也是這樣的心情與感受。並希望老師身心健康，一切順心。

夥伴們道別離

不想散的筵席

陳意爭
臺東大學語教所碩士・臺東縣富山國小利吉分校教師

　　2006 年暑假，明明跟朋友約好一起去讀兒童文學研究所的，我卻誤打誤撞進了臺東大學語文教育研究所。我還喜歡跟朋友開玩笑，說我重新回鍋當學生的第一個暑假，簡直是痛苦至極，完全無法想像當初是怎麼熬過來的？當時我們的所長陳光明老師，經常對我們耳提面命，說我們是全國碩果僅存，專司在「語文教育」領域持續耕耘的一個所，這點也嚇壞了我這位「專業語文教育」的門外漢。有點美術背景的我，或許在洪文珍老師的書法教學課程，以及洪文瓊老師的圖畫書教學課程中，還有點發揮的空間（這並不意味我可以拿到很高的分數），但是碰上陳光明老師的漢語語法相關課程就專業不起來了。再加上有幾天必須從早上八點開始上課上到晚上十點，一整天下來，不只是頭快炸開，眼睛也有負荷不了想逃走的感覺。所幸，我找到同好可以一起享受在課堂上偷偷看詩集的快感。

　　「詩」是我跟周慶華老師第一次真正的接觸。頂著一頭白髮的周老師，當時上我們的「語文研究法」。他總是讓人家有種時空上

的錯覺，看他把一疊疊沈重的參考書從語教所三樓的研究室搬到隔壁棟的上課地點，就像在上演「愚公移山」的劇碼一樣，而且還將學生想「給他一隻手」的好意予以回絕。聽說他對搭捷運時讓座給他的人，用的也是同一句臺詞——我還年輕！接著還得臉不紅氣不喘的繼續滔滔不絕講上三節課，然後——再把那些書搬回去，就算一整堂課都沒人有興趣去翻閱一下。不過，他的努力耕耘不是沒有代價的，至少那怪異的行為引起不少怪咖注目。有一天下午，平時看來文靜的靜文同學，突然給了我一個暗示的眼神，然後從她的背包中亮出一本詩集，封面上頭那位帥哥就是周老師。我二話不說還以一個眼神就將那本詩集借走，《七行詩》讓我對這位長者冷峻的外表下那股反動的熱情有了一番更深入的了解。套句靜文說過的話：愛上刺蝟的人，心中都有隻刺蝟。所以我決定找周老師指導論文。

　　暑期部第一個學期的課程，隨著暑假接近尾聲宣告結束，為了讓我的論文方向及早確定，非暑假時間我也經常找周老師討論，並且到他日間班的課堂上旁聽。回憶起那段痛苦煎熬生產論文的歲月，心中總是充滿感謝，周老師就像爸爸一樣（雖然他堅持自己很年輕），一步一步引導我的研究內容，協助我建構圖畫書中圖文關係的四種模式。而這第四種模式的「創意」還有一段精采的故事可說呢！話說有一天晚上，當我興高采烈的跟先生述說我那好不容易「有譜」的前三種模式（當時還只有三種，有疑義者可找《圖畫與文字的邂逅：圖畫書中的圖文關係探索》一書來解答）時，喜歡挑戰的先生竟然問我：「那還有沒有第四種啊？」後來我將這個現場轉播給周老師，他老兄也不知是不是失眠了幾個晚上，竟然在我下

一次跟他會面時告訴我，他想到第四種模式了。這也給了我一個震撼——的確，凡事都有可能。

就這樣帶著邊走邊跑的心情，我期待的第二個暑假來了。

第二個暑假還真熱鬧，除了我帶著七個月大的肚子去上課外，另外還有兩位同學也加入這項孕育下一代的神聖工作。為此，我們熱心的班代霏燕學姊還幫我們爭取換了兩次教室，證明我們支付的龐大學費不是白繳的。至於課程部分，延續第一學期的轟炸式排課法，照樣把我弄到頭快炸掉的地步，所幸有了第一學期的經驗，自備舒適的小枕頭當靠墊或找張椅子來墊腳，都有助於孕婦紓解課堂上的不適。紓解課堂不適的方法還有許多，其中有一項就是捉弄老師。

由於我們上課的時間是暑假，適逢颱風季節，所以一有颱風警報，同學們可說是既興奮又緊張。興奮的是可以放颱風假，外地來臺東讀書的同學可以早一點回去或晚一點再來；緊張的是深怕訂不到返家的車票，於是有些同學只好在還沒下課前偷跑，為此還曾經引發某位老師的不滿，質問同學：「你們是來讀書還是來放假的？」

話說第二個暑假中8月8日那天，碰巧又有一個颱風靠近（不是後來引起八八風災的那個莫拉克），縣府早早就宣布停班停課。我們跟著周老師寫論文的這批同學心想「糟了」，原先計畫好要幫周爸爸過父親節的，竟然殺出程咬金了！於是一幫同學就計畫還是請老師照常上課，由我這個孕婦出面拖住老師，讓其他人先行在教室進行布置，之後再給老師一個驚喜。就這樣，我們準備的驚喜再次讓老師震撼，而送給老師的那張小小的卡片上，來自八位同學的祝福，連同八篇論文的壓力老師也都一併收下。另一方面，我的論

文計畫書很順利在這個暑假送出，等於宣告可以在第三個暑假準時畢業了。

第二個暑假結束後，我還是常常去打擾老師，有時候論文寫不出來，乾脆寫詩去投在老師的信箱裡，寫到後來，老師乾脆鼓勵我寫一本詩集（所以我又有一本《邂逅之後》，專門處理那段時間的心情）。因為跟著周老師做研究，寫論文這件事讓我痛苦的很開心。不管時間多晚，只要我碰到問題，一通電話，他在另一頭一定會詳細解說，甚至會幫忙找到適用的參考資料以補充我的不足。

第三個暑假很快就來到，重頭戲就是我的論文口考。老師找來的校外口試委員孟樊老師，大概跟他的感情不太好，聽說他們經常在學術領域較勁，所以我口試那天被痛批是理所當然，不過當場校內口委董恕明老師說我的東西讓她想起自己的博士論文，所以給了我一些鼓勵的話，這一點則讓我感到欣慰，而讓我真正想痛哭流涕的，是最後周老師告訴兩位口委，他希望我保有自己的寫作風格。就是因為他鼓勵，讓我的論文真正是我的「著作」，而不只是一般的學術論文而已。

第三個暑假還有很多東西值得紀錄。回想第一個暑假，是在懵懵懂懂加上頭快炸開的情形下結束；第二個暑假也好不到那去，大家忙著簽指導教授、設定論文方向，還得應付指定的作業加上要趕出論文計畫書，上的課當然也沒辦法太認真吸收（更何況我還挺著一個肚子）；不過第三個暑假，由於暑期課程開始之前，我的論文就差不多快進入結論階段，所以我可以好好認真的上課，終於有上研究所的感覺了。其中最有趣的就是上周老師的「詩歌教學」這門課。第一堂課，老師帶著一個紙箱進來，還故作神秘的給了它一張

寫著「我就是那棵樹」的名牌，怪異的行為又觸動了我在第一個暑假對老師的第一次印象，我的神經馬上很很清楚的大喊：玩就對了！第二堂課，換上一株名叫「我不是仙人掌」的仙人掌站在那裡，還是一樣：玩就對了嘛！的確，寫詩還要正襟危坐那寫得出詩？這門課最後收結在臺東森林公園的琵琶湖，遊湖一周後在我的吉他伴奏下，大家歡唱早期耳熟能詳的民歌，為三個暑假的研究所課程畫下句點。

　　順利畢業之後，因為地利之便，我手上握著其他同學的「委託書」成了「臺東區駐區代表」，三不五時晃回學校找老師聊天、讓老師請吃飯。說實在的，吃飯付錢這件事我真的搶不過他，後來我乾脆都不帶錢包出門。有一次，藉著我的詩集印好要送他兩本順便請他吃頓晚餐，出門前我也確定帶了錢包，還跟老師信誓旦旦的說這次錢由我出請他別搶，結果原來帶的是個空錢包，連提款卡都沒有，還付什麼錢？可見我的潛意識裡對於「白吃白喝」這件事已經習以為常了。我覺得為人師表者，照顧學生本來就是天經地義的事，但我在他身上看到的是身體力行、以身作則，很難想像一個人同時背負著指導十幾篇論文的壓力，卻從未間斷過自己的研究。每當我東西寫不出來時，就喜歡跟他開玩笑，叫他分一些動力給我。

　　即將進入 2012 年的前夕，細數這段六年來的回憶，我重溫了一段和「語教所」邂逅的故事。最想感謝的，還是周老師。今年中秋節，我打電話想邀請老師一起參加烤肉活動，他開玩笑的說我手上的委託書已經過期了，可見他真的是活在現在的古代人，不知道現在什麼東西都流行「終身」嗎？終身免年費的卡才會有人要辦、終身保固的東西才會有人要買，有品質保證的委託書當然也終身有

效囉！不過可惜的是，語教所來不及參與「終身」盛事，今年 8 月它就要走入歷史，一場相聚在臺東的筵席終究要散會，就讓那份感動持續終身吧！

花季未了

——關於語教所與慶華老師的二三事

許靜文

臺東大學語教所碩士・嘉義縣朴子國中教師

關於語教所和慶華老師，關於臺東相遇的種種，已經多次寫過文章。這一次，到了語教所真要走入歷史的時刻，卻千言萬語，醞釀了好久，不知如何說起。

就像夢遊的愛麗絲，經過了一場奇幻的冒險旅程，它太美太好，卻又太短暫，以至於不真實的像一場夢。然而，那些記憶、那些感受卻又真真切切的在心裡，不會輕易隨時間淡去。

2008 年自語教所畢業後，臺東似乎成了我在島嶼上的另一處依戀，不時召喚著我。每年暑假總要忍耐著迂迴山路的暈眩，一如候鳥回返，即使只是見面吃飯喝茶，回臺東都是一個不可缺少的行程。

記得碩二那年，我和如輝初初相遇。正在提研究計畫的我，因著論文中提及臺灣歷經日治、戒嚴時期等內容，而與如輝有了第一次電話中的長談；戀愛中人豐腴了不少，回校上課時隨即被眼尖的

慶華老師給看穿。他就是這樣一個觀察力敏銳的人，常在不經意中就將看似尋常的諸多感受收進心裡，也寫進詩裡。而後我有幸替老師的詩集寫一點話，如輝也都參與其中，他還因此和老師有過一次書信討論宗教信仰的問題，獲老師贈書。我笑說：你有空要多給老師寫信啊！其中點點滴滴，我們課堂上的辯論、演出和寫詩、晾詩、海濱公園尋詩，以及課後和老師吃飯、喝茶、慶生、唱 KTV 等趣事。當然，還有寫論文的所有過程，他經常聽我分享，彷彿成了語教所不在學生名單上、卻熟知班上情形的一員！

今年我和如輝決定邁向人生的另一個階段，臺東是我們環島計畫中第一個想拜訪的地方，因為如輝知道慶華老師對我來說有著一份特別的情感意義。那晚在米巴奈，我們三人，一桌子菜，話題一個換過一個，也談及語教所將結束的種種曲折，老師帶來的那瓶威士忌一度被我偷藏到了桌下，終究還是被他們兩人暢飲而盡。最後只得由我開車，提議回所辦喝茶醒醒酒。安靜的校園裡，暈黃燈光中鳳凰木依舊，老師腳步有些飄飄然，笑稱微醺，感覺很好。看著這兩個男人一陣盡興後的醉去，我只能搖頭。翌日，我們心裡都有著一些很奇特的感覺，說不清是什麼，離開臺東往北走，我和如輝就在一處海邊的涼亭待了一下午，一旁煮著熱茶，我們合寫了一首詩寄給老師，這是四年來我們第一次共同孕育的作品呢！以前，聽我說老師要帶我們到琵琶湖尋詩，如輝便羨慕了好久。後來大家有沒有寫出詩來，我不確定；可以確定的是，那天的情景在我們心裡的確像一首詩，不論過了多久，還是那麼鮮明，讓人回味。

修過慶華老師課的人，或多或少都會感受到讀詩和寫詩的魅力。年少時我也常懷一份詩心詩情，總有些為賦新詞強說愁的味

道，如今想來那也不失為一種和自己內在對話的方式；出社會工作後，漸漸失去了那份情懷。自從那幾個暑假上了老師的課，又喚起了我喜歡塗鴉幾句的習慣。有時在教室看著學生考試，一張張專注苦思或神遊窗外的臉龐，反而令我靈光乍現；有時是光怪陸離的新聞事件令人精神錯亂，不吐不快；公路上迷航的蝴蝶、藍天綠樹小草、手機裡的色情簡訊……所有日常平凡的事物在詩的世界都添上了一對翅膀，自在遨遊。現在，詩又重回我的生活，成為自然而然存在的一部分．

他不只一次提醒過：教語文、學語文的人一定要有創作的習慣，不能盡是空談理論。現在每當安排一堂寫作課，不論寫散文或詩，我都會要求自己也拿起筆來，和學生一起就著同樣的主題寫作。那幾個暑假的課堂上，慶華老師總是鼓勵我們創作，並且分享、交流，從不用既定的標準去論斷作品的好壞，慎重其事的印刷、裝訂，或放入他出版的作品中，就是以各種方式鼓勵我們持續寫作。

「以文會友」曾是多麼美好的文化，年少時課本上讀過，在我的學習過程中卻極少經驗過、感受過，在慶華老師身上則完全得到實踐。如果不是這幾年有過一些親近的相處，很難理解到他以詩文來「綰結人情」的那種熱忱，是很令人動容的。可能因為我也是一個外冷內熱的人，所以很能明白那種拙於表達熱情而選擇以文字來傳遞溫度，是一種最自在的方式吧！

如輝常笑說：老師一定有著什麼神秘的魔力，總是會在各種情況下潛入我們的話題。我倒覺得一點都不奇怪，他說過的許多話，有時甚至是一句玩笑，總是會讓人腦筋打結後再加速運轉，以至於許多話題都讓人深刻難忘。他說：「上課是和學生一起創造回憶」、

「在安全的地方冒險」、「對話不是為了共識，辯論是為了持續辯論」……上課氣氛低迷時，他總愛丟出敏感議題，引爆師生之間原本拘謹有禮的表面和諧。他好奇，也好玩，喜歡挑戰既有的價值，看你不以為然、辯得面紅耳赤、找不出話來的苦惱模樣，他最是開心。所以上他的課、和他吃飯，從不無聊。

多年後回想起來，課堂外那些共進午餐、晚餐、喝咖啡、散步的時刻，是更令人難忘的學習，是身教，也是境教。與其說是知識上的豐厚，不如說是真實感受到一位學者、師者的風範，對學術的熱情和對學生無私的付出，以及詩人內在的浪漫多感，兩者交融所展現出獨特的生命情態。那對我是更大的撞擊，生命可以如此純粹、絕對！即使知道語教所將結束，他還是積極的辦研討會、工作坊、讀書會，好不熱鬧，濃厚的學術氣氛淡化了不少即將告別的不安和傷感。

將離枝的花，仍要盡情燦爛一回，所有的紛擾都隨風，就讓廣闊天地見證這一場。我想到了王小棣導演的一齣戲《赴宴》，其中有一段話：「在山裡，不管是活了幾億年的石頭，或是只開一天的花，都是奔赴一場生命的宴會。」

只開一天的花，她的存在有意義嗎？

不管有多少人看過，她都盡力綻放過，隨風飄落後會以另一種方式，繼續的滋養這個世界。花謝了，花會再開……

語教所，一朵曾經盡情綻放過的小花，世界因她有了不同的風景。

而慶華老師，是這朵小花中最獨特的一抹顏色。

那些人那些事那段美好的時光

林明玉

臺東大學語教所碩士‧高雄市月美國小教師

一、緣起

當身邊的同事和朋友們都紛紛考上研究所時，對於我來說真是一大刺激！尤其是她們大部分都是有孩子的媽媽，白天教書、晚上回家照顧家庭之外，還想要精進讀研究所，這份心讓我敬佩之餘，更激勵單身的我也不能落於人後！心裡希望能再回到大學的殿堂，享受當學生的單純快樂。所以，當我搜尋到母校東師（現東大）有開暑期研究所，而且是語文教育研究所第一屆招生時，毅然決然報名，並且在讀了一個星期的書後，幸運的考上，真是開心極了！

二、美麗的臺東　我回來了

我讀東師四年大學，留在臺東教書五年，這九年的光陰，臺東已成了我的第二故鄉。臺東的山很壯麗，臺東的藍天白雲很遼闊，臺東的海一望無際，美不勝收，臺東的人哪更是親切！九年的時光，結交了許多的好朋友，是我最珍貴的友誼資產。畢業十年後再回來讀研究所，那份人親土親的美好感覺都回來了，朋友們給我的大大擁抱，海濱公園歡迎我回來的聚會，覺得自己真是幸福又幸運！

不禁對著大海吶喊：「美麗的臺東，我回來了！」

三、臥虎藏龍的同學　優秀的教授群　緊湊的學習

我們班有二十五位佳麗，沒有男同學，能因緣和合的齊聚一堂當同學，真的是很奇妙的緣份。大家來自全省各地，其中不乏我們東師的校友們，好幾位是洪文瓊、洪文珍老師以前的學生，都是各個學校裡優秀的老師。面對臥虎藏龍的同學們，自己覺得很榮幸也很緊張，這麼久沒有當學生了，要跟這麼多菁英同學一起學習，還挺有壓力的。

兩年的研究所課程加上寫論文，要濃縮成三個暑假全部完成，教授們搖頭說「很趕，很難如期畢業吧！」因為是第一屆，所以連老師們都在調整步驟，上課當然是很緊湊了！文珍老師是我們的導師，有如一個好爸爸，帶著一群老大不小的女兒們，進入少年小說

的天地，還教我們寫毛筆字，多年沒有拿毛筆的我，還能跟這麼好的老師上課，真好！

文瓊老師是嚴肅又嚴謹的老師，是小學語文教育領域的佼佼者，跟他上課受益匪淺，但是心情戰戰兢兢的，死了很多細胞！上文瓊老師的課或做作業，絕不能馬虎。其實我平常對學生也是很要求，所以，可以理解老師對我們嚴格的心情，除了認真學習外，還要用心做好才行。

陳光明老師是學有專精的老師，他的專業領域研究者甚少，算是稀有的老師了，也是我們語文所前幾屆的所長，創業維艱，和其他老師們都為系所奉獻良多。曾興廣老師和藍孟祥老師，是文瓊老師和文珍老師友情邀約來為我們上課的老師，上他們的課，心情很愉悅也很美麗，他們教我們欣賞兒童繪本之美、文藝之美，第一學期末還陪我們去戶外教學，與我們第一屆的感情最深最好，讓我們覺得是「足感心」的老師。

還有一位上課時會無所不談，不避諱任何話題，滿頭白髮的老師——周慶華老師。老師寫得一手蒼勁有型的硬筆字，他的精闢理論實在難懂，他的上課方式多元化，印象最深的是：有一節課他請全班吃芒果冰，邊吃邊看一部要討論的電影，那芒果冰實在太好吃了，電影也很耐人尋味，當時心裡想：原來這怪怪的老師也有感性的一面啊！這些是第一學期對他的印象，沒想到這個怪怪老師，後來卻成了我的論文指導老師，想來人生難預料的事還真多！

凡是第一屆總是「實驗的先鋒」，最被期待和要求的。除了緊湊的課程學習外，我們還負起了示範的責任，讓以後的學弟妹們有

所依循。不過，大部分的同學都是離學生時代有一段距離了，讀書可不比當年，拚起來還挺累的。所以，第一個暑假讀完，覺得既充實又緊張，不過能重回校園當學生，我覺得很快樂！還好老師們都很能體諒我們，除了在學業上傾囊相授外，私底下對我們如師亦友般的師生情，是最讓我們珍惜與感恩的。

四、淚水與歡笑交織的第二個暑假

　　第二學期一開學就要我們決定選好教授，要開始上論文指導的課了。當我看到周師馬上被填選完，差點沒跌破眼鏡，什麼？這個怪老師竟有這麼多同學選他，不可思議！這些人……心裡在想什麼啊？不管了，先想好自己該寫的論文吧！第二學期我刻意搬進學校宿舍，想說可以和同學們就近討論課業和論文，於是很幸運的和靜文成了鄰桌的室友，而她就是周老師那一組的學生。

　　開始著手找論文相關資料和定題目寫大綱，因為完全不懂寫論文的困難，所以，在搞不清楚方向的情況下，很天真的寫了一些不成文的東西給指導教授看，老師當然是打回票，當下如晴天霹靂！看到同學們大都訂好題目，很有目標的跟老師討論，而我卻毫無方向，亂了方寸，不知從何著手，這下如何是好？我達不到指導教授的要求，我一個字都寫不出來也寫不下去，我難過到極點，晚上走在東大校園裡，悲傷的留下了眼淚，不知道下一步該怎麼走下去……

　　身旁的靜文看到我整天愁眉苦臉，悲情的模樣，跟我聊天，試圖讓我心情好點，還說了她們跟周老師討論論文的情形，才知道原來周老師私底下是對學生非常好的老師，推翻了我之前心裡對他的

誤解，我才是有眼不識泰山呢！看著靜文可以寫自己喜歡的題材，又可以得到教授的肯定和支持，這讓我更難過，更傷心！靜文很有耐心的陪伴在旁，並且鼓勵我試著寫自己喜歡的少年小說題材給指導教授看。結果上天慈悲，指導教授很仁慈的建議我可以去找別的教授討論看看，於是我把大綱拿給周老師過目，他第一句話就說：「很有趣的題目，可以寫寫看！」周老師當場破例收留了我這個學生，我感動得無以復加，當時有靜文、意爭、惠珠、佩佩陪在一旁壯膽，她們都熱情的歡迎我加入她們家族的行列，讓我感動莫名，喜極而泣，真是患難見真情的好姊妹呀！於是我加入了周老師的「天堂家族」。

我們這一組除了這四位美女外，還有璧玉、玉滿和秀芳，總共有八人。為什麼說是「天堂家族」？因為寫論文是很苦悶的事，可是每次上論文寫作課時，我們都是快樂的聚會研討，周老師還常常自掏腰包請我們吃飯（要跟他搶付帳還得動腦筋設計一番），吃完再討論，一點外在的壓力都沒有。而且周老師能清晰的指引著我們每人的寫作方向，大家都能循序漸進的寫下去，所以在這樣的氛圍下寫論文，真的是很幸福快樂的事，所以稱為「天堂家族」囉！但是看到老師要處理八個人的論文，還要準備每天的課程，回到家又要繼續寫他自己的學術論著，實在是太辛苦了！而且周老師是一個字一個字刻鋼板似的寫論文，修改我們的論文也是拿著筆一字一字的寫出來（現在我還保留修改過的每一張論文，因為裡面有老師珍貴的筆跡），他不會用電腦，卻會寫出與網路時代超連結的論述，他的交通工具只有腳踏車，連去機場都是騎鐵馬趕去搭飛機的，對於這樣的「稀有動物」，我們都覺得要「好好保護」！他可算得上是現代的「超人」了。記得那一年的父親節，我們為周老師慶祝，

買了蛋糕寫了卡片，還送了「善存」，叮嚀他要記得補充維他命，為了大夥兒可要保重身體呀！他非常開心，大概很久沒有這麼多人陪他一起過父親節了吧！隔天他還很感性的送給我們一首詩〈新四季紅〉，那首詩已收錄在他的《剪出一段旅程》的詩集裡了。

猶記得那時意爭還挺著大肚子來上課，隔年孩子（晨暄）已生出來陪媽媽寫論文了，我們開玩笑的跟意爭說她讀完碩士生了兩個孩子，一個是女兒，另一個是「厚厚的論文」。而秀芳總是有護花使者子江在旁陪伴著，算是我們這組的半子了，另外的半子還有璧玉的先生文鵬，意爭的先生嘉牧，還有他們家的小晨昕，都是天堂家族的一家人，我們這一家族人馬聚在一起時可是很壯觀的呢！大家在周老師春風化雨的帶領下，快樂的度過了第二個暑假。

第二個暑假課程結束時，大家都拎著行李回鄉了，我想到一回去又開始忙碌的學校生活，一定無法靜下心來寫計畫，因為我是後來才開始寫的，起步比同組同學慢很多，看到她們已寫完前三章計畫回家了，心裡更是著急，於是決定最後一星期留下來，把前三章計畫書寫完才可以回去。記得那時整棟女生宿舍晚上除了幾個零星的工讀生回來睡覺外，偌大的宿舍只有我一個人和論文在孤軍奮戰。我日以繼夜的不停地想、不停地寫，晚上夜裡還會做惡夢把自己嚇醒，從床上跳起來，趕快再繼續寫，而且當時還有個颱風過境臺東，在風雨交加的夜晚趕論文，真是這輩子難忘的經驗。這期間周老師沒有馬上回臺北，留在學校幫我校稿，每寫完一節就拿去給他修正，回來再繼續寫，一直到小學開學前一天才完稿寄出。

這一個短短的暑假，對我來說，真的是計畫趕不上變化的發生了許多事情，經歷了好幾個波折，心情有如洗三溫暖般。現在回想

起來那是非常關鍵的一個暑假，決定了後來的「結果」。心中對於周老師是無限的感恩！對於靜文這個貴人的出現也心存感激！還有同組甘苦與共的姐妹們給我的鼓勵與支持，都覺得自己實在太幸運了。感謝上天啊！相信這一切都是最好的安排。

五、牛步寫論文　如龜兔賽跑後來居上

　　從小到大，寫作文一直是我心中的罩門，很怕寫文章，因為要想很久才能下筆，無法像別人一樣下筆如神、詞藻優美、文筆流暢。所以，要把十章的論文寫完，對我來說是很痛苦的一件大事。我如牛步般的速度，一定要在第三個暑假來臨前寫完才行，否則到最後一個暑假要邊上課邊寫論文，無法一心二用的我一定會寫不完。於是我在下學期時，搬進了任教的學校宿舍閉關寫論文，然後也在臺東租了個房間，每個禮拜五就把一星期所寫的一個小節，帶來臺東請周老師批改，跟老師討論。周老師總是很有耐心的撥空幫我逐字逐句的看過修正，即使回臺北了也會在週日提早回來，幫我修改論文，然後討論下一個小節的方向步驟，討論完我再趕回來高雄，繼續一個星期的蝸牛爬格子的速度寫論文。我要求自己一定要在最後一個暑假如期畢業，不想拖延時間，因為還有很多事情要做，眼前這一關要先通過，才能進行我下一步的人生規畫。

　　第三個暑假開學了，我的論文已到收尾階段，意爭更快，已全部寫完了。她是我寫論文過程中的強心劑，因為想到她從懷孕到生產完坐月子，都能夠如期的寫完論文，就覺得她實在了不起！自己沒有家累的人還寫不完，太說不過去了，一想到意爭，我就會激勵

自己趕快寫完，所以有個標竿模範在前面讓我們學習，真的很重
要。周老師很快的安排我和意爭第一個口考，我們兩人成了全班第
一批順利畢業的同學。實在太感恩周老師了！這得來不易的畢業證
書，是老師陪我完成的，是我這輩子最用心、最認真、最辛苦、也
是最快得到的畢業證書。

六、感性　感動與不捨的最後一個暑假

　　最後一個暑假了，大家心情很複雜，大部分的同學都還在趕論
文，而我因為論文寫完了，所以比較有輕鬆的心情上課。周老師開
了一門詩歌研究的課程，讓我們進入了最高貴的詩人殿堂裡一窺堂
奧。周老師是現代的詩人，他信手拈來皆是詩，他給了我們無限的
空間寫詩，在老師的指引下，我們每個人都變成詩人了。當時的我
也常能引發詩興，寫出一些不像詩的詩來，而周老師從不刪減我們
的詩，最後還把大家一學期下來手寫的詩稿集結成冊，書名為《東
海岸的胡詩亂想》，送給每個同學做紀念。現在只要翻開那本詩集，
所有回憶都回來了，想起我們跟周老師去琵琶湖「尋詩」，意爭還
帶著吉他伴唱，大家彷彿年輕少女般的盡情歌唱，中午周師還請我
們全班到路西法餐廳吃飯，席間他現場吟誦了一首閩南語詩〈2008
的戀曲──給緣聚臺東二載即將揚帆的朋友們〉（收錄在周師《新
福爾摩沙組詩》的詩集裡）送給我們這群即將畢業的第一屆畢業
生，感性的周老師總是能用詩來表情達意，讓我們十分動容，大家
心情上更捨不得在一起同甘共苦三個暑假的同學情誼了。現在回想
起那些年的美好時光，真是令人回味無窮！

　　很慶幸自己能來讀研究所，這大概是我人生最後一階段的學生時光了，能遇到這麼多的好老師，身邊有這麼多的貴人相助，實在很幸福！學期結束時，我們這組的靜文、佩佩、惠珠、麗娜也都順利過關畢業了，很開心大家都努力有成！我和靜文特別留下來玩了兩天，我們騎著她的 50CC 小ㄅㄨㄅㄨ從臺東市壯遊到池上，來回途中讓車子休息了幾回合，差點罷工不載我們了！我們還跟周老師騎腳踏車遊臺東郊區、看電影，離開的前一晚，靜文的男朋友還跟我們一起去山上寒舍泡茶，然後大家約定明年再見，再回來臺東與老師、同學聚聚。在依依不捨的火車隆隆聲中，離開了臺東，回想這兩年、三個暑假的學生時光，彷如一場夢般，有歡笑、有淚水，留下了許多美好的回憶……臨別時，我留了兩首詩予周老師：

好了

　　詩也寫了歌也唱了

　　酒也喝了電影也看了

　　連芒果冰也解饞了

　　海濤聲鼓動著心跳

　　把天邊的雲彩盡收眼底

　　湖畔尋詩的浪漫情懷

　　月光下散步回家的詩意

　　該說的都說了

　　不能欠的也還了

　　夠了夠了

這一切甜蜜的回憶

足以回味下酒了

精靈還是要回到人間

這神仙洞府就留給你看守了

　　下次

再提壺酒來加值風味佳肴

兌換

鯉魚山的巡禮

東海岸尋找驚喜

讓鐵馬踩遍

還有一場待續的電影

哦　太貪心了

沒關係可以分期付款

來吧　舉杯邀明月

敬你

為這真摯不能典當的情感

為這美好的逍遙時光

乾杯

　　臺東有如世外桃源，這神仙洞府就留給周詩人了。回到工作崗位上的我們，猶如掉入人間的精靈，繼續守護著我們的家人和學生。人生聚散總無常，把握每個當下即是永恆，就讓回憶停留在霎那的永恆吧！

七、後記

　　畢業後我們都有持續跟周老師保持聯絡，知道文珍師和文瓊師退休了，光明師調任他校，周老師一肩挑起所長的任務，試圖努力把語教所扛起來。他把日間、暑期所有沒教授指導的學生都接收來指導論文，這種救世主的精神，吃力不討好的工作他一個人默默扛下來了。他跟學校請命、努力奔走過，無奈不敵大時代的潮流、學校的政策，語教所終究要面臨終結的命運。

　　我們非常不捨這一塊孕育出許多優秀老師的小小園地，這麼快就要面臨荒蕪；我們惋惜這麼好的老師沒有得到學校重用，而悄然流失；我們歎息全省僅存的語教所，就這麼輕易的讓她成為歷史，相信所有語教所的學長姊和學弟妹們，一定不忍心看著她亮起熄燈號。

　　期待還有下一個語教所的誕生！一代人辦一代事，真有奇蹟出現的話，那一定又是另一段美好時光的開始！

育我之臺東大學語文教育研究所

許淑芬

臺東大學語教所碩士‧臺東縣泰源國小教師

在教學工作上發現學生學習成效與自己的教學無法達成正比，在地區特殊的臺東縣，深感教學能力有很大的進步空間，而所有教學的科目中又以國語文為最主要基礎，臺東大學語文教育研究所就成了我精進教學能力的首選。

踏入語文教育研究所，足足有三個暑假得先有閉關修練的心理準備，雖然每天 8～10 小時的課程令人備感辛苦，但卻值得。因為是暑期班，有來自全臺各地的同學齊聚一堂，一起學習。藉此機會，看到了同學們精采的好身手，有的同學擅長於小說教學、有的同學擅長於寫字教學、有的擅長於閱讀教學……讓我這個語文教育的門外漢看得好生佩服，恨不得我也長上翅膀具備這些專長。在課程上，每一位教授有著各自專長的領域，不同的專長彼此能夠激盪出精采的火花，使得受教學生有多元不同的刺激，學問不就是如此產生？透過相互的激盪，產出最後的果實，過程中難免有「擦槍走火」的刺激場面，最後再以炫爛繽紛的煙火總結，讓學術得以有豐富的生命力。

　　在職場的人們都能深刻體悟到在臺下當學生是一件多麼幸福的事，傾聽講臺上學識淵博的教授傳授畢生本領，我竟能有此榮幸吸取各方菁華，洪文珍教授的寫字教學研究引領我初入書法教學領域，有了國揚學長的經驗分享，我知道我在國語文教育寫字教學上少了什麼；陳光明教授的句法研究讓我的國語文教學多了強而有力的基礎打底；洪文瓊教授對於研究一途的堅持與執著；而周慶華教授對國語文研究方法見解獨到，周教授的一手好詩，更令人著迷沉醉。每每要預約與周慶華教授請益論文內容的時間就得在深夜 11 點才找得到教授，原因無他，只因教授晚歸，晚歸的原因是因為教授課餘時間還是在為研究生們指導研究工作。如我是在職生，對研究工作相當不熟悉，周慶華教授總是不厭其煩解釋與指導，使我能順利完成論文工作。就連畢業之後，周教授時時關心我們工作、生活，如同家人般的情感，我想這是在東大語教所才能享受到的獨特優惠。教授們在系所資源貧乏，甚至是不足的窘境下，為了使我們有良好資源得以學習，或是犧牲、或是退讓，讓我見識為人師表的大風範。教授們在語文教育領域中堅持走一條紮根的路，不受外界不安流行所動搖，有幸成為東大語文教育研究所的一員，讓我在語文教育教學這方面有更寬廣的視野。

　　國內的語文教育不斷的被切割，同時也不斷的被放大，自過去的國語文教育到現在的語文學習領域，語文學習的範圍被放寬了，其中增加了母語、英語納入學習範圍；而國語文教育時間不斷的被壓縮，被切割成語文教育的一部分。在有限的教學時間裡，國語文教育自然無法充分教學，主張快樂學習的教育改革，殊不知到底是把學生推入快樂還是不快樂的漩渦？國語文的內容歷史深遠，也許

過去的教育方式有改進空間，不可否認的是文字組成字詞句段篇，其背後典故若是捨棄不談就會變得搖搖欲墜，文字扮演溝通的角色就會失去功效，我們所要追求的應該是延續文字的生命與多元，並非意識型態的爭論。正如先前批評學校教導學生背誦唐詩的新聞，背不背唐詩需要爭議嗎？各人喜好不同，教師引領學生認識經典詩詞之美，至於產生的影響，只能說「師父領進門，修行在個人」，過或不及都不正確，若因個人喜好而要求學校放棄教學專業，似乎不是明智之舉。端看方文山與周杰倫共創曲曲動人的音樂就可得知語文意境與韻律之美了。但現行教育太過流於意識型態，為反對而反對；太過討好獨大的聲音，疏於為真實價值承擔，諸多現象使得教育工作人員舉步維艱。認真教導國語文會被誤解為八股，但含糊帶過又對不起職業道德與自我良心，真是有苦難言。

許多學術教育單位都把語文教育這一門科系轉型為華語文學，放寬了科系的屬性，疑惑的是華語文學系與過去的中文系差異為何？需要探討。語文教育這個對基礎教育如此重要的科系逐漸消失，難道作家或訓詁學專家等同於教語文的老師？適合教注音符號或識字寫字？不能說絕對不行，但教學工作是不是還需要培養一些教學專業，若是肯定的答案，那語文教育培養單位就太重要了。國內的語文教育單位轉型也許是大潮流底下現實的一面，因為師資培訓之後無法謀職就業，國內教師缺額過少，使得有教育專業的優秀人才無法解決現實的窘境，巧婦難為無米之炊啊！語文教育研究所要吹起熄燈號，真的是非常可惜。現場的語文教育教師要精進教學專業之能就又少了一個好地方了。為能寄望國內教育環境轉變、獨立之日，再點起那教育之火，造福受教者。

那些年，在臺東語教所的那些日子

匠惠敏

臺東大學語教所碩士·屏東縣潮州國小教師

　　自從 1990 年屏東教育大學師資班畢業後，就一直投入國小教學的工作，每天忙碌碌，心中一直有個聲音告訴自己，我還想繼續進修。有了孩子後，家業、職業、事業、環環相扣，進修的夢想一擱就擱了二十年。直到 2001 年開始，學校同事開始陸續到研究所進修，取得學位後薪水三級跳，心中也開始有了想法。一開始的準備方向就是請教同事相關系所的考試科目和準備方向，但都是虎頭蛇尾。到了 2006 年 1 月，才立下決心要報考屏東教育大學的幼教系，只可惜天不從人願，結果是名落孫山。同年 5 月，學校好幾個同事考上了花蓮大學和臺東大學的語文教育研究所，於是又燃起了我的鬥志，決定方向、全力衝刺。一年來，這件事成了生活重心，閒暇時不再是與電視為伴，而是與書本為伍。幸運之神終於眷顧我了，2007 年 5 月底得知自己考上了臺東大學語文教育研究所，興奮之情溢於言表，我多年的夢想終於能實現了，重新再當學生的喜悅，讓我足足失眠了好幾夜呢！

　　我是個北部孩子，一嫁就嫁到屏東，註定了跟「東」有了不解之緣。如今又要利用暑假到臺東進修，對這個與屏東僅一山之隔的東部大縣，除了南迴鐵路通車時湊熱鬧的跟著學校同事坐火車到訪過一次外，臺東對我而言，這塊熟悉又陌生的土地，將會有三個暑假的時間，我得在那當個學生，重新充電。南迴的美，眾所皆知，由屏東枋寮開到臺東市的南迴線，是許多鐵道迷強力推薦絕對要體驗的路線。我是何其有幸，因為讀研究所的關係，搭南迴鐵路將成為生活中的必需。搭南迴鐵路時，一開始看到的是波濤洶湧的臺灣海峽，然後就是秀麗的中央山脈，穿過一連串的隧道後，來到東岸，映入眼簾的則是壯闊的太平洋，湛藍的臺灣海峽、層峰夾雜的中央山脈和太平洋上的漁船點點陪伴著我多次搭南迴線而不感到孤單。聽到熟悉的火車行進聲，看著窗外不斷變換的風景，心情也不知不覺開始放鬆，搭南迴鐵路，真是種享受，因為這裡特別漂亮，短短一個多小時，豐富多變的景緻，常常讓鬱悶的心情因著大自然的傑作而又有另一層的體悟！

　　三個暑假的進修，除了學識的增長外，更將自己的人生帶入了另一個風景！研一時的青澀，常常為了做小組報告而絞盡腦汁。文瓊老師一板一眼的教學態度，上課不苟言笑，帶給我們莫大的壓力，幸好有研二的學姊們教導我們與老師的相處之道，又給了我們他們研一時的葵花寶典，對文瓊老師出的作業我們才有跡可循，讓我們減壓不少。文珍老師要教們寫書法，對我而言是個難忘的回憶。文珍老師寫書法的功力，眾所皆知，下筆揮毫，早有大師風範。其中，又請潑墨成書的豬圈書法家陳世憲老師客座教學。世憲老師在臺灣書畫界是位特立獨行的人物，大學畢業後便回到故鄉白河，

將父親廢棄頹圮的豬舍改裝成書畫工作室，過著簡約的生活，立志成為一位專業書法創作家，專注心力於書法創作與教學。他認為書法不該僅侷限於傳統，而是透過線條傳達感情，表現生活中的體會，他的現場揮毫讓人大開眼界，原來寫書法也可以寫得這麼不一樣。光明所長的課，算是語文領域中非常專業的科目。我們常常為了字面的意思，絞盡腦汁，如胖和肥的不同。在慶華（小華）老師的課堂中，大家天馬行空的胡扯，笑料百出，匕小華老師的課，緊張中有歡笑，既期待又怕發表的矛盾心理，常在腦海中糾結，理不出個頭緒。每週三晚上的教育專題講座，邀請各路英雄好漢發表研究心得，對論文寫作有很大的幫助。外埠參訪南臺灣走透透，屏東海豐國小的漁村景緻、高師大聆聽數學閱讀的講座、橋頭糖廠與糖國小的校園布置、坐五分埔小火車體驗昔日糖廠的繁華景象，最難忘的是在岡山吃的正宗羊肉爐的美好滋味，外加即時發表三天參訪心得的害怕心情，差點就消化不良。研一生六星期的課程還在似懂非懂中就結束了，揮別臺東，也暫時放下課業，日子仍是一天一天的走下去，尋找論文題目的壓力，也一直在腦中進行著。

　　還沒做好要當學生的準備，又要去臺東了，這一年參加了幾次所上辦的讀書會，一直尋覓和語文教育有相關性的論文題目，碩博士網看了好多，越看越無目標。這一年，自己就像塊海綿，到處看、時時想，我要寫的論文題目是什麼？有時覺得自己就像大海中迷航的船隻，有著深深的無力感。直到 2008 年 5 月參加一場讀報教育研習後，突然靈光乍現。讀報教育目前非常的夯，每位分享的老師都很肯定推行讀報教育後對學生語文能力的提升很有幫助，也大方

分享教案、PPT 檔。國語日報社也發行四本有關讀報教育的專書和讀報教育的網站，自己本來就一直對讀國語日報很有興趣，也曾經想在班上推讀報教育，只是自己一直教低年級，總覺得報紙的內容對低年級的孩子有點艱深，上網又看了碩博士網站，以小學生為研究對象的讀報教育相關論文多到不勝枚舉，跟著繼續做，乏善可陳，不做，好不容易想到這麼好的題目，又能結合自己的興趣，教學工作……唉！想了好久，進退兩難，終於皇天不負苦心人，我可以改變研究對象，不要以小學生為研究對象，用我們學校補校的學生為研究對象，最重要的是我也有擔任補校的教學工作，加上補教學生現在多以新移民女性為主，所以，我決定以新移民女性為對象來進行讀報教育的論文研究。題目有了眉目，肩頭的重擔解除了好多。我想：讀報教育結合新移民女性的語文教育，應該頗有研究的價值吧！

研二的求學生活，課程內容和上課方式與研一時大同小異，可是論文寫作因為可以和論文指導老師 meeting 而更多采多姿。在選指導教授時，原本擔心小華講的話我可能無法理解，一度遲疑，不知該如何決定。一次的課堂休息時，我鼓起勇氣和小華討論題目的可行性，他非常贊同，隔天竟擬好了論文的目次並邀我下課時討論內容，我非常感動，老師都不挑我了，我竟然還想挑老師。決定指導教授後，課餘時間寫論文就成了主要的工作。話說有一天，一群寫論文寫到腸枯思竭的戰友們提議約指導教授一起出來放鬆一下，於是大夥人馬到訪臺東空軍基地參觀戰機、回程到海邊參觀漂流木的作品、吃卑南豬血湯、蕭家肉圓和一盤 120 元的芒果冰。那一天，自己才感受到臺東的風土民情，不然臺東對我而言只是個關

在水泥圍牆中不停敲打電腦鍵盤、趕交作業的生產工廠！好幾次，論文指導老師為了幫研究生紓壓，meeting 時都會找個可以用餐又安靜的好地方，有時一群研究生共同 meeting 時，彼此聽聽對方的進度、想法，時間晚了又步行到兒童故事館旁的小咖啡吧喝臺東道地的好咖啡。有一次，因為要趕女生宿舍 12：00 的門禁，走回臺東大學時，大門已經鎖上，我們幾位女生不顧形象爬大門進入校園後一路狂奔，剛好趕上宿舍關門時間，這個難忘經驗，已經成為我們談笑的話柄，也為枯燥的寫作生活增添不少笑點。研二時，所上的人事有了變動，光明所長請調到臺南大學成功，文瓊老師、文珍老師也將屆臨退休，小華成了所長的不二人選。2008 年 8 月 1 日，所上風光的辦了所長交接慶祝茶會，新任所長小華老師走馬上任，別的系所也有老師前來祝賀，吃吃喝喝之餘，一張桌子上擺設了好幾本所上學長姊的論文新書，我翻看了幾本，指導老師都是小華，此時心裡才知道，原來跟小華寫論文，將來還得免費出版的論文就是長這樣，雖然不想出版自己的論文，但是小華很堅持，只好走一步、算一步，先求畢業再說了！研二課程結束時，小華建議我們寫出前三章的論文再回去，於是，多在臺東待了一個星期，完成前三章後才回屏東。回去時，心中有無比喜悅，又朝自己的目標前進了一大步。

　　回到工作崗位後，念茲在茲的就是要完成論文，閒暇時間、週休二日都是我的論文寫作時間，遇到瓶頸時，小華總是不厭其煩的和我在電話中討論、修正，每完成一章節，就郵寄到臺東交由小華批閱。就這樣，大約在 2009 年 5 月底時就已經完成了論文的初稿，這段時間最要感謝小華老師，天資不甚聰慧的我，因為遇到了一位

好老師，一步一步的引導我走完這段研究的過程。猶記 2008 年修完研二學業要離開臺東前，小華要我寫完二十萬字的交代，心想：「怎麼可能？」如今，我做到了！

　　2009 年研三時，是我最輕鬆的日子。除了修習少少的學分外，剩下的日子就是遊山玩水和等待論文口考的日子。7 月 8 日三位學姊邀小華去綠島、我大膽的帶著女兒作跟屁蟲，於是我們六人行一起參加綠島二日遊的活動，這是我第一次拜訪綠島，新鮮感不在話下。綠島，舊稱火燒島，位於臺東東方的海面上，由火山岩塊集結所形成的小島嶼。由於島嶼地形長年以來受到四周海水侵蝕及風化作用，因而形成曲折多變的海岸景觀。在這座小小的美麗島嶼裡，孕育著豐富生動的生態奇景及人文景觀，不論是陸地或是海底，一年四季皆呈現出其獨特迷人的不同風情。到達綠島後，小華在休息時完成了一首詩作，令我們為之驚嘆的除了詩的內容外，更讓我們驚呼連連的是這首詩竟是寫在廁所用的滾筒衛生紙上。衛生紙上整齊的字跡，已經讓來到這與世隔絕、美麗小島的小華，詩性大發了！接著我們騎機車環島，參觀了綠島知名的旅遊景點後，在街上用完晚餐後，我們到遠近馳名的朝日溫泉享受泡湯樂，冷冷的海風襲來，整個身子泡在溫泉裡，更覺得溫暖，天邊一輪皎潔的明月映照在海平面上，令人也有股想學詩仙李白來個海中撈月的衝動呢！機車環島遊結束後，當夜，我們在街上的冰獄吃冰，這裡的擺設裝潢像極了監獄，小華還為此店做了副對聯「冰隨海象涼綠島，獄剩人潮熱朝陽」，題在圓板凳的兩隻腳上。回到下榻的旅館後，我們又在大廳內小酌，說說笑笑間，不覺時間已經 12 點多了，和小華互道晚安後，我和學姊在房間裡竟作起詩來，有的人寫對綠島的感

情、有的人寫對小華的感覺，那真是美好的一晚，我也過足了詩人的癮，在這種氛圍下，寫詩竟讓人不覺得有什麼困難了。

8月1日論文口考順利結束，當晚小華告知該如何與出版社商談出書一事，還幫我的論文出書序編為東大叢書 17 號，我才知道小華是認真的，眼看這件事是無法推託的，也就厚著臉皮依了小華說的方式主動和出版商聯繫。剩下的日子等畢業，在臺東街上四處遊蕩，日子過得極為悠哉。森林公園是我最常拜訪的地點，幸福的臺東人，每天可以就近享受森林浴。8月8日風雨交加的父親節，跟著小華做論文的研究生，在好樂迪慶祝小華父親佳節愉快，此刻，濃濃的離愁在席間蔓延，天下無不散的筵席，三個暑假的進修，很快就將接近尾聲了。拿到畢業證書時，心中百感交集，有喜、有悲，一時間竟理不出個頭緒。歡喜回家的心情因為南迴鐵、公路柔腸寸斷，鐵路停駛、公路封路而焦急起來，因空中交通班次少、座位有限，最後只好捨近求遠，搭北迴經臺北後接西部幹線回家，原本 2 個小時的時間變成了 14 小時，8月14日坐了整天的車才回到家，這過程因為火車經過宜蘭外海時親眼看到龜山島的全貌時，瞬間，覺得一切都值得了。

回憶在臺東的日子，滿滿的收穫豐盈我的心中。除了學識的增長外，更因為認識了小華而有了許多不同的思維。一位寫的文章很難讓人讀得懂的老師，上課的話語有時也不是讓人很聽得懂，但私底下是個極為親切的學者。平日用心於教學，閒暇時又不停的寫作，接手所長後又積極的辦理工作坊，增加臺東語教所的能見度。和老師合作過兩場工作坊時，看見東大叢書一字排開的場景，少說也有 30 來本了，忽然也明白了老師的心，凡走過必留下痕跡、凡

寫過必留下紀錄，這些書，一方面能為研究生留下畢業禮物；一方面也能讓東大語教所有屬於自己的風格與特色。如今、隨著 2012年 8 月東大語教所即將走入歷史而風光不再，但這位曾滋養我學識、心靈的母親，我將永遠不會忘記。那些年，在臺東語教所的那些日子，因為有您——小華，讓我的回憶是甜美的，如果有機會讓我再經歷一次在臺東語教所的那些日子，我會毫不猶豫的大聲說：「我願意！」

蟬聲歲月

——語文的真善美

林彥佑

臺東大學語教所碩士・高雄市林園國小教師

　　從我就讀的國中到研究所，學校的命運，彷彿都籠罩在一股「悲慘」的氛圍中。我就讀的國中，因為少子化的關係，所以校舍開放給另一所外籍學校使用，原先的國中便硬生生地被「割愛」了；我的高中，也因為違建的關係，傳言將遷到另一個地方，但一切仍在「談判」中；大學花蓮師院，也在一連串的合併、改名風波中「消失殆盡」；如今臺東大學語文教育研究所，也「不遑多讓」，終將吹熄燈號。我還自嘲，我現在任教的學校，會不會再過幾年，面臨少子化，而關門大吉。

　　雖然有些落寞，有些幽默，有些真實；然而，卻道出了教育體制、教育環境、教育經營之間的問題——這是一個嚴肅的事實，但是，曾在臺東好幾年的「子民」——我，也該以一個坦蕩、豁達的態度來看待。

回首這三年的暑期語碩班的日子，可謂歲月匆匆，時光悠悠，如酷暑中的雄蟬，催促著我們趕緊畢業，也如同盛夏的豔陽一般，急著把我們從臺東大學這塊寶地上，蒸騰出去；而我，終究喜歡在這片瀕臨東海岸的學術殿堂裡，埋首於課間，遨遊於天地。

我永遠記得第一門課，是周慶華老師的課，一早八點，每個同學的神情戰戰兢兢，眼神中似乎有些惴惴不安地抄著筆記，老師也賣命地在黑板上抄寫重點；半小時過後，周老師拋出一個主題，要我們討論一張貓的圖片，每一組都從不同的角度來觀察，我們這一組，素昧平生，互不熟悉，只能順著大家的意見，拋磚引玉地表達自己的看法，最後竟悖離「語文」的範圍，全然以「美學」的角度來看，老師還以為我們是一群互動已久，心有靈犀的美術老師呢！

到底來說，老師還是幽默的，他不會放肆大笑，只有文人般氣息的抿嘴一笑，內斂含蓄；我總覺得，周老師的頂頭上，永遠有一道光，好像勵志作品裡那一位「白髮智者」一般，永遠靜默、沉思、饒富學術哲理。

有一位陳光明老師，永遠都是笑著臉，在所辦與教室中迅速穿梭；課間最常的景象，便是我們低著頭討論漢語篇章，解構國語的課文段落；往往每一位同學都一頭霧水，陳老師仍在講桌前娓娓道來漢字的演變與章法的神秘詭譎；至於這些課程，我們是否有運用在現今的教學現場，也不得而知，只知道這些簡體字、英文字已經逐步攻陷在滿是講義的課桌與滿是論文壓力的我們。

另外，還有一對兄弟檔大洪老師（洪文瓊老師）與小洪老師（洪文珍老師）；還沒上課前，便耳聞其對作業的嚴謹與嚴格。大洪老

師怂是有名，尤其在兒童文學界，然而，很難讓人置信的是，生動活潑又輕巧可愛的繪本與少年小說，竟然可以和嚴肅、嚴苛相提並論，似乎抹殺了兒童文學的天真逗趣；不過，也因為大洪老師的嚴格治學，才能讓我們如今對於兒童圖書有深一層的了解。

而小洪老師，擅長書法及少年小說教學，在他的帶領下，我們像是回到了童年時期，閱讀了不少少年小說，也練習了不少硬筆字和毛筆字；而這些訓練，對於第一線教學，都頗有幫助。就在研三的時候，小洪老師身體微恙，我們反而更珍惜上課的機會，對於他指派的作業，也不太敢「討價還價」了！

這三年的研究所日子，其實是相當充實的。所謂的「充實」，一來是每天從八點「坐」到下午六點，一來是習得大學鮮少修習的課程；部分是實務，更多的部分是理論，而帶給我最大的幫助，便在於試圖將理論與實務合而為一，轉化為教學的能力。

身為一位「研究生」，其實我也相當愧對自己的身分，因為既沒有專職研究生刻苦耐勞與精益求精的為學態度，也沒有搜尋相關學術論文的能力及閱讀各式樣文獻並分析批判的能力，充其量，只是以一個「語文愛好者」的身分，徘徊在語文教育研究所的領域中，圖個生存。不過，研究所三年的訓練，終究也是值得的；至少讓自己能拓展不同的語文視野、結交語文愛好者，讓自己在參加語文活動、競賽、講座中，也能以「臺東大學語文教育研究所」為榮。

如今，在校園裡頭，我更樂於將自己有限的語文教學經驗，分享給其他老師，讓他們知道，語文的範疇是相當廣闊的，並不是只有狹隘的閱讀書籍與寫作文章，而是可以進一步到創意語文、語文遊戲、語文素材等，這都歸功於語文教育研究所帶給我的初探。正

如同文學界大老余光中教授曾說的：「語文基礎是圓心，語文知識是半徑，語文能力是一個圓，知識越豐富，圓就會越大」，而語文教育所賦予我的能量，正是不斷延長我的半徑，讓我的語文知識、經驗、能力更為豐厚。

語教所，在一個堪稱學童語文能力低落的現代，理應扮演著傳承、推廣的角色，然而，卻在某些因素下，結束了栽培桃李與化雨春風的責任，實在令人惋歎與匪夷所思。我們這群曾沐浴在這個美善環境中的「孩子們」，在一夕間，成了落腳臺灣的「遊子」，好像流離失所，又好像失去一個母體，彷若「失根的蘭花」一般。

這幾年來，大家一同浸淫在語文的殿堂中，分享創作新詩的樂趣，鑽研寫作論文的五味雜陳，享受繪本小說的童稚爛漫，思索語文研究方法的認真執著，偶爾加點靈異學、氣化觀、色彩基調、蠶頭燕尾、章法技巧的課程調味品，好像曾經擁有過的喜怒哀樂、高潮起伏，都在這些知識的元素裡，孕著不同的情感步調與學習氛圍。

愛，永不止息；正如同語教所散發出來的光，也照耀在我們教育人的身上。我們何其有幸，能在語教所即將「歇業」的前夕，搭上語教所的末班車，晉升為「碩士級」的教師。我們願意把這些能量，持續告訴第一線的老師們，告訴撐起語教所暑碩班的四位老師們，因為你們的栽培、傾囊相授，才能讓我們彼此教學相長，如沐春風，把語文的光芒，生生不息，源源不絕地照耀下去。

感恩語教所！祝福語教所。願語教所的老師們，能繼續秉持更專業的信念，傳播語文的種子，也願每位跨出語教所的學生與老師們，能秉持更熱情的態度，讓孩子們知道語文的天地，是何其的真，何其的善，何其的美。

「語文」會友

——以友情延續永不停歇的語文教育研究

蕭孟昕

臺東大學語教所碩士・臺北市東門國小教師

一、獨學而無友，則孤陋而寡聞

　　曾子曰：「君子以文會友，以友輔仁」。若問我在語文教育研究所得到的最珍貴的寶藏是什麼？答案無疑是能夠結交到同樣對語文教育有熱情的好朋友。當初，最吸引我就讀本所的原因之一在於——臺東大學語文教育研究所與其他中文所最大不同的特色——它是一所「語文」與「教育」並重的研究所。而另一個重要的原因則是「暑期」進修——炎炎夏日，能待在好山好水的美麗後山，來自各地的同好們聚集在一起，朝夕相處兩個月，共同鑽研語文教育的菁華，是多麼令人嚮往的事呀！藉著密集的課程，在教授們的引導下所激發的分享討論機會，同學間培養出來的同志情感與合作互助默契，是其他型態的在職進修碩士般望塵莫及的吧！也難怪當班

網成立時，以「語文會友」作為代名詞，能得到大家的共鳴，因為
這正是我們最珍惜的收穫。

　　2006 年，因緣際會下，認識了董霏燕老師（語教所暑期班第
一屆學姊），由於她的號召帶領，我得以有機會和長期參與閱讀研
習的好夥伴們，共同組織了以攻讀研究所為目標的讀書會，經常一
起討論少年小說的解讀，分享語文教學經驗以及整理教學檔案的方
法，非常感謝當時文珍老師和光明老師願意擔任解惑明燈的角色，
義務提供我們許多諮詢的協助。2007 年，我們的成員如願進入所
裡就讀，我很慶幸一開始就能有一群志同道合的好朋友可以共同學
習，又能一同進入知識研究的殿堂，而開始了研究所的學習歷程之
後，所裡濟濟人才更是開拓了我的見聞。

　　畢業後，仍常見同學的作品發表，各項研習、語文競賽場合也
有同學們身影，關心、砥礪的言語不曾少過，每隔一段時間，就會
呼朋引伴共聚一堂，開啟學習的窗，呼吸新的訊息。所謂「獨學而
無友，則孤陋而寡聞」，經過研究所的孕育，我們對於「共學」有
更深刻的體會，當思有得時，秉持著「獨樂樂，不如眾樂樂」的精
神，總不忘與大家分享，有一群相知相惜、頻率相通的好友可以分
享，真是人生一大樂事。

二、學，然後知不足

　　所裡安排的師資與課程是多元的，其獨特性也是首屈一指。文
瓊老師、興廣老師和孟祥老師三位老師合開一門課，深入探討繪本
的圖文解讀，豐富的課程內涵，至今令人難忘。每週一次的講座聘

請不同領域專長的教授主講各種語文教育的研究趨勢，每每像更新了一次腦袋一般，廣開視野；學長、學姊、同學間也有分享平時教學經驗的座談時間，藉此更深入認識彼此，凝聚了向心力，也間接建立不少日後互相資源分享的管道。而國內外的參訪課程，安排了與南部特色學校交流，以及日本中小學的見習，與日本友人的情誼，甚至持續到現在，在他們來臺時還能聚上一聚，這點點滴滴令身邊就讀其他研究所進修的同事欽羨不已。

而所長周老師對學生的關懷，是我們面臨研究瓶頸時的最大支持。在研究上，所長鼓勵我們對諍，從來來往往的辯證之中，啟發不同思考角度的可能性，也期許我們能有所創新。有時，上周老師的課，像是在經驗一場哲學思考的洗禮，總會讓我有驚奇的發現，撞擊腦中固著的想法。在教學經營上，老師總是不吝惜付出時間與金錢，提供我們機會領略臺東的美食、美景，激發創作靈感，讓生活處處詩意，時時有詩。

三年的暑假，每上一門課，就更明白自己的不足，就更急於想挖掘更多的珍寶。所裡對理論與實務的兼重，著實符合了在職進修者的需求，研究不再是與教學工作扞格不入的兩條路。

修習課程是幸福快樂的歷程，真正的考驗卻在論文的產出。同學們一路相伴，隨時隨刻互相加油打氣，提供各種參考資源，雖然一邊忙著繁重的教學工作，卻因著這股力量而得以支撐。最感謝的是志順老師的指導，循循善誘，既給予專業諮詢，又顧及學生的研究寫作步調，讓我們在整理資料時能循序掌握住研究脈絡，在面臨龐大的壓力時，不致於因焦慮而亂了方寸。

三、雖有嘉肴，弗食不知其旨也；雖有至道，弗學不知其善也

得知這樣一個獨特語文教育研究所即將告別歷史，心中有著萬般不捨與遺憾。畢竟，綜觀當今各家語文類型研究所，能如此重視教學實務的教育重責大任的，實在是屈指可數。

但，凡走過必留下痕跡，所裡所培育出來的人才，都將是一顆顆播撒在語文教育田地的種子，在各處生根，抑或許長久積蘊下來的養分，將成就另一個獨特的研究所，研究成果能帶給下一階段的學習者一些啟示。有幸參與所的一段歷史，嘗到了語文教學研究美善的嘉肴，滿心感恩。學無止境，研究所的存在是一種學習的形式罷了，曾經共同研究過的夥伴，將延續另一種形式的學習狀態，永不停歇的投注在語文教育研究中。

種子，乘風啟航

林桂楨

臺東大學語教所碩士・新北市更寮國小教師

　　翻看腦中的記憶盒，幾年前那個正在臺大校園參加東大語教所考試的我，正緊張的抱著書本做最後的複習。進到了考場裡，對有把握的題目抒發想法和理念，少數沒把握的部分，也不放棄的思索著可能的回答方向。下科測驗開始前的空檔，走廊上幾位相互熟識的考生，正在彼此打氣鼓舞。而這幾位與我有著一面之緣的考生，後來成了我三年同窗的研究好夥伴。

　　我熱愛渾然天成的自然環境勝過於過度開發的都市便利，而鮮少人為破壞的東臺灣是我心目中最美的後山。因此，在美如仙境的花蓮和臺東念語文教育研究所，成了我當時暑期進修的首選。那年花蓮沒有招考，於是我全心全意為考上東大語教所而衝刺。收到東大語教所的錄取通知時，那種既興奮又緊張的情緒，至今我仍記憶猶新。我曾到過臺東一次，那是多年前畢業旅行的短暫停留，對臺東的印象停留在好山好水，卻沒能進一步認識這塊美麗的土地。因此，當我如願以償的擁有到臺東進修的機會時，我隨即到臺東找了個風景怡人、氛圍寧靜的住宿環境。租宿的房東是個老

實且對於環境相當重視的人，因此到畢業前的三年間，那兒成了我在臺東的家。

　　暑期課程開學前，我總會大包小包的整裝完畢，懷著「回家」的心情，一路從臺北開車到臺東，用欣賞美景的心情悠遊於花東縱谷間，因此一趟行程花上八九個鐘頭是常有的事。看著窗外的景緻從都市變為平原，再從平原轉換為山脈、海洋，心境也會由熱鬧塵囂的庸碌轉為寧靜悠然的恬適。當我抵達臺東時，不需再掛心任教學校的行政與學生問題，專心當個學生的感覺無比幸福。

　　語教所的暑期課程裡，除了必修的研究方法外，所上還有語言學習與語文知識、課程教材教法、文類閱讀寫作教學等各項必修選修課程。可惜在有限的時間裡，並非所有感興趣的課程都有開課，所幸我仍在現有的課程中學到不少。東大語教所的課程除了研究教學的理論深究外，更有多種與現場教學能夠緊密結合的實務課程。每每暑期結束重回到上班崗位時，我總能帶著飽足的知識能量和滿滿收穫的回到職場上，將所學應用在課堂中，啟發學生們在語文學習上創新而有活力的新思維。

　　在各項課程的學習過程中，授課的老師們個個不藏私的將所學傾囊相授。慶華老師的授課風格獨樹一格，他總能把看似艱澀難懂的課程內容，清楚的進行脈絡分析，每每課程內容在他巧妙的安排過後，總能以意想不到的創新姿態呈現在我們眼前。上課中除了理論介紹外，他更重視同儕間對授課內容的彼此分享，在趣味橫生的討論、發表中，我們一起感受不同文化間的作品差異、一起創作了不同詩文的作品，也曾一起在琵琶湖畔進行創作靈感的發想，多元

的教學方式讓我們能夠激發更多語文教學的光點，而不會被傳統教學思維所禁錮。

　　文珍老師透過作品欣賞與實做練習，帶領大家體會識字與寫字間的藝術之美，感受中外少年小說的迷人所在。在沈重的研究所課業中，這些學科偶有讓人得以跳脫課業壓力的神奇效果。文瓊老師與其他兩位老師共同指導的圖畫書閱讀教學研究，讓我們在看似簡易的繪本文字、圖片中，找到了另一種值得欣賞研究的美，也更能深入了解圖畫書的豐富意涵。國外教學參訪交流也是相當難忘的學習旅程，日本行中參觀了國小的校園生活、感受了當地人情的溫暖和熱情，眼前所及是日本對於漢文化的熱衷與用心，這些點點滴滴至今仍令我印象深刻。每週三晚間的語文教育專題講座，常能聽見專家學者、學長姊分享論文或實務經驗，講座中談論的議題也都讓我獲益匪淺。

　　在師生們幾近朝夕相處的三個暑假裡，我們培養出了如手足、如家人的情感。同學間的在職經驗分享，可說是在研究路上附加的最佳賀禮。畢業後的我們除了師生、同學的身分外，更有了教學夥伴的緊密關連。相約一起參加進修、共同討論教育議題或課程是至今仍持續進行中的甜蜜任務，那絕對是筆墨難以形容的革命情誼。東大語教所雖將走入歷史，但我們這群語教所同學就像是裝滿能量的種子，乘風展開教學的羽翼，帶著追求語文教育創新、卓越的動力與使命，持續在臺灣各個角落展現新的教學生命力。

在東大語教所的日子

許瓊玲

臺東大學語教所碩士·桃園縣草漯國小教師

一、前言

如果生命的盡頭要有所選擇,我很慶幸讀了語教所,也認識了不同風格的老師(同學),以及在我生命心靈中開啟的另一扇窗的推手──周慶華老師。

在我根深蒂固的觀念裡,每個人的智慧其實是一樣的,只是要更進一層,必須善用智慧,創造另一種智慧的氛圍出來,而讓它顯得更臻完美。

運用戲劇在語文教學的班級教學上,會營造一種很特別的班級風格。本人因為研究戲劇在語文教學,因此在語文課會花費很多的心力在教學上,使得學生在兩個學期的磨練上,愈臻成熟、穩重。

三個暑假的歲月,語教所豐富我的學識,並開啟另一種成就及差異。研究所的讀書生活雖辛苦,不過,讀書中還是有它的生活插曲,增添了不少樂趣。

　　儘管語教所即將告別歷史，但「歷史」就有它的價值性存在，磨不去語教所的痕跡，我們只是把語教所延伸到另一個層次，締造另一個佳績。蘇格拉底曾經說過「人可學會任何原本完全不知道的事物，即從舊經驗延伸至新經驗的緣故」。

二、太平洋與我

　　當我考上語教所，第一個想到的是我必須獨自開車從北到南至臺東，這一趟求學的旅程真不簡單！還好本人開車技術還不錯，所以無須擔心太多。這三個暑假的暑碩生活，我都是獨自開車到臺東，通常會去南部山上看我老媽之後再去臺東。在去臺東的路途中，我很喜歡過了大武到太麻里之間的路段，我都會在視野較好的位置停車，就這樣凝望著廣闊的大海許久，想著過去在臺東念師專時，從沒用心好好的看過它、愛過它，歲月就這樣虛度了二十年，再回首大海更是湛藍、更是美好。

　　「臺東」一個令人難以割捨的情感地帶。猶如嬰兒肚臍連接母親般的橋樑，必須給予充分營養才能茁壯、健康，賦予生命的個體。語教所也是如此，它承接了我們的到來，成就了語教所在東大的成就。

三、同窗好友

　　「緣分」是一種很奇妙的東西，我跟我們同寢室的同學同處了三個暑假住宿生活，始終如一，是那麼的神奇、那麼的特別，別有一番愁滋味──英雄惜英雄，相見恨晚。

　　室友們一起打氣、一起完成論文、一起畢業。有時快樂不是追求來的，而是對自己日常生活的感受和評價所產生的內在迴響。因此和室友的互動的確是一種無法言喻，最難能可貴的地方是——腳踏車之旅。班導（周慶華教授）很喜歡騎腳踏車，邀請我們寢室同遊森林公園之外，還去最遠的卑南公園，這簡直是大挑戰！不過，在我騎腳踏車的旅途當中，的確讓我心情舒暢許多，也讓我想起很多事，人生中的紛紛擾擾如果能像騎腳踏車迎面而來的風吹拂而過，那將會是意外的美好。

四、教授、美詩與我

　　生命中不可或缺的心靈財富——詩。記得老師上課講過一句話，他曾引用清代人說「人生有三恨：一恨鰣魚多刺；二恨海棠花無香；三恨曾恐不會寫詩」，不會寫詩這一恨，可深深說中我們班導周慶華教授的心坎裡。

　　記得在屏東教書時，我買了一本隨身攜帶（應該是作家筆記）放在包包裡，出外研習會拿出來看看，有一段話寫得真好，「風簷展書讀，為的是什麼？是古道照顏色。古道照什麼顏色？照今天中國人的顏色呀！詩人在風簷下展書讀，可以看到儒家思想在歷史文化的代代開展中，看出每一代中國人的生命性情。不然的話，只是一本古老的書，你為什麼去讀它？乾脆說那是傳統，已成歷史，不就可以束諸高閣了嗎？所以我們要把它放在代代相傳的開展綿延中來講，這才有生命」。

　　周老師就是這類型之人，他可以把靜靜的文字賦予生命，讓文字舞動起來。不是只有古代的山水可以入畫而已，一個場景、畫面、人物，老師都能馬上寫成一首美詩，留下美好的回憶，即使時間已過，卻能深深烙印在美好的感官中，體驗詩的生命力。

　　太理性之人無法寫出感性的詩句，如果感性加上理性，想必會是絕佳的美詩。每當週二的時間，我會利用時間看老師所寫的文章於《國語日報》裡，每每看完就若有所思的想起一些事。當班代的兩個暑假期間，應該是我人生觀裡的轉捩點，對人事物的看法會有不同的想法和見解。看到老師對於某些事的想法，有時是一種堅持，又好像是一種固執，堅持對語教所與我們的命脈，即使再艱難，堅持再堅持（如果是完美的句號，我認為是逗點再續前緣）。

五、續──撒落一地美好的幸福

　　瓊瑤小說有本書《幾度夕陽紅》所寫的一句「青山依舊在，幾度夕陽紅」，語教所依舊在我的心裡發光發熱，猶如喝了美酒，淺酌些許，微醺了語教所的熱情，因為語教所「征服」在東大學術論文中擁有的豐功偉業，絕無任何系所所能媲美與替代。

　　眼睛會看，那是因為它是靈動的，人的心思也會因為每天的事物而有新鮮的反應，就因為會反應，因此感觸是活潑的。語教所也會以眼睛、心思、感觸再續前緣。

　　或許在人的一生應該要做，而且最具價值的事，就是念書。讀了許多書，看了老師所介紹的經典名片，討論到不同的領域、不同

的層次，只為了讓語文教學更基進，它所扮演的角色絕對有它的價值性、思考性、參考性，突破以往的傳統教學而延伸到創造性的後全球化的語文教學。

我最敬愛的老師

——周慶華老師

何秋菫

臺東大學語教所碩士・臺北市辛亥國小教師

　　不是語文科系畢業的我，希望對語文教學有更多的學習，因此時常參與相關語文的各種研習。因緣際會，在 2006 年暑假，參與臺北市閱讀種子教師研習，認識了一群志同道合的良師益友，在福林國小的鄭麗卿主任的邀約下，參與了自發性的跨校教師讀書會。也因此認識了董霏燕老師，又因霏燕老師的介紹，我從臺北到臺東大學語文教育研究所參加了郭錫瑠文教基金會所辦的研習。深深體會到不斷的學習是生命成長的重要養分，讓我決定報考臺東大學語文教育研究所，期望能有機會，打開生命的另一扇窗，進入知識的殿堂，向學有專精的師長請益，達成自我實現的目標。經過無數個在圖書館 K 書的日子，如願以償的考上了臺東大學語文教育研究所。三個暑假在語文教育研究所上課這段期間，老師們傾囊相授，無論是在學業上、教學上、人際關係……都收穫滿滿，感謝老師們的教導。其中最要感謝、也是我最敬愛的老師——周慶華老師。

　　從周老師的身上，我看到一位學者的風範，手不釋卷，有豐富的學識涵養，對於學術研究的態度與執著，是跟在老師身邊學習的我最大的收穫。

　　還記得，開學的第一天，一位頭髮斑白、面容慈祥的長者走進教室，原來他就是我們的導師——周老師，當時大家彼此都不認識，為了讓我們不緊張又能彼此認識，老師讓每個人把介紹內容寫在紙張上，由別人來介紹自己。上課時，不時要做討論並且輪流上臺分享，讓每個人都有機會上臺報告，作為往後口考論文的訓練，可見老師的用心。老師上課內容豐富有趣，教學更是多元，說學逗唱……語文、哲學、佛學、宗教學、作詩……樣樣精通。並且老師隨時都能寫詩，還把我們上課內容與班上每位同學的名字寫成詩，讓我們佩服得五體投地。老師自創的論述，常打破我原有的觀念和想法，如世界有三大文化，創造觀型文化，以個人為主，不斷創新，媲美上帝；而氣化觀型文化，以家族為單位，一團氣自然流動，崇尚自然，中庸之道……用這三大文化去印證我們周遭的生活，真的很有道理。至於印度的緣起觀型文化，跟我原先的認知與想法有很大的不同，總以為心存善念、做好事、說好話……就能修成正果。原來不管好的緣或惡緣都去轉動了轉輪，與塵世牽扯上關係，要想了卻塵緣，修成正果，必須要逆緣起。也就是說，對任何事都不起心動念。這是多麼困難的事啊！每次上課，老師出一些我們想都沒想過的問題，我們的回答當然是無奇不有，總是把全班弄得哄堂大笑。說真的，神經沒有粗一點，心臟沒有強一點、臉皮沒有厚一點，怎麼敢上臺胡謅、硬掰？所以只要輪到我要上臺報告，我都好緊張！好緊張！當我們報告完後，最後老師還能說出讓我們有意想不

到的答案。所以每次上老師的課既期待又緊張（未曾打過瞌睡）。記得有一次上課，老師說以前有人說：人生有三恨，一是鰣魚多刺，二是海棠花無香，三是曾恐不會作詩，突然問我有什麼遺憾的事？當時的我能重回學校當學生，坐在臺下上課，是多麼幸福快樂的事，對自己的生活都很滿意，一時間想不出有什麼遺憾的事。這個問題一直擱在心中，現在想來，遺憾的事，有好多好多：遺憾以前沒好好念書，以致書到用時方恨少，現在要寫篇文章，寫了半天，擠都擠不出幾個字。再來是心中對老師有滿滿的感激，卻無法表達我對老師的感謝……雖然用筆墨不足以形容我對老師的感謝，但，我還是要說。

還記得一年級課程結束後，我、心銘、秀子找老師談論論文的事，老師聽了我們的想法後，第二天一早，老師就把論文題目和架構擬好給我們，可見老師的學問底子多麼深厚。老師做事就是這麼積極有效率，才有辦法像「超人」一樣承擔語教所所有的事務（一人所長，當得好辛苦啊！我們好心疼），還要指導這麼多學生的論文。老師指導學生論文的精神，更是讓我佩服，也是我仿效的榜樣。昏黃的燈光下，密密麻麻的朱紅筆跡，我看到您傾注全心全意希望我在研究上，思路可以更清晰，論述可以更周全。斑白的髮絲，生繭的手指，當我為論文上的每一個錯誤不斷責怪自己時，卻未曾聽您說一句我的不是，總是寬容的對待我以工作為藉口或資料不足而無法準確的完成您指導後的論文開展。每次數小時的對談，總是收穫滿滿，筆記裡您的字字句句，是我打開電腦面對論文時最大的幫助，一種豁然開朗的感覺讓我可以繼續往前。這個暑假，老師每天守候在辦公室，以便我們一有疑難問題，隨時可以找到老師請益，

老師常到深夜一兩點以後才回宿舍休息，假日也不例外，連臺北的家也沒回，為此，心中對老師感到萬分的歉疚。數不完的日夜煎熬，我終於完成了這人生大事，不敢相信自己能順利完成學業，更不敢想這麼快就完成論文畢業了，老師，您這推手推得好辛苦啊！老師，謝謝您！

老師不只是關心我們的學業，對學生更是照顧得無微不至。2010 年 1 月我住院，開刀那天，老師一通通電話，直到我出了開刀房才放心。老師的關心，讓我淚水盈眶，滿心感動。老師回臺北，帶了昂貴的營養品，還閱讀了相關書籍，告訴我這些食品對我有很大的幫助，也因這些食品讓我在化療期間做了最好的保護措施，使身體的傷害減到最小。做完化療，身體因此能很快的復原。生病這段期間，老師一通通關懷的電話，提醒我要去作腳底按摩，要我把心思放在論文上，才不會胡思亂想。前年暑假，剛做完化療，暑假課程即將開始，親朋好友都反對我再去讀書，我原本想打消求學的念頭，然而老師的一通電話，讓我好懷念在臺東與老師、同學一起的點點滴滴，讓我捨不得也不想放棄，於是不顧家人的反對，再回到臺東讀書（還好來了，否則我會後悔一輩子）。感謝老師和同學的關心、幫助與鼓勵，讓我順利完成學業，也讓我更加的珍惜生命。在臺東的日子，老師帶我們騎腳踏車遊遍每一個地方，享受臺東各家美食，在星空下聊天、看夜景，在海浪拍岸、昏黃的燈光下享受美食……在在都是最奢華的享受，讓我永生難忘。

老師，在研究所和您相處的每一時刻，無論是課堂上聆聽您的課程；論文指導的教授；或是生活中的點滴相處，都讓我研究所求

學的時光增色、精采、豐收滿滿，一句謝謝實不足道盡我心中的感激，能成為您的學生，真是一種無以言盡的幸福。

　　老師只顧著關心每個學生，不斷的付出，心中的苦悶，從不對別人說，我們看在眼裡，很心疼，希望老師對自己好一點，多愛自己一點，您健康快樂，才是我們最大的快樂呀！最後還是要說：老師，謝謝您！

在東大語教所的那段日子

瞿吟禎

臺東大學語教所碩士‧臺中市立人國小教師

　　選擇東大語教所，除了可以有機會獲得碩士學位，最吸引我的還是臺東的「天然美」。坐著火車從南迴鐵路繞過來，一過屏東，整片亮藍色的海洋佔據我的眼。如果從北邊繞，巍巍的中央山脈依傍在我的身邊，就像一位慈祥的長者。

　　暑假時，趁著論文寫完無事一身輕，帶著讀幼稚園的女兒到臺東玩了幾天。回程從臺東回臺北，對著窗外的山景，她忽然有了新發現。「媽媽，你看！」窗外矗立著的是中央山脈，就和來的時候一樣。空中沒有彩虹，也沒有老鷹飛過，我認真的看了半天，並沒有奇特的地方。「媽媽，你看！那裡有一座山，上面有一片雲，好像小華爺爺喔！」小華爺爺是她這趟臺東之旅認識的新朋友，只要小華爺爺出現，緊接著出現的就是一堆餅乾和飲料。小華爺爺餵食六歲小孩的方法和餵食我們的方式並無不同，但是一樣大受歡迎。髮如雲般雪白，遠遠的山頭聳立在群山之間，沒錯，是小華爺爺。

　　在這裡，最懷念的就是小華老師了。不論什麼時候走進語教所的大樓，總有一盞亮著的燈等著我們。大家在那裡讀書討論，也在

那裡一起吃喝談笑。還記得在書刊編輯室趕論文的時候，常常為了多一點點進度埋頭苦拚。樓上的同學們倦了，陸續回去了，常常到最後只剩下書刊編輯室和所辦的燈還亮著。接近半夜十二點的時刻，灰姑娘回宿舍的時間到了。我匆忙整理資料和筆電，像蝸牛一樣背著重重的書包準備開始衝刺，這時，所辦的燈依然亮著。和老師道完晚安，小華老師抬起頭來，「路上小心！」然後又埋首書堆之中。以後沒有語教所了，那裡還有一盞亮著的燈等待著我們一同吃喝談笑？

女兒照的「小華爺爺山」

初暮與謝幕

張銘娟
臺東大學語教所碩士‧新北市昌平國小教師兼教學組長

　　沒有永遠的生命，也沒有永遠的緣份，我們所能擁有的，只是自己努力過的那段回憶，接連串起，造就了一波波的生命樂章。

　　因緣際會，大學念了花蓮師院，研究所選擇了臺東大學，見證了我與後山再度的學習之路！當坐上火車，穿越過北部的都市叢林之後，映入眼簾的是後山曾經熟悉的山海一線，但再度往南，心中的忐忑，不單單是因為研究課程的一種徬徨，更有一股對於臺東大學語文教育研究所那種的莫名浮躁氣息，醞釀其中。

　　甫踏入教室的那一剎那，跟一般的碩士研究生一樣，面對排山倒海的研究課程，有股臨陣脫逃的意圖，更是因為處在陌生的臺東地區，不只一次的問過自己研究生活就此註定了嗎？但答案卻是表明了我與臺東存在的緣份，真實而不容改變。然而，在四位資深教授的循循善誘下，加上與同學彼此之間的互相砥礪，我選擇了留下來繼續我原先既定的學業。

　　延續了大學所就讀的語文教育學系，當再次就讀語文教育研究所時，原以為自己應該能夠駕輕就熟才是，但面對學富五車的教授

們毫不吝嗇的，傾囊相授專業課程，學習之路非但是滿載而歸，卻也顯露出自己原來是井底之蛙，深究語文教育的深層語義以及背後的文化淵源，澄清了自己原本似是而非的刻板知識；而在澄清之路，接觸了更廣的領域，諸如藝術、哲學、繪畫、心理、宗教等學科，發現語文教育並不是孤軍奮戰的，一段紀錄也好、一篇史詩也好，透過精緻的文字帶動，可以呈現蘊藏的故事與形象，讓讀者如臨其境，甚者引發共鳴，感動更多未知的靈魂，教化更多無知的人心！

　　前身為臺東師院的臺東大學，依舊保留著師院的精實風格。其中的語教研究所大樓，有著不浮華的建設外觀，但深入其中，才知道原來許多的學術著作都誕生於此，諸多學術研究更是在此激盪出火花，更因而衍生出語文相關研究組織。而我，也在此完成了碩士論文的尾聲。臺東大學語教所，整體來說，有個骨感型的研究組織，卻有著豐滿型的研究素質，每一位教授都能夠獨當一面，更樹立獨特的研究領域風格，指導出風格截然不同的研究生，橫跨諸多領域的研究成果，因而成就了相當有成果的語文碩士研究論文集。

　　對於東大語教所，一開始只是接觸她的語言研究生活，而後發現無論是創作領域或是在地生活，都呈現出繽紛燦爛的一面，其中的文化層次總是讓人如獲至寶，驚喜不斷。也許是不受汙染的生活情境關係，帶來了在學習語文課程時許多原始的觸動，但卻不見她觸動後的傷痕，因為所上課程透過文字創作與文化欣賞的力量帶給我們這些疲於奔命的在職生精神上的療傷，偷閒之際，作自己精神上的心理醫生。因此，回顧在所上所創思出來的一詩一話中，有著一種莫名的魔力，治癒了許多落入傷痛而無法自我復原的文明病，

因此能夠獲得班上同學諸多共鳴，引起更大的迴響，而我也在其中找到了文字的力量，體會了研究生涯、生涯研究的意境。

臺東大學語文教育研究所，是個很平凡的研究所，但是因為著她的平凡，驅離了許多無謂的紛擾，單純地帶給我們另一番層級的思考。在後山的另一角落，彷如另一個世界般的清幽，在這學習的歲月裡，可以暫時拋開自己在職場上的武裝，當個專心求學的研究生；在研究生涯之外，我們努力汲取臺東這塊寶地給予我們得天獨厚的好山好水，通徹了我們的思路與清淨了我們積塵已久的靈魂，少了多采的霓虹燈迷幻，卻多了那麼一股純淨的亮光，引領我們內心深沉的鬥志一條明路。

向來，研究生涯中，該是系所應接不暇的歡送新歡與舊愛，而我們有幸的成了臺東大學語文教育研究所「永遠的新歡」，因為轉型，我們成了中間的過渡者與終結者。在最後一年的碩三日子中，面對沒有後繼者的身分，總是有一股的惆悵，也有一種「稚氣」，一種能夠賴著語教所當最後「使者」的稚嫩。每當寫論文遇到了瓶頸時，總愛賴在所辦跟教授聊天說地「談條件」，幾番唇槍舌戰下來，對於師生彼此的交情，多了趣味，更是譜寫了現在所能夠賴以回味的記憶，想想真的頗有「莘莘學子」的無畏之勇。

火車駛過臺灣的大城小鎮，帶走了許許多多的希望之花與鬥志之氣，而今我們從這裡相遇，也將從這裡分離，不忘互相期許下一次的再會。爾後，校友身分終將伴隨我們此後的日子，即便日後再度回到「臺東市中華路 1 段 684 號」的位址，看到了新舊交錯的學術大樓，尋找不著屬於我們的那塊匾額，但曾經的回憶，卻依舊能夠引領我們踏在熟識的鳳凰樹下，細數那三個暑假以來蟬聲不斷、

回憶永傳的研究生涯！而我更深信：存在不是語教所要到達的目
標，因為即使不存在，它所留下的而是一種永恆的生命態度——永
不停歇的創思之路。

我的祕密花園

黃紹恩

臺東大學語教所碩士‧財團法人黃烈火社會福利基金會活動企畫

　　那是不同與往常的夏天，我獨自一人開著車載著滿車的行李與興奮的心情從桃園開到了臺東。會繼續升學是人生的規畫，但是要跑到這麼遙遠的地方念書，純粹是一個惡作劇，只是單純不想再繼續陷入職場倦怠的泥沼中，我需要再進修，但我更需要長遠的空間來做個喘息，也那麼幸運的我考上臺東大學暑期部的語文教育研究所，也那麼幸運的認識教授們以及同學們，更是開心的是我居然離臺灣的後山如此的貼近。

　　還記得暑碩一的生活，雖然從早上到晚的密集課程，讓人有點吃不消，但始終記得的是周慶華老師帶著我們一起品嚐臺東的美味及風景，讓我們在繁忙的課業中仍然有像在臺東度假的感覺。像是史前博物館及卑南史前文化公園的探訪，讓我們在學期即將結束時對臺東有個基本的認識；還有跟隨周老師的鐵馬，橫行臺東市，一起征服海濱公園、黑森林、琵琶湖、活水湖等等。因此，第一年我從臺東回到桃園後，有好長一段時間我都難以適應，只因我也慢慢被臺東的慢活生活給同化了。在桃園的生活一切都很匆忙，原本已

經很慶幸沒住在臺北，但從臺東回來後，就開始感歎我們都是一群忙碌的人呀！而且是個無頭蒼蠅式的忙碌，這讓我想起周老師也是一個很忙碌的人，但是他忙得每件事都是非常有意義的，我想這應該是因為在臺東這環境讓他有時間可以沈靜自己的心靈吧！

　　第一年回來桃園後，我就一直期待第二學期快點到來。第二年的我們雖然課堂數有減少，但是因為要忙論文計畫，所以我總是把自己關在租屋處，但是體貼的周老師還是細心的為我們安排許多活動，像是去星星部落賞星星、鐵道散散步、金針山賞花趣等等，這是一趟不同凡響的學習之旅。第三年的活動更是精采，到原生植物園吃藥草火鍋、初鹿牧場嚐鮮奶、鹿野高臺滑草等等……我只能說這三年下來，是周慶華老師帶著我們更認識臺東，也讓我們發覺周慶華老師不同往常嚴肅的他，雖然他是一個固執的白髮老人，但是也擁有一顆孩童般的心在面對新的事物。而我能夠順利照進度完成碩士論文拿到學位，我把這榮耀歸功於辛苦的周老師，因為他的細心還有努力不懈對學生們的激勵，大夥們才能順利拿到文憑。但同時也接到語文教育研究所即將關所的噩耗，這讓我的心情從拿到學位喜悅的心情瞬間跌到谷底，因為只要想到周老師對所的付出，還有這所對學校的貢獻，就非常感歎這學校太急功近利。但已成事實之際，我也只能以這短短的文章來述說自己的心情。

　　人們常說花東是臺灣的後花園，而臺東對我而言是祕密花園。我同事常笑我：「妳是瘋了嗎？才一天的學術研討會，妳還是要去臺東喔！」沒錯，因為我的生命和臺東有了連結，那個連結點是我讀了語文教育研究所，我所得到的回饋遠比我所付出的金錢和時間還要多，因此我滿懷感激把握我每次可以回去臺東的機會。2011

年的 10 月初，我和朋友一起參加了國際彩妝比賽，比賽地點在臺東。當我朋友剛跟我提的時候，我便一口答應要去，主要目的不是因為要當彩妝的模特兒去贏得比賽，而是想再回味臺東的生活，還有跟周老師再見面敘舊的機會。而周老師也盛情款待了我和朋友，一下帶我們去吃大餐，一下帶我們去星星部落賞夜景聊聊天。還記得那天晚上居然一聊就聊到了快 12 點，這種感覺彷彿又回到了上課，但我的的確確是畢業了呀！原來我是這麼的想念研究所的生活，真希望能夠再多讀幾年書呀！臺東因為有周老師在，讓我每次回去的感覺都好像回娘家一樣的親切。

在我的祕密花園裡，因為有臺東大學的語文教育研究所，我的生命因而豐富，而我的視野變得更開闊。只是語文教育研究所要關所了！心中即使有百般不願與不甘，都還是得接受。只是很讓人覺得可惜的是，沒有了語文教育研究所，這對花東地區真是一個損失，因為這如同是少了一項教育文化特色。若這件事只有少數人關心，那我們也只能訴諸文字來惋惜這一切，我們也只能用文字來紀念這個過去，雖然我只參與三年的語文教育研究所，並不怎了解過去的歷史，但是在這三年語文教育研究所的學習下，我了解了語文教育的重要，而且也明白了一件事，即使有再優秀的教授在，也敵不過短視近利的現實環境。語文教育研究所雖然關所了，但是我永遠也忘不了我在這段日子所獲得的喜悅。感謝周慶華老師在我學習的路上不寂寞，並提供了許多幫助給我，像是 2011 年的 10 月周慶華老師還特地從臺東來到桃園為志工媽媽們上了一堂不同凡響的創意說演故事課程，讓志工夥伴到現在還對周慶華老師念念不忘。這也讓我看到周慶華老師的另一面，原來在面對一群聒噪的說故事

志工們，老師也能一起同樂把說演故事的課程變得非常有創意。大家可能知道老師不喜歡用高科技產品，他在臺東騎腳踏車，但搭飛機來返臺北與臺東，他說可以減少浪費時間；老師不會用電腦，但他可是知道部落格，雖然有人幫他偷偷建了一個臉書的粉絲團，他幾年後才知道，但還是很開心跟我們分享，周慶華老師可真是一位很特別的人，感謝老師。雖然語文教育研究所要關了，但相信我們所做的一切都會被看見，更重要的是我們會有更多時間和空間來發揮我們想做的事。還有一件事是我不得不提的，我曾經有跟自己說這一生要出版一本書，我以為我的第一本書會是圖畫書，但我的第一本居然是我辛苦二年多的論文。這也要感謝周慶華老師的鼓勵以及他所擁有的資源，讓我的書可以在 2011 年 12 月出版。感謝周慶華老師協助我完成了第一個心願，未來也希望能有時間和精神來思考下一本書！

2011 年 12 月 28 日於桃園

在東大語教所的日子

許彩虹

臺東大學語教所碩士・澎湖縣中興國小教師

　　大學畢業後，以為自己再不會去讀研究所了。告訴自己，今後要為讀書而讀書，要讀自己有興趣的東西。直到聽到學姊們對於東大語教所的描述，發現裡面是我最感興趣的語文，而且談的都是教學的實務經驗，我深深的被吸引了。在學姊們熱情的幫助及家人的支持下，我來到了東大語教所暑碩班。

　　考上研究所的喜悅好像還在眼前，現在，卻真的畢業了。望著自己手上的畢業證書，不敢相信，這是真的。想起當初準備審查資料的時候；考試的時候；上課的時候；還有寫論文的時候……好像是好久以前，又好像是最近才剛發生的事。現在，真的畢業了，要感謝的人太多，最要謝謝的除了老天爺的幫忙外，就是我的論文指導教授，也就是我們的導師周慶華老師了。在臺東的日子，因為有周老師，一切變得不一樣。

　　想起第一天開班會的時候，老師就記住了我的名字，那時候，心中感覺受到重視。因為一直習慣將自己躲在人群後面，習慣自己沒有人注意，總是被動又不夠積極。但是，在東大的日子，點點滴

滴發現，老師細心的關心每一個人，注意每個人的心情和健康，呵護著我們大家，即便我們告訴他，我們都是成人了，有了工作，有了經濟能力，有些人也有了自己的家庭。但是，老師仍然細心關照著我們。因為感恩老師給了我們太多，我也告訴自己要勇敢的嘗試和付出。在東大語教所的日子，發現自己學到了很多，成長許多，也變得更有自信了。

曾經陷入寫論文的痛苦中，氣得說：如果自己真的寫得出來，那就奇怪了。是的，如今真的把論文完成了，大概是有老天爺的幫忙吧！寫論文的過程中，覺得自己收穫滿滿，成長了好多。老師引導我探討「識字教學策略」的各個層面，在老師的指導下，我閱讀了很多相關的書籍和文獻，最後終於慢慢領悟了識字教學策略的菁華，最讓人感到佩服的是老師從一開始就掌握了我整個論文的脈絡。因為寫論文，看了不同領域的書，獲得許多相關的知識；對中國文化有更深入的了解和感動；從孩子們的教學上得到了印證和成就，這種種一切，不正是做學問最大的歡愉嗎？

還有那一群共同學習的同學們，曾經一起在研究室拚論文，一起就近到隔壁吃水餃，有時候，好心的同學會為大家訂午餐。好懷念一起討論，準備報告，一起談天的情景。想念同學煮了好吃的飯，老師切了水果，大家一起窩在所辦吃的感覺。那時候所辦、教室都有老師為大家準備的點心，寫論文餓了的時候，就會溜下去所辦拿餅乾吃。日子一天一天過去，大夥兒待在研究室的時間越來越多，越來越晚，常常摸黑一起回去，趕著 12 點前回到宿舍，還要擔心太晚了宿舍沒有熱水洗澡。大夥兒總是互相激勵，互相幫忙，東家串串門子，西家話話家常。可惜假日大都在趕作業和論

文，沒有太多時間去泡泡溫泉和遊歷臺東的美麗風光，實在是辜負了好山好水。

在研究所上課的時候，周老師總是會有很多的創意，有時候，老師喜歡探討文化最深層的意義；有時候，老師會要我們抽籤抽題，來一段即時演講；下一次，又會要我們來一場戲劇演出，不斷的透過小組討論和報告，激盪出更多的「火花」。我們在課堂上，探討教學的所有可能；我們在課堂上，把語文作更深更廣的推演。有些東西，第一次聽好像不太明白，幾次之後，才終於了解其中的道理。學習，原來是沒有邊際的呀！

想起第一年的時候，那時有些人會擔心上洪老師的課，因為每次上完課都要用網路學園來寫心得。不過，繪本的主題是我的最愛，尤其是洪老師上課，有阿廣老師和藍老師一起教學。每一次，他們都是用心的準備，讓人感動。阿廣老師溫和的笑容讓人想念；藍老師的熱情讓人感動；洪老師滿腹的學問，讓人佩服，而且老師總是會提出很多的問題，卻又不直接告訴我們答案，要我們不停的思考再思考。在東大語教所，認識了好多的老師，從不同的老師身上，學到了好多。到現在，都還讓人很想念呢！

有個同事聽到我考上了語教所，覺得很有興趣，也買了書準備考試，沒想到，語教所卻結束了，實在讓人惋惜。想當初東大語教所在眾多的語教都走向華語文或中國文學的時候，只有東大語教所仍堅持語文的教學。語文有多麼重要，不能只是喊喊口號，我們需要投入更多的心力在我們的語文教育上，花更多的心思設計更多的語文教材才是。我們應該了解我們民族的特性，發揮更大的民族優勢，讓我們的孩子們有更好的發展。可惜，曾經堅持理想的東大語

教所也敵不過現實，面臨了整併的命運。唯一慶幸的是自己搭上了這最末的一班列車，進入了一個到現在都讓自己有著滿滿情懷與感動的研究所，並且有幸成為其中的一員，在生命中留下一段難忘的回憶。

　　現在，雖然畢業了，但是有一群很好的朋友可以偶爾聊一聊天，談一談心事，有位關心我們的老師，成了我們彼此關心牽掛的對象。有人曾經羨慕的說，我們利用暑假進修，真的單純的享受著學生的生活。是呀！離開學生生活這麼久了，以為自己不會再去讀書了，沒想到可以再有這樣的生活，真的很幸運。這三年的暑假，也讓自己變得更成長了，學會了面對很多事，學會處理很多問題。有時候，也告訴自己，我已經研究所畢業了，不能再被動處世，而要勇敢迎接挑戰。

　　在東大的這三年，遇到了很多事、很多人，有了很多的成長，感謝有東大語教所。未來，雖然沒有了「語教所」可以回去，但是「它」永遠在我們的心中，是我們的驕傲。

我在東大語教所的日子

史益山

臺東大學語教所在職班‧臺南市文元國小教師

　　「請你寫下簡單的自我介紹，接著寫一首短詩，一句話也可以。待會兒收回來之後，由同學隨機抽，抽到誰就介紹誰。」這是第一堂課發生的第一件事，即使當時我寫下的內容以及同學對我的介紹早已不復記憶，但教室裡的畫面、同學的笑聲和老師嘴角揚起的笑容，在三年後的今天回想起來卻依然歷歷在目。若你問我為什麼？我想，是夠新鮮吧！鮮在那裡？鮮在臺東、鮮在東大、鮮在課程、鮮在同學、鮮在老師，而且鮮在每一次的呼吸裡。

　　身為臺灣最後一塊淨土，臺東對所有人來說都是新鮮的，這是當初選擇報考東大的誘因，也是我們每年暑假舉家遷徙、越過中央山脈的動人理由。這裡的山，樸實無華、渾厚沉穩，身影變化萬千卻永遠都在，像是踏實的父親一般；這裡的海，澄淨無染、深邃美麗，涵藏豐富廣博卻無私無求，像是慈愛的母親一般。住在這裡的人們，是山和海的子民，善良而美麗。能夠在這樣「好山好水」的環境下讀書、做學問，只要放下凡塵俗事的牽掛，的確是人生一大

樂事。在拜讀了小華老師的詩以及上了萬象老師詩歌研究這門課後，有天在太平溪畔涼亭裡一覺醒來，對面的鯉魚山與遠處的都蘭山便跑進了我的詩作裡，頗令人得意。也許有人會問，那麼來到這裡的學生，真的都是些不怕「好無聊」的人士嗎？

令人意外的，這群親愛的同學們卻是來自全國各地，有男有女、有老有少，大部分是在職教師，也有其他工作者，也許背景不同、經歷不同，但是相同的是對於語文的興趣與教育的熱愛。人家相處時間最多的就屬 C306 教室了，在這裡我們從陌生到熟悉、從相知到相惜。課堂上是我們盡情揮灑的時光，分組報告與即興演出，往往讓人驚豔於同學的臥虎藏龍、歡笑於同學的活潑可愛。最愜意的就是在腳踏車上了，踩著夕陽、迎著海風，不管是課後或假日，三五成群在老師的帶領下，足跡「踏」遍了海濱、山巒與河畔，風聲、蟲鳴聲、海浪聲與嬉笑聲拉近了你、我以及大地的距離，同時也是對生命一種深度的體驗。除了這些之外，每當收假回來第一天上課，總是可以吃到各地的名產，不管是由南到北、由東到西，甚至連離島都有，想來我們的口福實在不淺，更不用說老師自掏腰包請客、臺東道道地地的風味餐了。

難道碩士班的課程都是這麼輕鬆愉快嗎？錯了！為了密集上課，在第一年就曾經創下從早上 8 點上課到晚上 10 點的紀錄，下課後還得上網填寫心得、趕報告與寫作業。已經忘記是如何度過這樣身心的磨練，所幸這樣的課程安排在隔年大為改善，但隨即面臨的是論文找指導教授與完成計畫的壓力，第三個暑假則是完成論文、準時畢業的考驗。在這麼嚴酷的時間壓力下，同學們個個是有苦說不出，此時，身邊的老師及同學一句關心鼓勵的話語、一個加

油打氣的動作，就是我們繼續下去的動力，尤其來自老師的支持與陪伴是大家有目共睹的。

　　小華老師從我們入學後第一年擔任我們的導師、第二年接任所長，到現在我們畢業、研究所被裁併，一直以來為我們承受了許許多多。從課程的規畫、教師的聘任與邀請，及教學的實施、論文的指導，乃至同學的生活問題、健康問題等，處處都能看得見老師的用心與付出。雖然顯而易見的，這些問題只是老師所著力處的冰山一角，但在面對問題時背後所承受的壓力與困難，身為學生且幾乎天天見面的我們卻極少聽他提起，更別說使上什麼力氣。我們除了替他擔心之外，也許能做的只有陪著散散步和騎騎車罷了。即便外務如此繁重，老師依舊堅持給學生們最好的學習品質，絲毫不打折扣。

　　仔細回顧三個暑假的課程，包括每週一次邀請不同老師講授不同主題的「語文教育專題講座」，才發現我們所上的課是豐富且多元的──從語文本職學能、教學專業素養，到語文產業發展，幾乎都已包含在其中。或許完善的課程設計本來就是一個優良系所必須具備的基本條件，但是對於培育國民教育第一線教師的系所來說，我深深覺得東大語教所與眾不同之處在於優秀教育哲學的傳承，其中又以師生之間的「對諍」與師生互相激發「創意」最是動人。其中「對諍」代表著探求真理時理性的思辨與寬宏的胸襟；「創意」則是追求進步時跳脫的無執與自由的思維。這樣的感染深深吸引著我，改變了我對教學的認知，而且我衷心期望能擁有足夠的正面能量，不斷的這樣進行我的教學工作。這些正是我誤打誤撞這三年來最大的收穫，而這一切來自最優的語文教育研究所，以及我們的小華老師。

　　我常想，是什麼樣的緣分，讓來自全國各地的一群人在某人的帶領下共同成長、各自汲取需要的養分，時間一到卻又得各分東西？回到任職的學校，儘管受到同事們熱情的恭賀學位即將完成，心中的百感交集卻讓我一時之間說不出話來。三年的時間不算太短，有幸成為東大語教所的一員，而且是「末代學生」，我想我不會後悔，只是有些惋惜與感傷。在這樣的寒冬裡，許多地方的梅花都開了，我不知道臺東有沒有梅花，但是，我卻隱約嗅得到從東邊傳來陣陣梅花微弱的芬芳，教人動容於它的美麗、教人感傷於它的遭遇，更教人恭敬於它的傲骨。

詩

——馳騁在兩個不同範疇間

李心銘

臺東大學語教所碩士‧文教機構編輯

　　東大語教所詩人薈萃，所長周老師一個人就出版十本詩集，其中《新福爾摩沙組詩》、《銀色小調》、《飛越抒情帶》更是慷慨相贈，只要是老師的學生都有收藏；另外，「東大詩叢」出版十本，其中周老師一個人出六本，其他四本分別是董恕明老師、學長黃連從（兩本），以及學姊陳意爭；另外王萬象老師更是古典和現代雙棲的詩人，王老師「詩歌研究」這門課影響我極深。雖然我原本就喜歡讀古典詩詞，但是真正受到啟發是上了王老師的課，尤其是詩的「意象」。

　　周老師推動現代詩歌不遺餘力，不僅曾經舉辦詩展，兩屆的臺東詩歌節也參與其中，課堂上更常教導學生評詩、作詩。來到東大語教所，沒有被「詩」到一點邊，就不算值回票價。雖然我不太會寫詩，但仍然可以談詩，而周老師的獨門詩學，推翻了我評析詩作的那套模式，給予我一個不同以往的新視角。

　　白靈在《一首詩的誕生》提到：「世間一切能寫入詩中的，不外『情』（感情）、『理』（思想）、『事』（人事）、『物』（外物）四項，前兩者是看不見的，我們用一個『情』字來代表；後兩者是看得見的，用一個『景』字來代表。」看得見的具客觀性，具體性，為外在的物象；看不見的具主觀性，抽象性，為內在的思想。看不見的情理要用看得見的事物去表現才會讓人清楚，即所謂「寓情於景」；具體的事物要加入一點抽象的情理，才不會俗氣，而且生動，即所謂「觸景生情」。情景均具，也就是意與象都具備，才能說是詩。作詩的原理莫不秉持著：情語加景語；意念加物象；虛加實；精神的加物質的；看不見的加看得見的；抽象加具體的。詩非經驗原形直接的呈現，而是經過轉化加工，是一種語言轉折的藝術，把感官經驗直接言說不是詩，換個說法就可能是詩，白靈歸結出一個寫詩最廣泛的方法，即虛則實之、實則虛之。仇小屏在《篇章意象論》提出能夠涵蓋語言指稱與表現功能的虛實觀，具體的、有形的詞彙為「實」；而表現的部分則是由此引發的想像與聯想，為「虛」。李元洛在《詩美學》也認為，藝術創作為反映現實生活的審美形式，透過客觀的事物，藝術家創造「第二現實」，如歌德所言：「每一種藝術的最高任務即在於通過幻覺，產生一個更高真實的假象。」所謂「實」，就是形象的直接性，是詩人對生活具體而真實的形象描繪；「虛」，就是形象的間接性，能留給讀者空間，待讀者聯想與想像，並且再創造。由上述可知大部分的學者都認為「詩」的美感在虛實相生中產生。茲將學者對於虛實的看法作成表格如下：

	實	虛
白靈	景語、物象、物質的、看得見的。	情語、意念、精神的、看不見的。
仇小屏	具體的、有形的詞彙。	由此引發的想像與聯想。
李元洛	形象的直接性，具體而真實的形象描繪。	形象的間接性，讀者的想像和聯想。

　　但是，上過周老師的課，開啟我不同的視野，「詩」不一定產生於虛實相對，實對實，虛對虛，往往也是詩意的來源；若硬是侷限於虛實相對，反而顯得呆板；只要結合兩個不同的範疇，詩的美感便由此誕生。另外，虛實定義的部分，我也了解到原來並不是抽象性的概念都是虛的，具體性的物質都屬於實的；而是——凡名詞都可以被認為是實指，名詞以外的諸如形容詞、動詞、副詞……等，則被認為是虛指。茲作成表格如下：

詞性	名詞	形容詞	動詞	副詞	代名詞
虛實界定	實	虛	虛	虛	實

　　以往在作詩詞的欣賞和分析時，總是遵循一般詩歌評論家的「虛實相對論」，以及用抽象和具體的標準將虛實一分為二，聽了周老師的論述後，開啟我的視野，不禁躍躍欲試。茲以周老師《飛越抒情帶》中詩句為例，分析其中的審美特徵。

一、虛實相對

　　〈逛街──記美雲送的一輛越南三輪車模型〉:「出門頂著一藍天的希望」,按照一般的概念來分析,「頂」是看得見的動作,「希望」則是一種抽象情感意志,這裡便是實對虛;然而「頂」是動詞──虛指,而「希望」是名詞──實指,所以成了虛對實。但美感的來源不在於此,而在於它結合了兩個不同的範疇,我們可以頂著帽子、盤子、書本……等,就是不可能「頂」著「希望」。如果說「胸懷希望」,這個希望似乎不夠偉大,不夠值得期盼,然而「頭頂希望」卻讓希望升空,擁有無限發展的可能。另外〈與語文教育共舞〉:「蘭嶼和綠島都看見我們來了」,「蘭嶼」、「綠島」都是名詞,所以是實指;「看見」是動詞,所以是虛指。這個詩句雖然是虛實相對,然而產生美感的關鍵在於蘭嶼和綠島被擬人化了,成了行為主體,「我們」反而變成行為客體,我們究竟被蘭嶼和綠島窺視著,還是歡迎著?反客為主間,詩味便誕生於這種詭異的氣氛中。

二、實實相對

　　〈破繭化蝶──給東大最後一屆語教人〉:「蛹進蝶出繭上有興奮的淚」,「繭」和「淚」均屬於看得到、摸得到的具體物象,在一般虛實概念中,歸於實對實的範疇;然而,「淚」應該出現於臉頰、眼眶、衣襟……等,似乎不可能附著在「繭」上,「繭」上本該出現的是絲之類的東西。如果說「臉上有興奮的淚」或是「繭上有白

色的絲」都不是詩，只淪為一般的敘述語言。「繭上有興奮的淚」兩個不同的範疇相生相合，美感於是產生，同時也深刻地詮釋蛹化為蝶，苦盡甘來的心情。

三、虛虛相對

〈關聯的關聯——記「會話、溝通與認知：『關聯』研讀會」〉：「智慧發光藍藍的」，在一般虛實概念中，「智慧」是一種心智，所以是虛指，「發光」是眼睛看得見的物象，所以是實指，而「藍藍的」也是能被眼睛所捕捉的，所以是實指，這個詩句若是照一般說法，成了虛實相對。然而，若用詞性作為虛實分類的標準，「智慧」是形容詞——虛指，「發光」是動詞——虛指，「藍藍的」是形容詞——虛指，如此一來則成了虛虛相對。然而，虛實也好虛虛也罷，審美趣味的產生在於——將「智慧」從一種概念性的認知，轉化為具象的物體，類似修辭技巧中的轉化格。我們會說「寶石發光藍藍的」、「霓虹燈發光藍藍的」、也可以說「星星發光藍藍的」，甚至是「眼睛發光藍藍的」，它們都是屬於同一範疇的，不出一般人的認知範圍。「智慧發光藍藍的」顛覆了我們的思維，製造出錯置的美感，而且，「藍色的光」令人想到孤獨、沉思、獨立和平靜，和「智慧」作連結，增添想像空間。

不論是虛實相對、實實相對，還是虛虛相對，詩的美感就馳騁在兩個不同的範疇間。蘇東坡也早就提出「詩以奇趣為宗，反常合道為趣」，一首好詩能充分體現了「反常合道」。所謂「反常」，是在內容上為被人們習以為常的常事、常情、常理，依據「正常」向

其對立面的轉化，來表現出事物、情理的美學價值；所謂「合道」，就是通過「反常」的藝術表現，反映出詩人對於現實生活新鮮、獨特的審美感受和情感體驗。

　　周老師這套理論深入淺出，詳賅易懂，更是操作簡單，日常生活中舉凡歌詞、臺詞，甚至廣告詞，我時常不由自主地，試圖去釐清詞句間，是否結合了兩個不同範疇，從中尋獲一點點詩意，為一層不變的生活增添不少樂趣，建議大家不妨也試試看喔！

我在語教所的日子

林怡沁

臺東大學語教所碩士．臺東私立公東高工教師兼訓育組長

時光荏苒，時序即將拋掉厚重的外衣進入溫暖的春。臺東大學
的一角──語文教育研究所依然散發著寧靜的書香氣息，更準備好
脫去一層世俗枷鎖，以專業之姿破繭而出，飛向更深更廣的學術殿
堂，奔往語教所每一人的心中。

回首第一次踏進語教所的古老大樓時，撲面而來的是一股書味
──沉在書架上，每每翻閱卻有新意的──及幽靜，似乎連啁啾蟬
聲也低斂了。再回首語教所課堂上，老師認真教學及自信的神態，
學富五車隨時等候我們接招，縱使炎暑酷熱卻也熔化不了求知若渴
的期待，只因為你──我們敬愛的老師及語文教育研究所。

進到臺東大學語文教育研究所，是我人生的轉捩點，因為個人
的職場需求及更多的目標與夢想，毅然決然的踏入據說「嚴謹且辛
苦」的語文教育，所秉持的也是對於語文的熱愛與堅持。因為語文
教學是一切學習的基礎，任何學問的學習，莫不依賴基本語文為媒
介。語文也是一種工具，直接影響著所有的學習活動，因為任何學
習中的獲得、思考、理解、表達、創造等能力，均來自語文的學習。

語文程度好，學習自然較便利；反之語文能力較弱，自然影響學習
的進度。語文學習在培育學生方面，扮演重要的角色。普遍來說學
生具有的潛能、分析能力及創造力等特質，在學習、理解、思考及
創造發表的過程中，都需要良好的語文能力，這些活動才能有效的
進行。為了激發學生在語文方面的潛能，讓學習活動產生更佳的效
果，加強語文學習的課程設計是我的近程目標與自我期待。而這
些，我都在短短的三年，由語教所陪伴著完成了。

　　最喜歡我們的老師以不同的角度和見解，帶頭衝鋒陷陣殺出一
條不同的道路，引領我們從不一樣的方向抵達文學核心，不但滿足
我們求知若渴的心，更灌溉出不同的思考方向及遠見。最生氣每次
小組討論時，答案老是比老師慢一步（甚至是講解後）蹦入腦海，
在恍然大悟後對自己的「冥頑不靈」懺悔一番；最哀怨的是，老師
總是唇邊帶著一抹微笑的望著我們，並吐出一連串「非人」的問題
要我們這群凡人給個交代，然後好整以暇的看著我們這群凡人搔著
頭、抓著髮，搥胸頓足一番的激辯出一個答案交差，但無法了事，
畢竟神人的境界凡人真無法「參透」啊；最快樂的，莫過於老師登
高一呼「吃飯去」，讓我們在大快朵頤、酒酣耳熱之餘，藉酒壯膽
與您激辯天地、神鬼、文學和人生。我們撇去社會俗見；拋下難
產的論文；卸下既有的身分，這一刻，不正是傳說中的「以文會
友」了！

　　快樂的時光在回憶時總覺更加甜美，三年語文教育碩士班的洗
禮在看似漫漫長長的時間中，卻也呼嘯而過了，對於老師及語教所
對我的指導與學習，讓我獲益良多，得遇明師更是我的幸運。如今
語教所卻必須在制度、在社會、在令人費解甚至無法諒解的不平之

下走入歷史，我們縱有萬般不捨卻也無能為力。時光已逝但文學的
學術殿堂卻是永恆，這段美好，會是我不斷回味雋永的扉頁與驕傲。

「語」白髮老人的相處紀實

黃獻加

臺東大學語教所碩士‧嘉義縣溪口國小教師兼事務組長

「語文教育」，這個與我有將近十年深厚情感的「專有名詞」，在這十年間，有了許多的變化。如今，研究所即將謝幕。一方面不捨，像看著一個「事業有成」卻「急流勇退」的人才，令人惋惜；另一方面，卻也驕傲著他如今的成就。也或許，所辦裡陳列的那些豐碩的研究成果，對於語文教育研究所而言，是最佳的畢業獻禮。

緣分，從十一年前進入語文教育學系就讀，或許就已經註定。記得 2004 年畢業時，我曾經說過，我想回來念研究所。直到 2009 年 4 月，我在沒充分準備的情況下應考，有幸錄取，開始我的研究生生涯。

進入研究所的第一年，總覺得上的課程跟大學部沒什麼差別，或許是我脫離「上課」這回事太久，也或許熟悉這樣的上課模式和內容。總的來說，上完第一年，我對研究所與論文還沒有概念和方向。因為很多題材可以研究，但這些研究都有人做過，必須做突破才能「獨樹一幟」，否則只能淪為模仿，了無新意，更遑論有什麼價值。另一條出路，就是「自創門派」，但這談何容易。所以第一年，我是在忙碌中糊里糊塗的度過了。

　　第二年，剛回到臺東，發現同學們大有進度，有些已經準備提研究計畫了，茫茫然的我，雖然心中焦急，但也得裝成一副無所謂的樣子，因為我實在不想去研究不感興趣的題目。本想瀟灑一點，「延畢」也沒關係，但看著身邊同學一個一個有了好的「歸宿」，「孤單」的我也想找個好的「題目」來陪。加上短短六週的課程，也逼著我有不得不面對論文的壓力，所以只好硬著頭皮，找周所長聊聊。前後三次，總算訂了一個我很「懷疑」的題目──「非人採訪術」。懷疑什麼？懷疑「非人」是否能採訪；懷疑「非人採訪」是否能達到預期的目的；懷疑學生對「非人採訪」是否有興趣；懷疑「非人採訪」跟語文教育是否真的有關係。但為了完成預定進度──論文前三章，還是得硬著頭皮找資料來寫，暑假結束前，計畫也順利提交出去了。而心中的種種疑問，都在執行教學流程的那段日子，一一的被解答了，尤其是看到學生那開心的神情和熱中於活動的表現，實在很難去否定這個研究帶給學生的影響。這是遠遠超出我預期的。

　　第三年，老師在暑假前的一個多月，順道到嘉義來看我，老師或許是想了解一下進度有多少，看看這不成材的學生到底有沒有認真寫；或許又想說是不是遇到什麼瓶頸，導致進度如此緩慢。但心虛的我，雖然已經完成教學過程，但還沒將資料整理成文字，因此論文還是停留在第四章前半段，拖著被學校事務纏身的疲憊身心，又回到了臺東。

　　回到臺東，才驚覺自己進度嚴重落後，這時我毅然決然下了一個決定──睡在研究室。這個決定讓我的進度大幅邁進，畢竟整天關在研究室，能做的事情也只有寫論文。這段時間，我也密集

的與老師討論、修改，逐一完成每個章節。當然，再怎麼衝刺總是會有腸枯思竭的時候，這時我會下樓找老師聊聊，想從中獲取一些靈感。有時，老師也稍作休息，與我小酌一會。這時才會體會什麼是亦師亦友的感覺，有時就這樣到凌晨一、二點，老師才關上所辦大門，回家休息。而我總是目送著他和他的夥伴（腳踏車）離開，再自行回研究室，不久便會昏昏沉沉的睡去。在苦悶的論文寫作過程中，這樣的「討論狀況」，或許對身心都算是一種「暫時解放」，也因此雖然每晚討論，但進度不因討論時間過長而受到影響。

短短的三年，密集又豐富的課程讓我慢慢體會，原來「研究」是這樣的一回事。當然，寫論文的過程不免又有些「痛苦」，尤其是在理論建構的過程中，老師所提「無中生有」和「製造差異」，往往是痛苦的泉源，但老師總是「不厭其煩」的解答疑惑。即使，我們的「領悟力」總不如老師所想像的。但看見眼前的白髮「年輕」老人講得口沫橫飛，聽著聽著，頭也不自覺的跟著那樣的說話頻率點了幾下，直到白髮老人說了：「好了，回去寫寫看！」自己也只能像「丈二金剛」，繼續回去研究室對著電腦催眠：「革命尚未成功，同志仍須努力。」

完成論文的那一刻，我維持一貫的低調，隱藏自己的情緒，跟家人陳述了這件他們眼中很不得了的「事蹟」。但所有人都知道，這部分要歸功於老師的指點與督促，才能完成這項「不可能的任務。」

論文完成後，口考也緊接在後。當然有研究資料的加持下，順利通過了。隨著畢業腳步逼近，語文教育研究所謝幕時間也開始倒

數，心中總有些不捨，我利用了最後的這段時間，完成期末作業，也儘量找時間，陪陪這孤單的白髮老人（似乎角色互換了）。

除了老師，同學們的鼓勵也是我前進的動力之一，我們一起吃飯、一起出遊、一起享受寫論文的時光，這樣的情感，在脫離大學之後，是非常難得的。我也很珍惜這段情誼，到現在，彼此都還關心、聯繫。

看著所辦中陳列的出版論文，就可知道語教所近兩三年來的研究成果，這是前所未有的高峰，至於會不會有後繼之「所」，就端看師生的心血付出咯！但在目前看來，應算無「所」能及吧！

我們畢業了，拿著自己的研究成果，內心很踏實。或許在未來，同樣的一群人，能繼續往更高的層次邁進，為語文教育做出更有意義的貢獻。我們會謹記老師的叮嚀，秉持著東大語教所的研究精神，在這塊土地默默耕耘，即使語文教育研究所成為記憶，但影響會一直持續。

最後，謹以此文獻給我的指導教授——周慶華所長。

2012 年 1 月 9 日

謝謝妳，東大語教所

蔡正雄

臺東大學語教所碩士・臺東縣鹿野國小教師兼教導主任

一、從一封電郵說起

　　去年年底，所辦寄來 mail，傳達了語教所因「系所整併」方案將走入歷史的訊息。看到 mail，並不特別意外，畢竟這樣的消息對於我們而言是傳言既久、於今證實。只是，就算我們知道萬物都有終點，但當這「生命」那麼確定的預言 2012 年 8 月走完路程，曾經與「她」交會、交往的人，在確定的瞬間，不敢說百感交集，卻肯定有著不一樣的心緒。

　　悲觀的看，系所整併宣告語教所關門，早來的 mail 是變樣的訃聞，所有回憶懷想的文章，都是哀悼的墓誌銘，淒風苦雨，何其有極？但，不應該是這樣的！「自其變者而觀之，則天地曾不能以一瞬；自其不變者而觀之，則物與我皆無盡也。」語教所在東大立起，在東大消隱，起落是常態，起與落是「修短隨化，終期於盡」，我們有幸交織其中「欣於所遇，暫得於己，快然自足」。那麼，何

163

妨把這事視為語教所屆齡「榮退」，在這謝幕的慶典上，以君子懷人以言的心志寫下片言隻字，來誌記這一段殊勝的因緣。

二、再補一則插曲，再從頭談起

就讀所上期間，我跟耀平也到兒文所選修課程補足學分。第一天上課，楊茂秀教授指著我們倆問「你們來這兒是？」

我們答：「來上課。」

楊教授問：「是我們所的嗎？」

「不是，語教所的。」我們這麼回！

楊教授：「嚇死人，是來上課的，我剛還在想這麼老的人來這裡做什麼？歡迎你們啊！」

楊茂秀教授沒錯，耀平的半白髮絲，搭配我的一臉滄桑，在滿座紅男綠女裡，確實顯老。大學畢業，睽違校園十多年後，在語教所重溫學生生活。同班同學二十多歲者數人，四十上下者算來有三老。所謂「老」就是工作得夠久、家庭生活時間夠長、小孩夠煩，這樣的人一週要從職場抽出一天，晚上要從家庭生活裡挪出一些時間。敘明這個背景，很清楚的闡明是一位在職生的「白頭宮女話當年」。

三、那一間小小的教室

扣除選修社教所、兒文所的六個學分，曾稍離語教大樓，我在語教所的小教室上了所有的課程。印象中，研究所的第一堂課是「電

子網路資源」，自己猜想應該是找間電腦教室，老師介紹線上語文資源。結果，證明自己是完完全全的錯！那一天的課程就繞著「電子網路資源」，甚至是拆解的分析何謂「電子」、「網路」、「資源」，分析後再整併出一個「操作型定義」。那天的課，洪老師提問，學生回答，洪老師再依學生所言予以詰問。感覺是以電子網路資源的課程架構，來上理則學的邏輯思辨訓練。結果當然不是如此，後來的紹介如「平衡語料庫」、「文國尋寶」等就漸漸的搭上課程名目——電子網路資源。

在這間教室，還上了好幾堂光明老師的課。光明老師是清大語言學博士，他開的課明顯的著重在「語」的面向，做語言分析、語詞連接搭配、語用辨誤……等。因著老師的介紹，看了一些大陸出版的語言學專書，也買了不少的簡體字書籍，甚至下載了數量相當的對岸期刊論文，這些對我寫作論文確實大有助益。而光明老師愛買書，課堂上愛介紹、評論新書，更有一個很好的「習慣」，喜歡把新書借給學生。我也老實不客氣，從教室或他的研究室抱了不少書回家，當然都有還，不然這文章豈不成了呈堂證供？

在此教室外，還曾有一次移師對面的迷你教室。記得是研一時周老師的「語文研究法」，而周老師也是我在語教所的「大盤」，大半的學分都是周老師所賜。周老師的書很深奧，人卻很平易。「語文研究法」是研一必修，所以上課全是同班同學，加上周老師是我們的導師，周老師的書不見得看得懂，報告卻很敢說。有次報告我的開場白是這麼說「周老師寫的書很深，像神的語言，不是凡人輕易能領悟的，我今天的報告，角色有點像乩童、靈媒，試著轉換神的話傳給世人；至於所述是真實陳述神旨或是自己胡謅，

那就交給大家來判斷！」這些話雖則帶著玩笑口氣，卻也真實反應同學對周老師博取精鑄的佩服！周老師思維縝密、備課周全，每次上課必印好講義，拿出寫好的綱領圖文，一邊口述，一邊黑板書記，用大框架（氣化觀、創造觀……等）、時代脈絡（前現代、現代、後現代……）來示現思維的理路、提點研究時該注意的基本功夫。這麼說，好像周老師授課是教堂傳教、中規中矩，其實這只是嘗鼎一臠，就像一甕佛跳牆裡撈到干貝、豬腳，應該不會覺得美味僅止於此吧！用影片練語文，解讀導演所要表現的哲學思想、人文精神；教詩的基礎理論，課堂上即興創作，同學分享、反饋彼此作品。因為老師的態度是開放包容、引導啟發的，大家敢寫、敢說，有時自己言窮意未盡，周老師適時補充，再問你「你要說的是這個意思嗎？」「對對對……就是這樣。」然後沾沾自喜於「我不錯嘛！」天知道是老師以內力暗中加持，否則花拳繡腿有何看頭？我記得有堂跟「詩」有關的課（正確名稱忘了），周老師拿了束枯枝插在綠色玻璃瓶，要我們即席寫短詩。我順著老師的引導，抓取自己在「回歸自然」或「公堂展示」的抉擇觀，寫下這樣的句子：

> 綠玻璃棺中的木乃伊
> 哭喊
> 想要回家

我注意到周老師念的時候嘴角帶著笑意，這小小的動作，滿足了我「自我感覺良好」的需求，再一次沾沾自喜（其實是謝謝老師包容不材的修為）！

四、教室外的天空

唉！不是說作文忌「習言套語」，這個子標題怎麼看起來慣見、不新鮮？其實取這個子題很無奈、不得不然，因為除了有限課堂的教學，臺東各大餐館，也是周老師（導師）為我們傳道解惑、關心生活的另一課室（天空），米巴奈、阿官火鍋、夫妻肺片……真的要再套用另一習語，吃的場所之多，那是族繁不及備載。通常這個場合，老師會問我們在職生工作、家庭、學業的問題，關心一般生同學的生活、作息、開銷、功課，無怪乎國鈺、嫈喬都稱他周老爹。

還有一次，跨年級的選修課，周老師出資，借曾振源的庭院，在一個良辰吉時（週六假日，當然是好日子），仿紅樓之雅事，大口啖肉、細手捧酒，嚼腥啃葷但要錦心嘯口吟出詩句。寫詩還是周老師捷才，當他念著寫在長版衛生紙的詩，一頭白髮映著背景的一樹青山，畫面有著某種象徵、隱喻的感動的美。

五、說「謝謝」為語教所送行

最後，我不是說「再見」，而是說「謝謝」。往者不可追，來者不可期，說再見是理路上的應所當為，而說「謝謝」方能表示對語教所的最高致意。因為有語教所，才有這段美的人、事聚合因緣，真的要謝謝妳，東大語教所。

懷念東大語教所的人事物

廖五梅

臺東大學語教所碩士‧臺東縣瑞豐國小教師

「我是周慶華……」電話那頭傳來親切又熟悉的聲音，周老師表示東大語文教育研究所在學校系所整併策略下，將於 2011 學年度停招。為了給東大語教所畢業和在學所有夥伴及關心本所的朋友，最後一個緬懷的機會，以私款舉辦徵文讓大家抒發情感，集結成書留作紀念。對於語教所將被合併的消息雖早有所耳聞，但當她已成為既定的事實時還是讓人感到不捨：一個所的創立實在是不容易，如今就要這樣的結束仍令人不免再三歎息……想到這裡，兩年前在東大語文教育研究所進修的學習點滴也一一浮現在腦海中。

時光飛逝，轉眼自東大研究所畢業也兩年多了，猶記得四年前報考東大語文教育研究所的心情。由於積累十數年的教學和行政工作歷程，過度的壓力造成體力透支，又以「等因奉此」扼殺工作趣味，「依函辦理」耗損年華與健康。「案牘勞形」確然傷人。在身體發出警訊後，潛心靜索，決定在工作、家庭之餘，找一件真的想做、喜歡去做、為自己而做的事。

　　「歸去來兮，田園將蕪，胡不歸？」畢業十數年，工作上的「朝七晚五」佔了泰半時間，積累數年後購地、置產、結婚，又在奶瓶尿布、燒飯漿洗中打轉，學問上難免荒疏。在生病後得以停下腳步細思，再做學生，溫理舊籍、學習新知的想法頭湧上心頭。當我決定報考東大語教所的訊息傳出後，有人善意的提醒，與其要公餘進修為何不找一所較輕鬆的去做研究？基於讀語文教育學系的美好經驗，我決定走不一樣的路，讀不一樣的研究所──東大語文教育研究所。事後回想起來當初的決定是對的，那兩年研究所的學習不但擴展了我的知識視野，豐富我在職場上專業知識，更帶來心靈上無限的充實感……

　　在一個大約十坪的教室裡擺放著四張長條桌子、十來張的椅子和一塊白板及幾支白板筆，簡單樸素沒有豪華多餘的設備，那兒就是東大語文教育研究所論古道今、談「語」論「文」的地方。在那小小的空間裡我由陳光明老師教授的「漢語語言學專題」的課程加深了對語文、語法的認識；也從陳老師的「語文工具書研究」課程中見識了更多的語文工具書並學會如何應用；更在陳老師開設「心理語言學」的課程中懂得分析、了解語言學原理和心理機制。在漢語的結構、語彙、語法這樣嚴肅的相關課程中，陳光明老師以輕鬆的方式讓學生去學習分析、了解而不會感到壓力的教學方式令人懷念。

　　在研究所課程讓我受惠最多的當然首推周慶華老師。記得第一次見到周老師時，看見滿頭白髮的他，樸實的穿著身上沒有現代人基本配備（手機），只背著一個黑色的大背包，心想這位老師應該是很傳統、保守的人。之後在老師的教學課程中，從他的思想表達、

著作發表才發現和之前所想的全然是兩回事。記得有人曾說過周老師在滿頭白髮下卻有一顆年輕奔放的心，真是相當貼切。周老師的想法創新不受傳統窠臼的限制，往往能帶領學生進入另一種不一樣的想法境界。在兩年研究所課程中，我從周老師教授的「語文研究法」、「詩歌寫作專題」、「語言哲學」、「文化語言學」、「語文教學方法研究」等課程中獲益良多。周老師的教學非常用心、認真，內容活潑有趣絕不枯燥乏味。在上課期間他會不斷提問要你回答，上他的課很難打瞌睡，因為要不斷動腦思考，腦子不停如何睡得著？所以他的教學功力確實令人佩服。周老師除了善用提問、討論的方式來激盪、活化大家的大腦之外，對於學生回答的內容，周老師總是持肯定正向的態度讓學生感到備受尊重。事實上有時覺得自己的回答並不好，但周老師總是和顏悅色的接納學生的想法，他對學生這樣包容讓學生感到很溫暖。

在就讀研究所期間，看見周老師的著作一本接著一本的出版，讓人敬佩他做學問的態度與精神。覺得他是個不以現況為滿足因循苟且而得過且過的學者。胡適的〈夢與詩〉「都是平常經驗／都是平常影象／偶然湧到夢中／變幻出多少新奇花樣／都是平常情感／都是平常語言／偶然碰上個詩人／變幻出多少新奇詩句」，周慶華老師以詩人另具隻眼的眼光來引導學生，開拓學生的知識視野，更以詩人敏感包容的心來關懷學生、解決學生的困境。第一次看見有老師對學生的照顧與關懷是那麼多、那麼深。常常聽見學長、學姊講述周老師在指導論文寫作時，除了肯花時間和學生討論外，更經常掏腰包買書籍資料供學生做研究參考。直到自己請周老師擔任論文指導教授時，真的感受到周老師對學生的愛

護。而隨著那段論文寫作生活的結束，埋首論文的苦澀也隨之消失，作品的完成除了知識上的成長外，對周老師不辭辛勞的在旁指導與提攜更滿懷謝意。

　　在外子的鼓勵和支持下，有幸成為東大語文教育研究所的學生，並和他成為前後屆的同學一同上課、一起研究。那段和外子一起上課做研究的日子真是充實而美好，令人懷念。再次重拾書本回到校園重溫學生夢是一件很幸福的事，看見幾位年輕的同學青春洋溢神采飛揚的模樣，讓人感受到年輕學子的青春活力。在東大語文教育研究所研讀的期間和淅淳、羿伶、善池、美伶、孜育、靜怡、郁文有緣成為同班同學。由於都是媽媽級的學生有共同的話題，靜怡就成為我可談心的朋友，和她的情誼也未因課程的結束而告終止。羿伶和善池分別擔任研一和研二時的班代，很感謝他們倆位在那兩年期間為班上事務做的服務。

　　隨著東大語文教育研究所吹起熄燈號而結束，確實讓人感到惋惜。但我相信曾經就讀語教所的每位同學，都曾在就讀的那段時間裡有不一樣的體驗與感受。臺東大學語文教育研究所感謝妳讓我留下那段就讀期間不可磨滅的美麗印象，我將永遠懷念妳！

在東大語教所的那段日子

曾振源
臺東大學語教所碩士・臺東縣崁頂國小教師

　　每個人心中都有一個美夢，能圓的叫理想，難圓的叫夢想，理想與夢想間橫跨著一條溝渠，沒人知道越過那溝渠，得花多少心力才能到達彼岸。於是，有人在舉棋不定中，少了勇氣、缺乏動力。在追求人生目標的過程中，我想每個人都在追求某一種境界，一種能超越自我的更高境界，雖然有時也會被途中的一些細枝末節或瑣事分散精力，但我們還是不應該放棄自己原先追求的目標。

　　生命是一張不斷被驅策往前的單程車票，因不願任憑歲月擺布，也不願隨波逐流，試著為自己的夢想逆流而上，至少，曾經努力的過程裡，總能為生命寫下一些璀璨的樂章吧！或許，唯有付出行動才能緊握大門的鑰匙，打開理想大門，在瑣碎的時間中，還能實現生涯規畫中遲遲卻步的美夢，就是考上研究所。

　　時間隨著多重角色的扮演而加快了速度，從語教所畢業後不知不覺已過了一年多了。先前在語教所的上課日子是充實而忙碌的，雖然每天有做不完報告交不完的作業，但樂在其中。所裡像是一個

大家庭，所辦更像是一個雜貨店，餅乾、糖果、飲料、臺灣各地名產應有盡有，讓你吃不完喝不完。

在東大語教所的那段日子，感謝的就是所長周慶華教授，從研究主題指引、架構擬定、方向的運用到每一章節的細論，周老師都給予我諄教與指導，引我進入學術的領域，而且在我「擠」不出論文內容時，不論早晨還是夜深人靜了，老師仍然在語教所辦公室等我；細心的指導我、並提供我許多寶貴的資料與方法，好讓我能夠順利的完成。

除了專業領域的指導，外在為人處世及日常生活中的應對，老師都以寬厚、包容的心來對待學生，其對學生的照顧與付出，讓我備感溫馨及感激。

在語教所的日子，幾乎是每週都有不同的活動，烤肉、賞月、划龍舟……老師都會藉著辦理不同類型的活動來刺激同學們的想像力及思考，且周老師常將他的新作，贈與我們。周老師在 2009年出版了《新福爾摩沙組詩》一書，以下是讀完此書的心得：

蕪情

白頭翁尋覓一個自己懂得的人

初試啼聲

所有的情緒都進了蕪情的空間

利用文字來灌溉實在荒謬

播種者卻滿心期待著收成那一天的到來

一次又一次的訴諸文字

在　邊地發聲

聲聲慢

作者心中千錘百鍊的巧思畸情凝結慢慢

文字發光發熱的速度慢慢

口袋鈔票累積的厚度增加慢慢

聲聲急

老家妻兒期盼金榜題名眼神迫急

振臂邀杯吆喝聲　聲聲告急

返程歸途馬蹄聲　聲聲切急

蕪情點燃後就無法絕情

不能七步成詩只好寫七行詩

遇見東北季風又有詩的雅興

該如何將一段一段的旅程剪下

我沒有話要說

在課堂上，讓我印象最深刻的就是新詩寫作專題這門課，一上課，老師桌上擺放的實物就是待會讓我們創作的題材，這讓我有很大的壓力。課堂進行一段時間之後就是讓我們即興創作，同學也很厲害能在最短時間完成，接下來讀詩，曬詩。不過每當老師要求我們要繳交規定的新詩作業時，往往我都交給老師不一樣的新詩作品，因為我覺得在新詩創作時，若沒有太多的感動及回憶，是無法寫出相關的作品。

語教所的洪文珍老師退休時，語教所辦理了退休餐會，在餐會中獻上一首作品，誠摯的祝福洪文珍老師：

一道洪流

寂寥的星宿點點向明，

劃過天際只求不著痕跡

絢爛的光芒無法掩人耳目

橫豎都到了這步田地

總該說個明白

身影不曲不折日漸消瘦

挑過眼

背影更顯佝僂

挨過這一步下一步更添風雪

迎向前鈎起無聲的手

給點掌聲吧

捺住性子一筆飲盡恩仇

大剌剌突破方圓版圖

文字無聲無息的開花結果

遍地銀花水榭

東部的天空有道洪流

　　在所裡也謝謝同儕欣怡、瑞齡、詩昀、美雲、麥特、蕙芸、韻雅平日在學業上的相互勉勵與生活上的照顧，這些歡笑的日子皆會化成美麗的回憶銘記在心。所裡因為有你們這些關心彼此、熱心所務的同學們，讓離開校園多年的我，生活變得多采又多姿，心中滿溢的感謝，無法以隻字片語來傳遞，僅將在這語教所告別歷史結束之前寫下心中的感謝。

在語教所的點點滴滴，曾經花團錦簇過的空間裡，都會伴隨我們之後人生旅途中最重要最美好的回憶，更何況來進修過的學長學姊們，已經在各處散播精緻且有創意的語文教育的種子。研究所實際上並沒有結束，它只不過是不再發聲而已，但願大家一起致力於創造未來更好的語文教育環境；但只是要想到他即將走入歷史，還是會有令人心痛的感覺。

附詩一首：

天天天藍

想念你

悠悠浮雲託付風箏帶回的訊息關於你的

雀躍的神情將邁向另一段新旅程

校歌的歡笑聲中藏著二字離別

數十年的故事暫時告一段落

請記得

後山夥伴殷殷盼著

橘紅的夕陽采綠了妳的心

邁開那黏著的離別步伐向前

下一站

無風無雨無晴的日子

天天天藍

圖文並茂

巴瑞齡

臺東大學語教所碩士·臺東縣大王國小教師

　　臺東，一個從我出生就沒離開過的地方。問我對她的印象？她有著藍得不像話的天空，到處看得見山、海；街上沒有太太多人和車，除非逢年過節的旅遊旺季，街道才會擁擠的讓你不想出門。

　　整個城市給人的感覺是熱情、慵懶的，所以人們生活的步調較慢，不像大都市的每個人步伐總是匆忙；沒有繁華的燈光，即使最熱鬧的中華路，各商家的門總會在十點以後陸續關閉。

　　或許她就是這樣喜歡靜靜地呆在角落，所以容易被人遺忘。但即便是如此，她並不以為意，因為蔚藍的天、寬闊的山林以及美麗的海洋，就是她最引以為傲的！

令人眷戀的山與海～

　　天氣好的時候，其實幾乎是每天都可以見到這般的景色，有時不禁叫人看傻了？忘了自己還握著方向盤，正前進著……如此美景是該多花些時間好好欣賞？

　　這是個叫山里的地方，是看網路有人分享這美麗的景致，所以自己也實地去走訪一番，卻沒想到我也可以拍得出如此美景。

　　這是山里的一個小教堂，覺得很有意境便拍了下來，印象中每個部落都會有個教堂，即使是小小的，卻是村民們不可或缺重要的信仰中心。記得小時候，阿嬤每個星期天都會帶我走一段遠遠的路去教堂，那是種溫暖的感覺。

　　兩艘小船出海了，滿載漁民的希望，希望歸來時也是漁獲滿載！

富山村漁場

　　一座燈塔矗立在岸上，雖然不高，仍舊是肩負著指引漁民回家的重要任務，即使看似孤單的站著卻不寂寞。

　　就只是站在海邊，看著一塊塊礁石筆直的延伸出去，能走多遠？畢竟還是不敵海的無邊際吧？夢想為何躊躇不前？海的另一頭是個什麼樣的世界？

新蘭

　　臺東的美，我想是不需要多加說明的，只要你身處此地，你眼睛所及，呼吸到的、感受到的，都是美麗的景致，這是她的優勢。

　　這幾年臺東積極的發展觀光，當然也促進了地方的繁榮，地方的改變不算大，我覺得這是好事，因為自然景觀本身條件就優異，可以用心的是遊客動線的便利性、設施安全及景觀維護方面，如果是朝著其他大都市的模式來發展，我們的優勢便會失去，臺東也變得不那麼特別了。

　　臺東也擁有很好的居住環境，雖然對於新資訊的接收是比較慢了些，但現今網路發達，其實對於新資訊的掌握應該是不會差太多的。只是人們有沒有去關注而已。傳統及舊的事物可以讓我們懂得珍惜和感恩；現代及新的事物則可以讓我們變得更好。

　　尤其身為一個教育工作者，我們如何教育學生有關愛鄉土情懷？我想可以讓他們多方面去嘗試，用五官及心去感受這片土地，然後說出這就是我們生活的地方。走出戶外，大自然就像是一個很大的圖書館，每一處都是一本書，你可以隨時自由的翻閱，而方法並不設限，重點是——你看出了什麼訊息？你所獲得的那將是你獨有的心靈寶藏，當然若你願意分享這寶藏，那麼它的存在將會更有意義。

臺東的唯一～～那魯灣

臺東著名的觀光飯店，算是臺東最顯眼的標地建築了。

在中華橋上看得到它。

在山里，我看得到那魯灣。

史博館附近，也看得見。

中華路

臺東人百逛不膩一條街，因為也沒別的選擇，是臺東唯一繁華的流行商圈，也是黃金地段。

臺東大學語教所

　　還記得嗎？這是我們語教所培育所有莘莘學子的地方，我們曾經不分晨昏死守在所辦，只為了得到那薄薄的一張紙。縱然歲月不停流轉，她仍矗立在那裡，我們曾以為她的存在是唯一、永久的，但如今語教所將被永久保存在我們的記憶中，不變的只有唯一。是的！她會盡全力燃燒到最後那一刻，由她孕育的所有火光，將再繼續的發光發熱在世界各地延續著語教所的光輝……或許在日後的某年某刻，我們將重逢一起回憶那段在臺東、在語教所的美好時光！

在東大語教所的那段日子

林靜怡

臺東大學語教所碩士・英文教師

　　看到這個主題「告別歷史——一個獨特語文教育研究所的結束」，心裡是非常不捨的，雖然我在所上求學的時間只有短短兩年，但卻讓我受益良多。從參加研究所入學考開始，它逐漸啟發我對語文教育的好奇心，從原本只因為系所名稱跟我的工作有關連，到對系所的認同與擁護，進而力行實踐所上老師的教導，這一連串的酸甜苦辣成為我生命中的重要歷程，也讓我在教學上更有自信與方向。

　　回想當時剛進研究所時，我們所上有四位公認難纏的教授，所謂的「難纏」並不是指教授個性刁鑽，而是對於「做學問」的難纏。每位教授表現他們難纏的方法不一，例如洪文珍老師，上課時如沐春風，每一本書經過他的講解好像都精采的不得了，連出學生評量似乎都很簡單，但是換到我們各組自己分析報告時才知道糟了，原因是老師用關愛的眼神示意我們要達到他的標準，有可能是書中主角的某些面向沒分析透徹，有可能是教學評量的題幹不清楚，任何一個小細節都讓身為學生的我痛苦不堪，因為那代表我的報告又要重做了！

　　但文瓊老師就不一樣了，好似課堂上的任何一秒沒把學生的潛能激發到極限不能罷休，上課前要先預習，課堂上要專注聆聽同學意見並參與討論，下課後要將上課內容製成報告並在一定時限內繳交，現在想起來仍頭皮發麻。印象最深的則是選修多媒體語文教學設計，由於那個學期就只有我一個人選，單獨面對老師的壓力有多大可想而知。可能老師也知道我內心的緊張，反而一改過去的威嚴，給了我更多的耐心與包容，我內心是很感動與感激的。老師不嫌棄我的笨拙，一再地提醒我該注意的細節，所以最後我說自己成為老師的愛徒真是不為過，因為我可能是第一個把老師的耐性磨光而沒被嚴重砲轟的人。

　　而光明老師則是讓人上課上到頭昏眼花，這並不是說老師上課不清楚，而是在課堂上的某些時間，很多平常熟知的字都不再親切可愛了，例如光明老師常舉的例子：「花開了」和「開花了」有什麼不同？「海濱」和「海岸」又有什麼差異？這樣的問題在課堂上層出不窮，常常整堂課見學生、老師在那裡絞盡腦汁為這些詞語找出適合的用法，笑聲與驚歎聲不斷，原來我們平常講的話還藏有這麼多的秘密！這也是光明老師所訂的期末報告很難的原因，日常生活中很少有機會或根本沒想過為什麼某些字詞只能在特定情況下使用，因為我們就那麼自然地脫口而出，等到需要為它們整理出可使用的時機時，那真是常常大腦「當機」並且找不到「記憶卡」。

　　不要認為最後一位提到的老師最友善，周老師是外表溫柔但內心有仇必報、有欠稿必追到天涯海角的角色。雖然老師指導的學生眾多，但是每一位學生的進度該到那裡、已到那裡，他都一清二楚。雖然有些人認為老師在報告上限制字數很殘忍，但我現在可以了解

老師的用心，畢竟內容與深度是由字數累積出來的，寫報告的人還沒看報告的人辛苦呢！所以還沒通過論文的各位，請你們跟著老師的腳步咬牙撐下去，有了老師的激勵，總會到達完成論文的彼岸的。但是我有一點不認同周老師的濫好人作法，就是什麼人都幫，而且是義無返顧的幫。老師你又不是三頭六臂，也不是要出國比賽，就多照顧、愛護自己一點吧！

其實所上老師的事蹟又豈是以上三言兩語可以訴說得完的，雖然每位老師的個性與作法南轅北轍，但相同的是他們治學的態度。每每經過老師們的研究室，不是看到老師們振筆疾書，就是專心致力地於期刊論文上吸收新知，那份專注感動了我。我還發現了一件讓我驚訝的事──各個老師都很謙虛。有時學生們提出問題，老師們會說：「這個我沒研究，我不清楚。」第一次聽到老師說時我很驚訝，因為一位在自我專業領域上研究多年的學者可以這麼自然地說自己不知道，讓我想到有時自己為了面子說出的一些藉口，兩相比較下，我都要為自己臉紅。應該是說真正下過工夫的人才透徹了解「學無止盡」，也才能坦蕩的面對它，並且全力以赴而更上層樓。

除了老師們，當然還有我的同學。我的情況特殊一些，由於我在研究所期間休學一年，所以第二年回來時，課堂上除了老師都是新面孔，還好我們語教所的特色之一就是「熱情」，只要同學間有任何需要，都是可以兩肋插刀、義氣相挺的。所以同學間的陌生隔閡也在短時間內消失無蹤，在研究室中更是找到一同為論文努力的「革命同伴」，我們一起熬過那些沒日沒夜的趕稿時期，為彼此加油打氣，有了他們的鼓勵，讓那一段辛苦的時期變得甜蜜。在此更要提到我的玨青同學的偉大，她明明就不是選修「多媒體語文教學

設計」，但是在我苦苦哀求下，她頂著刺骨寒風到研究室教導我如何使用電腦軟體，如何寫電腦程式，常常陪著我抱頭苦思，從這裡就可以知道「語教人」的可貴。

面對大環境的改變，我們語文教育研究所將要熄燈，我們為這項學校政策生氣過，也為自己的所抱屈過，因為知道它的好的人還不夠多，但是我慶幸自己是其中一個，因為「對」與「不對」是需要時間來驗證的。這個所對我的幫助與教授我的知識，我會在未來讓我的學生受益，相信同我一樣在此畢業的學長姊與學弟妹也在各自的領域裡為同一個目標努力。讓那段在所上的學習日子更有價值。

許一個苦楝的綻放

江依錚

臺東大學語教所碩士班·國小教師

外頭那棵苦楝樹開花了，我們一起去看看好不好？

苦楝花白白的，小小的，就像是雪花一樣，輕輕的落在我的肩上，小小的細微的震顫，也讓心頭感受多了一些。花開終會花落，而花落之後，又會是怎樣的故事？

繞了半個臺灣，因緣際會的來到臺東展開研究生生活，臺東的土地似乎有一種黏，黏住了我匆忙的腳步，也黏著大家的感情。家在彰化，大學四年在臺北生活的我，毅然決然的來到這裡，一個沒有任何親戚朋友的地方，一個陌生又遙遠的國境之東，朋友很擔心我無法適應，總是要我好好的讀書，兩年的時間很快就會過了，到時候再回到我熟悉的地方，

我永遠記得：第一次和老師、同學見面，我們擠在一間小小的教室裡，正襟危坐的聽著所長交代的話，填著怎麼寫也寫不完的新生表單，小心翼翼的翻著研究生手冊，仔仔細細的讀著，吃著研究生活的第一個便當，聽到笑話也不好意思大聲的笑出來。怎麼也想

不到，這些人、這間教室、整個語教所佔領了我接下來兩年的記憶與回憶，悄悄的發酵醞釀成酒，甘醇香濃。

第一次的中秋聚會開啟了語教所笑鬧的按鈕，月娘在漆黑的夜裡露臉，烤肉的煙熏著酒熱，和著人情味，交織成不時播放腦海的影像；在聖誕晚會，我們載歌載舞的炒熱氣氛，透過交換禮物的交換了彼此的希望與祝福；我們也用音樂與歌聲記載著四季的推進與長成，也用詩作銘刻底心的小小悸動。

在藍色愛情海，我們用詩歌代替月色將太平洋上色；在星星部落，細品星光與遠方燈火一同點燃的美景；在臺東各個大大小小的餐廳，只要有我們的地方，就會有高分貝的逗鬧聲，我們也因這樣的感情而更加的珍惜歡聚的時光，笑鬧嬉遊，日子也過得輕鬆自在。朋友問我，研究生生活不都很苦悶嗎？我笑著說，有我們語教所的地方，空氣總是瀰漫著歡笑。

兩個秋天的更替推移，畢業的時節也悄悄的來臨，在難得的休假日，大家齊聚一堂，開心嘻鬧的拍著畢業照，穿著碩士服，覺得有點彆扭、不習慣，在所長的陪同之下，我們拍了許多搞笑又瘋狂的畢業照；之後，更前往海濱公園、伽路蘭等東海岸美景留影，拍照的歡樂暫時蓋掉一點點即將離別的不捨，大家用著最燦爛的笑容紀錄這些日子的美好。

畢業當天，再度穿上碩士服，才感受到這身衣裝所代表的沉重意義，我即將從這裡畢業，將以所學，運用到我最愛的教職工作。隨著我們離開，語教所也將跟著我們的腳步畢業，懷抱著這樣的心情，巡禮著校園，不免回頭深深的再看一眼這個充滿歡笑的語教所，這個承載著喜樂與回憶的殿堂。

　　深夜裡，我細數著往事，臉上總是掛著笑。也許，在下一個苦楝花綻放的季節，我們還會再度齊聚。

2012 年 1 月 8 日

懷念東大語教所的人事物

陳雅音
臺東大學語教所碩士．臺東公立關山工商教師

　　一個偶然的契機，有緣且幸運的進入東大語文教育研究所就讀，由於離學生時期的日子已遙不可數，所以能重拾書本回到校園當中，心中除了無限的興奮之外，還有更多的感激之情。因為在日復一日的教學生涯當中，已磨蝕了當初心裡最初的想望，只剩下責任與義務，每天授課的進度，批改作業如期交付，生活當中似乎少了些什麼，因此能再回到最純真的學生生涯，真是令人再開心不過的一件事情。

　　還記得第一天在語教所辦公室時的情況，心裡五味雜陳猶如第一天到大學報到的新生，可能是自己有某種莫名的期待吧！還好有老師的親切叮嚀及所辦助理的熱心協助，讓我得以在此無後顧之憂的盡力完成我的學業。

　　在東大語教所最懷念的地方是我們上課的教室 B102，在這個對很多人來說稍嫌狹小及簡陋，對電腦上網速度有極致要求的人，會覺得設備是否該升級了。但正因為我們處於這樣一個狹小又簡陋的空間裡，才更容易貼近彼此的心，感受到無比的溫暖，在我看來

是小而美，小而巧。走進教室，是一覽無遺的教室情景，在一般人眼中，應該就像一間辦公室大小的樣子，略微慘白的牆壁，看得出許久未粉刷過的痕跡，上課的桌子是貼皮木質紋理的鐵桌子及摺疊塑膠椅，外加那永遠關不緊密的窗戶。但這所有一切都有我們熬夜繳交作業的身影，緊張報告的樣子。其實最令人難忘的是同班同學一起幫周慶華老師慶生的日子，同學們無非是想給老師一個驚喜，看著老師綻出淺淺的微笑及臉上深深的酒窩。我想，老師或許沒有表現出很強烈的情緒，但老師的心裡一定是非常感動。當然在這間小小的教室裡，只要是上課時，處處都可以聽到我們與老師熱切互動的聲音，當然還有同學們彼此鼓勵的支持行動。然而，不免俗的，我們也為了精心策畫同學的生日，屢出奇招。雖然課業有一定的壓力，情緒易受波動，還好有同學們的熱情鼓勵，說些提振信心的笑話，讓你開心。雖然與同學的年紀有一大把的落差，但這樣一個溫馨又充滿熱情的環境中，使我忘卻了歲月的隔閡，也讓我心年輕了許多。

　　而在東大語教所最懷念的人，除了我那可愛的同學們，最讓我難忘的，當然是我的指導教授，也是語教所的所長周慶華老師。在就讀語教所的時光，因為一邊工作一邊念書，恐懼著無法順利如期畢業，心中的壓力是不足為外人道的，魚與熊掌能否兼得的拉鋸戰，一直縈繞在我的心頭。直到論文從無到有，以至於出版，一步一步實現心中的不可能。這其中當然有無數次的討論與老師嚴謹的要求，過程是緩慢而辛苦的，但最終也有了豐收的喜悅，我們怎麼忘得了老師？

　　在東大語教所的點點滴滴令我永生難忘，是一段捨不得忘掉的回憶。語教所好比是我們一個休憩及放鬆的地方，也是讓我們精神

上重新充電出發的地點。如今，雖面臨結束終將到來，但終究在我
們的生命過程裡留下了深刻的烙印，身為語教所的一份子終將永難
忘懷。

我打語教所走過……

黃梅欣

臺東大學語教所碩士班

　　抓住記憶,我們好像走在那年夏末,像梅開二度嫁進豪門宅院的新娘,不是沒有經歷過,只是高深難測的府邸,還是讓嘴邊的暗笑添上一抹緊張的蠢動。舒適的天氣依然讓人雀躍,期待的心情還是有的,但已不是小兒科的妄想了,這一棵子葉繁多的大樹,不是東搖西晃,結果就會掉下來;最甜美的那顆成果,生長在粗壯的論文枝節上。怎麼取用?最需動腦。

　　懷抱著此處為家的短暫美夢,用略帶僵硬的笑容迎接所謂孤獨的路,以為是可以承受的。幸運的是,真正稱為家族的,即使會有個別落單的時候,但精神與陪伴不會遠離;而我們所棲息的,是一棵深植的盛樹。主枝幹努力的作用分泌養分、遞送水分,提供旁枝垂葉更多動力泉源;甚至給予我們新生嫩芽更好的環境,不藏私不吝嗇的推動,才更能把綠意散枝出去。不管生長速度的快慢,默默守候,向來是在上位的長者執意為豢養的小輩們所盡的堅持,多說無益,實際上的作為總是比言語上能表達的多,跟真實的人生體驗

一樣！身處在這個以為貧瘠，卻涵養了更多層面的營養條件，讓我們的研究生活整個飽滿了起來。

美味的稻穀不全然都是含笑而來的，也不會全部是淚水堆積而成。多采多姿、豐富體驗的片段，溢出的是「咯咯咯⋯⋯」的聲音；夾雜著產期告急、包袱沉重的是「噠噠噠⋯⋯」的聲音，笑語汗淚之餘，洩漏出隱約的「呼呼呼⋯⋯」，這樣的多重奏，才是孕育甜美碩果之道。這等同於人生是笑淚交織而成，我們在這裡的生活，便是歡笑、鍵盤聲（年輕學子的生命泉源）、和必須兼顧休養生息的睡覺呼嚕，是我們研究生活脫離不了的音效。尤其操控笑聲哭泣的鑰匙，都是鎖定在鎮日吧噠不停的電腦鍵盤上，科技發達，所有的溝通、玩樂通通可以在電腦上得到滿足，美妙動人的生活音符是鍵盤飄散出來的；可是真實存在的使命——論文生產（或是課堂的報告），這卻是研究生們心煩意亂的孤獨響鐘，每一鍵的敲打好像有千斤重，這時的鏗鏘聲，好像融合在耳鳴中，迴盪著走來這遭最重要的任務，怕我們忘記（一定要完成、通過）。

抓住光陰，我們現在處在最末的冬，像即將遠行卻不知如何收拾的孩子，多嚮往能趕快自由奔向下個目標，卻隱隱透著不捨、對未來的徬徨擔憂、對現行該怎麼做完美的收尾⋯⋯好多好多，行囊要帶走大或小、碩果要留下多或少；心在兩邊懸念著，投奔廣闊的無措、和憂慮進度的慌張。想法已然更成熟，疑惑也有了更明確的方向，卻好像比剛踏進這門的時候，體會到更難完成，好像近在咫尺卻無力摶著。但不管怎麼想，離別的時刻是已經訂好的，那班各自往四方前程的列車並不會等人，發車、熄燈，我們只能在那之前，整理好心情，完成所有我們需要做的、想要做的一切事情。

　　到底這一塊塊乾癟或缺塊的海綿，是否有吸得飽足？自以為包藏文學涵養的種子，是否經過孕養能夠成功發芽，嶄露一點點頭角？我還在等著看……旅途很長，這一站的停留時間有限，好像好像準備要結束了，可是我還在遙想著最初，一邊回憶著曾經，一邊忙著手邊的工作事務，一邊看著逐漸轉黑的幕，一起倒數落下，伴隨著背景心聲傳出……

　　　　聚首是你選的，環境不由得挑揀；
　　　　分離不能隨意，場景至少能隨興。
　　　　我自遠方來，你從彼端赴，
　　　　匆匆碰頭不過擦身而走，
　　　　推波助瀾或推三阻四
　　　　都擋不住應該要灰滅的燈號。
　　　　狂狷、眷戀、疲倦、雋永……卷卷有我們的名字。

　　這故事沒有結局，應該繼續寫下去！

語文不死，教育永存

——一個待畢研究生面對系所關閉的心境

鍾文榛

臺東大學語教所碩士班‧臺灣史前文化博物館圖書助理

一、前言

> 「會不會有一天，當我們回到母校後才發現自己的曾經像個
> 空氣一樣，早已蒸發不見蹤影？」

從來，沒有人問過我當最後一屆的感覺是什麼。大多數人聽見系所閉門的反應，先是驚訝怎麼會這樣，再來則是替你擔憂未來如何，鮮少人在乎站在這處境上我們的心境究竟是什麼。

對，這就是教育。

從小我們學到的是怎麼看見事情的問題點及如何有效的處理，因此面對閉門消息時，聽見他人問：「怎麼會這樣？為什麼？」先釋出關心及欲了解問題的話語，一點也不令我感到意外。又，這

個社會教導我們必須有所貢獻，無貢獻至少也要取得些什麼資格證明，接著我便聽見他人問下一句：「那修課怎麼辦？學位取得會不會有問題？」

有效的解決問題，其實沒有什麼不對。只是我多愁善感的以為，心境的分享也許能提供他人換個角度看見一些什麼，於是便以〈一個待畢研究生面對系所關閉的心境〉為題了。當然，這樣的心境分享難免多了些個人主觀的話語，也因此在此聲明：本文僅供參考，不表其他任何立場。

二、從語教之於我的最初說起

> 「究竟，倒數第一和倒數第二，有什麼差異？」

2009 那一年夏天，高舉著「語文不死，教育永存」的我們，從國立臺東大學語文教育學系，正式宣布畢業。

在 2005 年踏進校園之初，我們都沒有料到自己會是最後一屆語文教育學系的學生。是不是真的沒有下一屆學弟妹了？專業科目還會提供過去優異的師資嗎？我們會不會變成學校弱勢的科系？選擇語文教育為未來的起點是不是錯誤了？諸多的疑惑在我們心裡發酵著，還懵懂的小大一，便已開始學習接受充滿著許多不確定的未來，關於系所、關於我們的未來。

那時候的我們，害怕自己是語教系終結者，矛盾的學習著專業，一邊擔憂未來的情勢發展，甚至曾聽聞我們 2009 級即為最後一屆，爾後打算終止招生並轉型華語文學系。「欸，下學期某某課

程會不會開成功啊？」「這一科如果沒順利通過，下學期不會再開了耶！」這些對話，在每學期都會重複上演著，瀰漫著的，是很多很多的不確定。

擔心著無法順利完成學位的我們，卻在聽見會有僅存一班學弟妹時，綻開笑顏。我想，在一定程度上，我們都受到東方的氣化觀型文化影響吧！害怕後無來者無法傳承的我們，在後來聽說因呈給教育部的招生資料修正不及，已公布 2010 級招生訊息於志願選填名單上，所以最後決定招收一班語文教育學系、一班華語文學系，作為轉型期的消息時，都鬆了一口氣。

「好險自己不是語教系終結者！」那時的我們在心裡偷偷說著。或許，我們擔心的不完全是傳承與否，而是害怕僅有前人卻後無來者相伴吧！最後一名和倒數第二的心境也許如此吧，至少我自己是這麼的感覺。

三、語教之於我的另一個旅程

「臺東大學，是回得去的；但，語教所卻再也回不去了。」

與「語教」的淵源，並未隨著個人大學畢業褪去學士服而落幕，下一站迎接我的站牌，是仍駐留在臺東大學的「語文教育研究所」，不同的是這一次聽見的不再是不確定的耳語，而是真真切切的：「你們確定是語教所最後一屆了……」

前些日子，特別喜歡龍應台《目送》一書上的一句話：「有些路啊，只能一個人走，我慢慢地、慢慢地了解到，所謂父女母子

一場，只不過意味著，你和他的緣分就是今生今世不斷地在目送他的背影漸行漸遠。」會想到這句話，是因為「語文教育」之於我的關係就好像親情一般，無論我再怎樣依賴語教所，終有一天系所會老去（式微、淘汰、消逝），只是面對這個問題早晚的差異罷了。

　　成長的過程我們很少會注意到父母的老去（或者是說，逃避的不想面對父母老去的事實），同樣在面對語文教育式微的狀態，過去我總抱著再觀望看看的心態，但沒想到 2010 年就讀研究所時，卻不得不正視語教所即將走入歷史的問題。不細說在語教所中學到了些什麼東西，也不討論現階段能否再爭取保留系所的問題，我所想到的，是我從這裡學了些什麼？而又未來能回饋在孩子身上（教育）些什麼？是被人家覺得自己就和語教所閉門一樣（東大語教畢業也不過如此，沒有什麼）？還是會讓人家覺得可惜（東大語教培育出來的國語文師資真的很優異，少了這個培育單位很可惜）？這些問題看似鑽牛角尖的在庸人自擾，可是卻常讓我在午夜夢迴時想起，背負著臺東大學語文教育學系畢業之名，既非頂尖人物，也非能言善道的自己，但「生為語教人，死有語教魂」這樣的感覺，卻常常縈繞在心頭，總有被影響到些什麼，只是很難說出口（就好像做什麼事情都會擔心是否會導致家族蒙羞一樣）。

　　對我來說，臺東大學是個回得去的地方（除非最後倒了，校園建地全被收走），但語教所隨著我畢業也就關門大吉了，多年後即便舊地重遊，也許建築物依然站立在那裡，但卻再也踏不進「語教所」辦公室裡，許多的求學回憶，也真的將成為「想當年」了。

四、我所看見的語文教育

> 「那一年，我們說：語文不死，教育永存；語文教育，永存
> 不死。」

「徵求　文字工作者」、「誠徵　企畫助理」、「徵　創意作文教
師」……語文是我們與人交際來往、接受與傳遞的工具，與語文相
關的出路更是無所不在。若說「語文是民族的靈魂」，那麼如何將
使用了近五千年之久的中國語文持續保存且發揚光大，進而被其他
文化的人認同且使用，便會是未來的一大趨勢，這也正是近年來語
文教育轉成對外華語的概念。

　個人認為，語文再如何推廣給其他文化知曉，若無顧好國人的
語文根本，便很容易成為空談。也就是說，對外華語強調的是讓異
文化的人學習基礎的正音、正字及語用以方便達到溝通的目的，但
要指導他人之前，指導者除了關於語文的基礎功（語用、語法、
修辭等等）之外，博大精深的中國語文更牽涉了風俗民情，如何
教、教什麼、可以進一步的怎麼應用，反而是華語教學目前所欠
缺的部分。

　不管是從小牙牙學語也好，或是長大在學修辭也好，學習的動
作都需要有「教育」。也就是說，任何的學習都須有教導，也才能
達到育才的目的。如何強化人民的語文能力，達到國內民眾間溝通
無礙，再進而傳承文化，更勝者推廣至異文化中，這樣的順序才是
我所以為的。

　　生活中接觸的大小事情，皆有語文的應用，正因語文無所不在，所以「語文不死」，又任何字句都會牽涉到語用等層面（亦即需透過教育，學習如何理解字詞意），因此「教育永存」。對外華語的根本還是得建築在基礎語文教育之上，根本顧得好，也才能往外推廣。回到原點來說，不管對外推廣華語與否，最後不可偏廢的還是得回到語文學習的基礎功：「語文教育」。

五、結語

　　「即便系所消逝，但靈魂卻不會因此而散去。」

　　排山倒海而來的思緒，來不及拼湊字字句句，回不到的過去，即將找不到的語教所，我們一直在道別，和家人、和同學、和點點滴滴的曾經。即便記不清一張張容顏，但我記得的是畢業時舉起的那一句：「語文不死，教育永存」。有語文的地方，就有我們這群受過專業師資培訓的人才們存在的必要。生為語教人，死有語教魂，並非過度矯情的話語，而是真切的想說出面對語文教育逐漸不被重視的心情。待畢研究生的心境，不至於對系所關閉感到悲壯哀戚、淚如雨下，但有更多的不捨和對自身的期望在滋長著，希望自己並非跟著語教所的結束而停止了自我學習的腳步；更盼望爾後自身能將所學更進一步的傳承，強化自我、推己及人。

我該如何向你道別？

周玉蘭

嘉義大學數教系學士・臺東大學語教所行政助理

　　我該如何向你道別？我親愛的語教所。面對即將到來的分離，我不敢也無力去想我們之間的結局。不知所措的我卻恍恍惚惚的憶起你我故事的開啟。記得那些年我在全省各縣市四處代課，漂泊不定，如風吹浮萍，無根著地，只能任由命運的帆，帶我到處遷移。好不容易落腳於臺東大學，卻仍然在校內職位上到處遷徙。但上天垂憐，讓我遇見了你。你張開了雙手，熱情的引我這迷途於職海的船，停靠於你的懷中。自此對自己未來本懷著惴惴不安心情的我，在你的庇護下安心展開我助理的生活。

　　語教所對我而言一直不只是一個區域、一個系所的名字。這散發出深深人文氣息的所辦，於我更似媽媽溫暖的子宮，保護著我、餵養著我。在這幾年歲月中，漸漸洗去我一身的俗穢，重新孕育我的靈魂，讓我更能面對自己與世界的污濁。

　　如今南風依舊徐徐，鳥鳴聲依然迴盪四周，但隨著陣陣青草香傳來的，竟是你我即將永遠分離的惡夢。你要關閉了，是的，學校會議的決議雖早知已為你我之間的緣分訂下鬧鐘，你我的情緣就要

隨著 2012 年的夏天蟬鳴的響起，叫醒我這已沉醉多年的美夢。但面對這樣的結局，我卻始終無法接受你這麼快就要關上大門，自此被歷史塵封。

唉！我該怎麼跟你道別？我親愛的語教所。也許就把心頭的千絲萬縷，化作這一聲深深的歎息。你知道嗎？這間小小的辦公室充滿我太多的回憶，閒暇時與學生在這裡或坐或站，天南地北的聊，時而瞎扯時而正經，總能洗滌我一身的疲憊，讓我覺得能在這裡工作真是人生一大快意。尤其是學生精心設計的聖誕派對及慶生會，更令我終身銘記，眾人放聲高歌、把酒言歡，金樽不曾對月，杯空隨即乘滿笑言，歡樂滿室，讓我的心情永遠停在十八歲。當然在這小而溫馨的所辦，最令我不能忘懷的還是亦老闆亦友的所長。雖然我只能在語教所工作，無緣成為語教所的學生，而無法親身置身於周老師的課堂，感受周老師的沐雨春風。但在所辦常常看著所長與學生秉燭討論課業與論文，或是與學生談論著生活的點點滴滴，這既是嚴師又如慈父的身影，一直深印在我腦海裡。我想我會覺得在語教所工作很幸福，絕大多數與所長這樣的人格特質有莫大的關係。

然而，雖然所辦處處風景，不過我最愛的還是自己靜靜的坐在我的辦公位置，感受大家在辦公室的互動傳遞給我的萬千風情。春天時，校園苦楝紫花盛開，迎風搖曳，陽光透過它曲折不定的枝葉，在地上灑上撲朔迷離的光影。這時剛放完寒假的學生，臉上的光彩最是美麗，常常聚在所辦，談論著自己寒假四處冒險的點點滴滴，隨著他們的話題，我也常常讓自己的耳朵就跟著去旅行。夏季來時，東臺陽光炙人，蟬聲嗡嗡作響，辦公室的眾人似乎也感受了這

份熱情，說話時燦爛的神情，讓人不覺感染了這份活力。秋天，葉黃的季節，葉子的顏色，卻總讓我不自覺得想起肉烤熟的香氣，每年中秋節舉辦的烤肉活動，每每都讓我們所上的感情更加凝聚。而當冬季，在走往所辦的路上，北風常為我加演額外的驚喜，狂風一吹，枯葉鋪天蓋地而降，落葉隨風在空中看似無心好似有意的亂舞，立身其中，常看的我心碎。但這時所辦的氣氛卻最讓我心醉。天冷，學生貼心送來的熱咖啡，四溢的香氣，常溫暖了所辦，也溫暖了我的心。

我該怎麼跟你道別？我親愛的語教所。雖然我一直希望我們的關係能夠圓滿無比，但無奈所上師生的擘畫努力，卻抵不過時代的洪流，耗盡心力畫下的圓卻成了一個句點。然而，面對我們之間的分離，我不想像徐志摩那般揮揮衣袖便瀟灑而去，我期盼語教所你那美麗的倩影，永遠縈繞在我心裡。在這最後相處的日子裡，就讓我多聞一聞那偶爾飄送來的咖啡香，多看一看所上師生浸淫學問之中的神情，多聽一聽師生們談心時熱情開懷的笑聲，多感受一下語教所這馥郁濃烈的人文的氣息，然後貪婪的把這一切烙在我的腦海裡刻成碑銘，永不忘記。

留住課堂的一點迴響

為教育再盡一份心力

許彩虹

臺東大學語教所碩士‧澎湖縣中興國小教師

一、華語文教學的新趨勢──蔡佩玲博士

　　語文教育專題講座首先請到的是蔡佩玲博士來談「華語文教學的新趨勢」。越來越多的外國人士想要學華語，世界上有四分之一的人使用華語，以華語為第二外語的人數增加了，華語教學成為現在的新趨勢，老師提到很多超額教師、流浪教師都變成華語教師。最近看有關識字教學的書，發現有很多談華語教學的書，尤其聽說很多大學也越來越走向華語教學的方向，而逐漸捨棄了傳統語文教學，老實說心裡有些擔心，也有些生氣，教育不應該是追逐流行，教育就像蓋房子，應該從根基建起，不能想要一下子就看到成果，如果我們一直忽略我們的基礎教育，那我們的下一代怎麼辦？我們的文化怎麼辦？

　　在研究識字相關資料的時候，很明顯的發現有很多都是大陸方面的資料，大陸方面對識字教學作了很多的研究，提出了各種識字

教學法實施的相關成果與研究報告，大陸的資料真的很多很多，相關的書籍也很多，也許是大陸的人比較多，也許是國人作的研究是另一方面的，不是識字教學的；可是如果我們一直不斷的告訴我們的下一代我們的文化有多淵博多偉大，我們只是一直不停的作很多很深奧的文化的研究，卻沒有把我們的文化用孩子們可以吸收的方式帶進孩子們的生活裡，那麼有一天，這些文化就會離他們越來越遠了。老師說大陸現今在世界各地都有所謂的孔子學校，真是「可怕」的政策，好像那種「財大氣粗、無孔不入」的感覺。不過，還好，好的東西並不會容易的被打敗吧！

老師告訴我們很多如何成為華文教師的方法，如何參加師資認證。可惜我的英文不夠好，勇氣也不足，不然如果可以利用這樣的機會到國外去，也體驗外國的生活，應該還不錯吧！

老師提到很多相關的中文能力測驗，我覺得這個還不錯，我們應該也在國內辦理這樣的中文能力認證。我們現在都強調要有英文能力，規定很多的工作要有通過英檢才可以，那我們為什麼不也強調中文能力？好像中文好並不特別厲害，英文能力還是最受重視。我們應該有一個中文能力的檢測，鼓勵大家來參加，我們要強調語文的學習，把語文很厲害的變成一種風潮，這樣到底可不可行？我也不知道。

老師提到漢字教學的新趨勢，那天看新聞也提到：

> 第 15 屆中國現代化學術研討會引起中國大陸學者迴響；他們也對臺灣學者在研討會中，提出「教學由繁入簡，書寫簡繁由之」建議深表贊同。

　　第 15 屆中國現代化學術研討會在實踐大學舉行，下午
的分組討論中，兩岸文字專家與學者就「兩岸繁簡體文字及
專業用語相關問題」進行熱烈討論。

　　傅錫壬說，大陸以政府為文化政策主導，臺灣則以學者
為文化政策的主導者。大陸將文字的使用視為「工具」，以
方便、易識為原則；臺灣的學者站在教學立場，堅持文字蘊
含文化意涵；但書寫文字不僅是專家之事，更是庶民之事，
大家應從這個層面多所思考。

　　因此，傅錫壬表示，兩岸任何一方要拋棄現行文字去遷
就另一方都是不可能的事，建議教學應「由繁入簡」，因為
先學繁體要再認識簡體較為簡單，但臺灣方面也應教學生認
識簡體字；而書寫則「簡繁由之」，依個人習慣、公文書和
使用需要而定。

　　傅錫壬的建議，也獲得與會大陸學者的贊同。[1]

　　好像總擺脫不了政治的因素，不論是政治的、經濟的、文化的、
社會的議題等等。看到一則新聞，標題寫著「龍應台：兩岸要有勇
氣　面對歷史」，覺得很棒，摘錄如下：

　　　　以言論自由開放著稱的大陸《南方周末》昨在北京大
　　　　學舉行「中國夢踐行者致敬盛典」。臺灣作家龍應台在獲
　　　　得致敬榮耀後強調，這個「中國夢」的定義如是指國家，
　　　　那她是沒有夢的，因國家只是管理的組織或機構而已，但

---

[1]　〈中央社記者康世人臺北 2 日電〉，更新日期：2010.8.2 17:44。http://tw.news.
yahoo.com/article/url/d/a/100802/5/2ac8s.html，點閱日期：2010.8.7。

如是指中國的人民、中國的社會，那這個「中國夢」可是很多的。

龍應台並感性地說，她希望這個土地上的人民、社會，愈來愈繁榮昌盛，並獲得更好的照顧，但她不想用「強大」兩個字，而昌盛更應展現對不同意見者具有包容力，她對這個土地未來的夢想是：「沒有看不到的書，沒有看不到的電影」，同時，繁榮昌盛之後，更要有最大的自信心，兩岸絕不能再進入另一場戰爭。

龍應台說，經歷過六十年後，她書寫《大江大海》這本書，是要獻給所有被時代傷害、凌虐、踐踏過的人，包括受傷害的解放軍部隊，期待大陸能出版這本「和平之書」。她並說，兩岸都要有誠實的勇氣，共同面對歷史。[2]

兩岸最後到底會如何發展？有些好奇。政治家們說來說去，也不知道誰對。

老師還提到很多創新教學法，我覺得很棒，這些方法應該不能只用在華語的教學上，我們應該也要鼓勵我們的學者和教師們，也策畫和設計更多的教學法，讓我們的孩子們也都覺得國語的學習是很有樂趣的。外國有很多有趣的學習英文字母的繪本，但是我們只有少部分學習注音符號的書，而且都是為了學習而學習，內容並不生動有趣，這樣會讓學習變得吃力和痛苦，希望我們也都可以有很好的學習。

---

[2] 摘自《中國時報》，更新日期：2010.8.1 2:31，王銘義／北京報導。http://tw.news.yahoo.com/article/url/d/a/100801/4/2a9fg.html，點閱日期：2010.8.7。

二、海峽兩岸的文化生態──歐崇敬教授

聽歐崇敬教授演講，可以感受到他豐富的知識和內涵，感覺他是一個很敏銳，有條理，可以迅速抓住重點的人。看事情的角度很多面，很多元，不會只侷限在一定的面向，很清楚時代的脈動，會探尋更寬廣的路。我想，這是不是老師請他來演講的原因之一。因為大部分的我們從師範體系下走來，在學校裡教書，所見所聞已漸漸侷限，需要更寬廣的思考和感染。前面也提過，我們處在一個特殊的政治環境裡，我們與大陸，一直有著「糾葛不清的愛恨情愁」，對兩岸文化需要有更多一層的認識。歐教授的「海峽兩岸的文化生態」是一個很棒的議題。

歐教授談文化圈，談大陸的文化圈、臺灣的文化圈，談現代文化的現象，還有未來文化的可能性。歐教授提到，過去所定義的文化已經消失了，現在臺灣的文化已經被「資本」所掠奪了。時代變遷如此迅速，網路時代的來臨，一切的生活習慣和型態有了很大的改變，全球化的時代，搜尋、網站，改變了這一切。現在的文化是什麼？臺灣現在有四百多個「文化節」，我們有很多的藝術團體，經由各個藝術團體至各地表演，傳播與帶動了文化。文化局的活動、心靈成長團體、粉絲團等等，是現在的文化，藝術村的興起，咖啡文化區、書店、書等等，成了新型態文化的新風貌。過去三千年來，總出版量是十萬本，但是 2009 年的總出版量是二十五萬本，相較於以前，這一年的出版量實在驚人。歐教授還提到流行，這年頭，好像變成了「流行就是王道」。流行「擺弄」著人們和社會，

世人莫不隨著流行「起舞」，媒體「操弄」著大眾，而這一切，又是另一種文化現象，等待著人們去解讀和玩味。

歐教授提到現在可以朝社區營造和成長團體發展。時代不同了，我們應該凝聚社區的力量，利用社區營造來創造文化。社區可以就地方的特性發展相關的特色，社區的人才，社區的相關資源，可以發展當地的文化產業。透過這樣的活動帶動社區的力量，也營造出文化的氣息。結合民間的力量，結合各方的資源，一定會有很棒的成果。

我們總是把經濟當成最主要的方向，常常忽略了文化的力量。當然，文化發展帶來的經濟效應也許沒有那麼大。但是我相信它是長久的，是可以細水長流的，在發展經濟的同時，也不能忽略了文化的成長。而且利用文化發展來帶動經濟的繁榮較不會破壞環境，又可以讓文化源遠流長。歐教授提到了很多大陸那邊的文化圈，希望有機會可以到那兒去看看。當然，要感受這樣的文化，最重要的是要多充實自己的內涵，多看一些書，才能更了解社會，更感受文化。

三、從審美到生命智慧啟蒙──一個兒童電影課程的設計
──簡光明教授

　　很喜歡看電影，一部好的電影帶來的效應和影響會深植人心。簡光明老師帶我們從電影看人生，也帶我們用電影來作教學。

　　電影教學的優點：

（一）提升學習動機。

（二）提供社會文化的情境。

（三）運用生動活潑的表達。

（四）具彈性多樣的功能。

（五）成為自我學習的工具。

　　電影教學的缺點：

（一）適合而優良的電影不易覓得。

（二）以灰色和悲劇居多。

（三）劇情與教材未能緊密結合。

（四）教學設備不良影響品質。

　　　如果我們的學習都可以用電影，那一定太棒了，相信每一個學生都會很喜愛，學習也會變成一件快樂又享受的事。因為每一部好的電影中可以傳達的東西太多了，有人說每看一次，又有不同的發現和感受，我們可以從電影中學的實在太多了。我們可以從電影中學習的學科實在太多了，文學、科技、倫理、地理、歷史、生物……總之，不論是人文學科、社會學科或是自然學科都可以透過電影來學習。當然，電影只能當作學習的教材之一，無法取代所有學科的

學習，畢竟沒有一部電影可以窮究該學科的所有內容，但是相信電影的教學是最能深入人心，造成的影響是最深遠的。

另外，我們與老師討論了時間的不足，因為看完一部影片少則一個半小時，對於現在國中小教學時數一直不足的情形來說，真的很麻煩。目前在學校面臨最大的問題之一就是教學時間不夠，因為光趕上教科書的進度就已經很吃力了，尤其是班上如果跟不上進度學生較多，教學常需要放慢進度，教學的時間就更不足了。如果能把影片讓小朋友放在網路上，讓小朋友自己看，其實也可以，不過要這樣實行目前還是有困難，而且全班一起看的感覺和個人自己看應該有些不同吧！老師說如果真的無法在學校一起看，也可以剪輯需要的部分來放映就可以了，對於較大的孩子可以鼓勵他們自己私下去找這個片子來看，這也是一個不錯的方法。

老師引龍應台《百年思索》的書談到「被看見」。文學可以使看不見的東西被看見，而電影也可以。在這個世界上，有太多的東西不被人看見了，我們好像越來越迷失在這個紛亂的世界裡。但是透過文學或電影中的表現手法，看不見的東西就被看見了。在學校的教育裡好像也是這樣，老師的角色就是要不斷的將各種看不見的東西被看見，也許是學生看不見的學問，也許是學生看不見的情感，也許是學生看不見的思維，那麼教師的角色是什麼，也許就是引導學生將看不見的東西被看見吧！

老師提到電影的表現手法，他說從舊電影裡可以放進新生命，電影與主題可以互相增加了解。老師帶我們用不同的角度看電影，老師提到《梁山伯與祝英台》的電影中，整個電影也是一部祝英台解決困境的流程，而這些是我們很去想到的。最有趣的是老師說，

電影常在最精采的地方結束，往下走就不堪了。對呀！電影總是在最精采的地方結束，留下最美麗、最撼動人心的最後一個畫面。電影可以不用為往後的發展負責，以後的人生要如何面對只能自己承擔，電影還有很多沒有被說出來的地方，但這都不重要，因為這就是電影。

以前我看書，常常為書所著迷。在現實生活中遇到兩難的時候，常常在想，為什麼現實生活中不可以像書一樣有一枝筆，明確的寫出這個人是善良的，這個人是壞人，這個人是如何如何，這件事怎麼了。為什麼現實生活中有那麼多的不確定，那麼多的迷惘，如果現實的人生也可以用一枝筆來寫出，那該有多好。

老師還說教學時要先選定教學目標，再根據目標來選電影，選電影只是當成達到目標的方法。這就像周老師常說的，為誰教？教什麼？怎麼教？教學常常不能忽略的是我們的目標是什麼？我們的對象是什麼？有時候我們也會模糊了焦點，就讓我們都為教育再盡一份心力吧！

四、偏遠地區學校的語文教學——陳意爭老師、許淑芬老師

看了陳意爭老師和許淑芬老師的相關教學，感觸良多，當然也有很多的收穫。我之前也在小學校待過，那時班上是六個和九個學生。現在來到較市區的學校，學生都大約三十個。人少和人多帶起來的方式真的差很多。人少的時候就希望人多一點，人多的時候又希望人少一點。像現在每天都覺得時間不夠用。對於許老師提到他們學校參加棒球隊小朋友練習的情形，會覺得很心疼。我們有時候

會過早讓孩子從事太多運動，又不知道保護孩子，常常會讓孩子造成運動傷害，希望我們的教育都是讓孩子們感受到學習的樂趣，成長的喜悅，而不是痛苦。常常在想一個問題，關於弱勢團體到底要如何來幫助他們。有些人真的很可憐卻求救無門，有些人拿到了很多的補助卻不知道珍惜。有些人故意不存錢、不工作，因為這樣才可以申請低收入戶，有些人明明有工作，卻用各種名義申請到低收入戶。許老師提到他們偏鄉很多的情形，確實讓人既無奈又擔心，希望那些孩子都可以得到他們需要的關心和應有的幫助。在那樣的環境教書心一定很痛吧？我想。

陳意爭老師舉了很多班上實施的活動，看她侃侃而談，可以感受到她的用心。我懂，真正用心經營的東西，會一直留在心裡。聽了陳老師的演講，也告訴自己回到學校要更用心，因為「凡事無他，但求用心而已」。陳老師舉了很多的例子，都很適合我們回到學校來使用，當然，可以就自己班上的情況再加以改變。陳老師提到：「我願意，凡事都行。」不要再用什麼理由來為自己找藉口，只要有心，沒有什麼做不到的事。從陳老師上課的分享中得到一些想法：

（一）可以多給予一些新的訊息或新聞，例如陳老師給小朋友林懷民的一封信，和小朋友利用剪報來作討論，讓小朋友推薦文章等等。我覺得很好，除了教科書上的課文之外，我們實在應該多給小朋友一些更棒的文章，因為我覺得教科書為了配合學生學習的程度和其他的許多限制，有時候會缺少了很多文學性的東西，沒能讓學生學習更經典的作品，實在太可惜了。所以以後我要多給學生一些額外的文章，讓他們可以從

小感受文學的美。我們都會以為他們才低年級還小，太難的文章會看不懂，也許我們都太低估了孩子們的能力了，希望我回到學校以後可以試試看。

（二）關於百衲被：陳老師提到她讓學生們縫製百衲被。我很喜歡這個活動，但是對低年級來說用縫的有些困難，所以我想可以用紙來繪圖的方式代替，或者可以讓小朋友繪圖在布上，這也是一個方法。我猜百衲被是不是從我很喜歡的一本繪本《拼被人送的禮》這本書得來的靈感，這本書畫風精緻細膩，故事具有特別的意義，真的很棒。另外，我在網路上有找到關於百衲被的訊息：

> 百衲被就是在早期農業社會時期最好的代表，當家中初生兒滿月時，親朋好友都會送來一片巴掌大的布料，由小孩的母親將這些零碎的布料與眾親友的祝福縫綴起來，再給小孩做成被子，裡面有著來自不同家庭的祝福與父母的關愛，父母讓孩子蓋這「納百家之福」的被子，期望他好養並且平安長大這就稱為「百衲被」。[3]
>
> 300 年前移民到北美洲的婦女將舊衣破布縫成寢具，這種手工被子有個好聽的名字，叫做百衲被。
>
> 今日，好的百衲被已被視為藝術品；它傳遞情感的作用也愈發明顯，人們拼縫百衲被時，一針一線都訴說著各種心意。

---

[3] 〈愛布飾手〉，以上出自 http://wanpuban5.pixnet.net/blog/post/2434156，點閱日期：2010.8.10。

> 很多美國電影中，女孩出嫁前親友每人帶一塊
> 布，縫成百衲被作為新婚賀禮。其中蘊含了「納入眾
> 人祝福」之意，那是愛的結晶。[4]

百衲被的活動可以讓小朋友感受團結合作的樂趣和力
量，可以凝聚班上的情感，又可以留下美好的回憶。因此我
想試試看這個活動。

（三）動態的呈現：也許是班上的學生實在太多，又很吵，常常就
不太敢給太多動態的活動。而且我又希望每次的活動全班都
可以參加，不要只選表現好的，所以動態的活動相對的就變
得太少。之後，我要更善用每一個時間，多作一些動態的活
動。例如陳老師改編歌詞讓學生來演；讓學生上臺講他的
畫；下午茶時間讓小朋友吃東西和發表分享。

（四）文字與故事：陳老師讓小朋友利用文字說故事，這和我論文
研究的方向一樣，給了我很大的幫助。看了識字相關的書，
一直在想，到底要用什麼樣的方式才能讓小朋友明白中國文
字的故事，愛上中國文字？中國文字實在太多了，文字的意
涵實在太廣了，再加上時間的流變和變異，有些東西已經完
全失去了最初的本意，如何讓小朋友了解並愛上中國文字，
實在是一件困難的事。但這是我想要努力的部分，當然，自
己要先充實文字學相關的知識才行，這就已經很困難了，不
過還是期許自己。

---

[4] 以上出自 http://tw.myblog.yahoo.com/jw!BLOHYHOXBxYM.IlMIfk2lw--/arti cle?mid=795，點閱日期：2010.8.10。

　　偏遠地區學校的語文教學可以做什麼，我想可以做的事情很多。偏鄉地區的語文教育的困境該如何突破，我想也不是一朝一夕可以完成的，等待我們每一個人一點一滴的去努力，不可能一下子就完成的，不可能有一勞永逸的方法，我們也不可能做完全部的工作，一切只求盡力而為，無愧我心即可。

五、數位學習與語文教育產業——許文獻教授

　　這個社會上有很多人在默默的作研究，但是享受其成果的人常常不自覺。研究是辛苦的吧，我想。最近因為讀相關的書，對於中國文字有了更深的情感，很想為它做點什麼，可惜能力有限，也不知道這樣的想法到底對不對。一直在思考，中國文字又多又雜，歷經好長時間的演變，到底要如何才能讓大家都能懂它？雖然以前也有上過文字學相關的課，但是那時候覺得它好難，現在其實也是，但是最近才明白文字的深遠和奧妙。我好喜歡文字中的某些故事，它的來龍去脈，可是到底要如何才能讓大家都懂，而不會覺得很難？期許自己可以找出來，並且帶給小朋友。一直覺得我們的教育最大的問題之一，就是我們都沒有教導孩子去感受，如果我們沒有先愛上某些東西，沒有去感受某些東西，沒有想要了解某些東西，我們的學習就缺少強烈的動機，我們的學習都是被動的，被動的學習其成效是有限的。如果學習不是只為了考試，不是只為了分數，這樣的學習成效將是驚人的，也會深植人心。一直在想要如何才能把文字學的東西或者是中國古典文化的東西用孩子們可以接受和吸收的方式來帶給孩子們，因為如果可以帶到生活中來，會更有學

習成效。可是好像還沒有想出來,而且應該要先充實自己文字學方面的知識吧!期許自己可以多努力,可以完成這個夢想。真的好希望我們的古典文學和文字學可以流傳下來,而且受到喜愛,真的好希望。

六、語文教育工作者基進身分的塑造——周慶華教授

親愛的老師,看您在臺上笑笑的看似輕鬆的談著自己,心情卻有些沈,這樣的生活似乎有些累,有些辛苦,可是卻拒絕了其他人的介入,也許對您來說這是淡薄名利,這才是輕鬆吧!祝福您的生活中有更多的快樂和幸福,是真的快樂和幸福。

當一個基進身分的語文教育工作者並不容易,我想,對於「寫詩的您」而言應該更辛苦吧!別忘了對自己好一點。

最近看您辛苦忙碌的樣子,實在很抱歉,也許我們都應該要更長進一點,您就不會這麼辛苦了。還是想說,對自己好一點吧!我們都是有工作的人了,也明白這個社會的樣子,我們都懂吧。有時候也讓我們可以做點什麼嘛!因為您真的做太多了,這樣的您真的太辛苦了。

不知道要說什麼,好多話想說,但好像又不應該說。只有在心裡默默的祝福老師。謝謝老師!

在寫心得的過程中,看看資料,上網找找,看了一些很不錯的文章,感覺還不錯,也許這是另一種收穫。

語教所的月光——周慶華老師

李心銘

臺東大學語教所碩士・文教機構編輯

　　老師曾在專題演講——「語文教育工作者基進身分的塑造」提到自己家的觀念淡薄、不知可以身許的國度、剩下的僅是心無止境的飄蕩。這說明了老師的心境；基於這樣的心境，老師表現出來的是無意聞達，但求沒有苟活。由於家的觀念淡薄，所以對於親友的緣聚緣散，從來不敢強求。老師才情縱橫持續寫作掙到響亮的文名，在小學教書就有滿懷抱負，獨力創辦校刊和帶動校內藝文風氣，讓學童變成學識的小巨人。

　　老師提到督學抽查國語習作，他的班上有一半的學生未交，但是學校也不敢對老師怎樣。老師表示寫國語習作沒有意義。我深感認同，國語習作只是一些注音、生字難詞和句子替換等練習，而不是強調構設意義的閱讀理解；考試的評量項目，也大多侷限於注音、解釋、改錯和造句等題目。正因為如此的學習環境，孩子也自然將國語課視為認識字詞、學習造句等較機械化的工作。與其讓學童把時間浪費在寫這種無意義的習題，不如讓孩子欣賞古典的詩詞歌賦。老師在國小任教時所施行的語文教學方式的確比制式化的國

語課本較能啟發學童。國語課本的內容真的很無聊，生字一個字寫
一行或是半行，寫完生字寫圈詞，還要學童背解釋、背課文、背字
音字形，再來寫造句、照樣造句等，諸如以上的步驟每教一課就重
複一次，了無新意、枯燥乏味。國語課如果用基進的方式上課，一
定很充實而且豐富，足以培養學童的創造力、啟發思考力、提升高
層次的能力，這才是孩子一輩子帶得走的能力。

　　聽完老師的演講對老師有了進一步的了解。老師表示自己是天
地間的一縷遊魂，家庭的觀念淡薄。然而，漢民族信守氣化宇宙觀，
所表現出來的自然和人性、個人和社會，以及人和人之間的和諧融
通、相互依存。根據氣化宇宙觀以及自身對世界的了解，漢民族制
定了一套規範系統，這套規範系統通常以「倫理」、「道德」來提稱，
強調的是群體規範，以及個體的品行與德行在群體間產生的結果。
中國人根深蒂固的氣化宇宙觀，家族觀念強烈，互相往來頻繁，老
師卻表示自己很少參加家族的婚喪喜慶等聚會，都是由老師的母親
代為出面，在中國人的社會裡，要這麼做實在是不容易。老師犧牲
了和家人相處的時間，卻把時間和精神全部奉獻給學生，老師總是
在所辦默默的守候著我們，低頭寫文章或是批改論文，只要看到老
師在所辦，我們就會感到很心安；當老師不在所辦彷彿缺少了什
麼，整棟大樓就像沒有靈魂的軀體，好空虛喔！

　　老師學富五車、著作等身，卻淡泊名利、無意聞達。老師寫了
那麼多書，收到的版稅卻不成比例，因為老師從來不在乎，反而把
出版的書贈與學生。老師總是捨不得學生花錢，而自己卻大把大把
的鈔票投注在學生身上，從來不求回報。誠如老師說的錢財是過眼
雲煙，不必太在乎。王萬象老師常說老師寫了那麼多書，卻從來不

提升等，其實以老師的實力和不凡的學術研究，早就晉升教授不知幾十回了，我想連中研院的院士著作都趕不上老師。然而，老師不求聞達，寫書是為了興趣，三大文化系統——氣化觀型文化、創造觀型文化、緣起觀型文化，自成一格，這套理論難以攻破，它能夠解釋舉凡家族、個人行為、宗教信仰、生活習慣、文學創作、審美眼光、看事情的角度等，所有不同文化體系之間的差異。

強勢的強者極少幾乎沒有；掌權者大多屬於強勢的弱者；弱勢的強者是老師努力的方向；而弱勢的弱者則是一般人的處境。老師博覽群書、學問淵博，周遭的人學問遠遠落後老師，所以對老師有所顧忌。老師獲得博士學位後，想應徵自己的母校，學校卻立刻把缺額收回去，直到老師來臺東教書，這個學校才又把缺額開出來，其實還不是怕弱勢強者的老師攪亂一池春水。語教所面臨被整併的危機，行政單位不支持語教所，處心積慮讓華語系設立碩士班，硬生生的把語教所給犧牲了；老師本屬意聘任的兩位教師也遭學校杯葛。在老師極力爭取之下仍舊無法力挽狂瀾，老師只提出保障助理的工作權和學生的修業權這兩個要求，完全置個人權益於度外。老師總是先想到學生，才想到自己，因為我們是弱勢的弱者啊！寫作再加上繁瑣的行政工作，老師一定覺得有點累了；還為了指導學生的論文，犧牲休息時間而睡眠不足。無怨的付出，學生們既感動又慚愧。感動的是，如此無私奉獻的老師，能夠接受老師的指導，何其有幸；慚愧的是，自歎天生駑鈍，加上生活瑣事的羈絆，對於課業總是力不從心。

老師表示期待有緣人在一番共同「艱難求知」後都有成果，榮耀帶走。不知道我們這群學生算不算老師的有緣人？老師辛苦指導

我們的論文，不眠不休，焚膏繼晷，直到學生產出論文順利畢業，滿心歡喜的帶走學位文憑，然而帶不走的是對老師無限的感激與崇敬。完成碩士學位的這份榮耀永遠是屬於老師的。

讓人類的文明更加人性化

張銘娟

臺東大學語教所碩士．新北市昌平國小教師兼教學組長

一、2010.7.7 華語文教學的新趨勢～～蔡佩玲老師

記得曾經考過這樣的一個研究所題目：「華語文、國字、漢字有何異同？」當初對於華語文並沒有太大的敏感度，只知道它是一個能夠取得國外教學國語文的途徑，但對於它的系統內容並沒有太多的了解，但在這次雖然簡短但卻完整的講座中，獲得這樣珍貴的資訊，實在值得。

語言的學習就和食物的存在地位一樣，很不起眼，但卻不可或缺。語言是大家一出生就已經會的本事，但如何將別人的本事變成自己的本事，除了努力，還需要有遠見的本領，才能夠未雨綢繆。

1965 年美國修正亞洲移民法，公布後，臺灣移民大量湧入美國等英語新大陸，家長多期盼子弟在讀當地主流學校外，能利用週末假日學習中文及祖裔中華文化，而有週末華文班之設立。初時教師多為學生家長兼任，但甚少具備專業教師條件，故常在教學上發

生疑難，也因此造成「粥多僧少」的狀況，再加上中國大陸的迅速繁榮，使得中文不只是中國人的語言，也成了外國人對中國人溝通的當然管道。這就和二十年前的臺灣一樣，大家都知道學習英語的重要，但卻缺少英語師資一樣。於是，就算是傳道士也都能夠教導大家英語了。但二十年的經驗告訴我們，學習的時間很重要，但基礎也是不能夠忽視的。在如此的前提之下，華語文師資證照成為了「教師證」的代名詞，不光是國內，在亞洲甚至於非亞洲地區，這都是相當必要的職場先備證照。

當小學老師在外界的眼光看來，是一個鐵飯碗，不過在這樣的世代下，似乎是一個生鏽的鐵飯碗，如果自己不好好的將它擦亮，那麼下一個汰換的將會是自己。曾經也被教育環境的變革與人事條件擾亂了自己的生涯規畫，但卻因為社會的不穩定而作了退後的決定，因為自己還沒有作好換跑道的準備，也正徬徨於自己的第二生涯發展將能夠是什麼？現在，有了另一個跑道的認識，如果沒能做到獲得華語文師資，但若將它視為另一種職場上的開拓與認識，也是一種蠻特殊的經驗。

二、2010.7.15 兩岸文化的交流～～歐崇敬老師

兩岸文化的交流，從衝突開始，一路衝突，目前正在衝突……

兩岸文化從上層的政治交鋒、中層的經濟組織互動一直到下層的民間旅遊，都顯示出現今對岸開始接受外來文化之後，對於臺灣的敵意顯得薄弱許多。生活中也從物品、文化一直到大陸開放到臺灣旅遊之後，才意識到與對岸的交流是不可遏止的。

　　而今年除了在這場講座中接觸到對於對岸文化交流的評論等，印象最深刻的在 4 月初的一場研習。那場研習中，提到了對岸的國小教育改革的速度遠比臺灣來得迅速。其中播了一段影片《特級教師的作文教學觀摩》，作文題目是〈影響我最深刻的人〉，而引導者是內地評鑑教師最高等級的特級教師，以殘酷的「刪去法」，將學童所列出來的五個人一個個刪去，片中只見到學童含著淚將多餘的四個刪掉，留下一個「影響我最深刻的人」，特級教師也特別請學童發表刪去的原因。整個教學觀摩下來，觀摩者一片譁然，而學童則是淚眼汪汪，但這卻是對岸所需要的文化改革。這樣的文化放在臺灣，我想應該會被人本團體阻止，站在基層教師的角度，也會於心不忍，為了達到大人們自以為的「寫作的真意」，而讓未成年的學童進行「文化大改革」，失去的恐怕比得到的更多！

　　而在這次的論文寫作中，因為需要資料的搜尋，所以接觸到許多對岸的文章，也深感壓力。文化的更新越來越快，有時尚未消化就已經過時，但物極必反，也有不少反對的聲音。即使如此，還是相信文化的激盪與淘汰可以讓人類的文明更加人性化。

三、2010.7.22 從審美到生命智慧啟蒙
──一個兒童電影課程的設計～～簡光明老師

　　電影，對我來說，是個長篇動畫，也是短篇動畫。

　　人生往往可以透過電影拍攝的技巧與角度，揭示人生的真諦。不論是喜劇收尾或是悲劇收場，好的電影總是值得收藏，而壞的電影則會讓人不勝唏噓，並引以為戒。

電影課程在小學教育較不常見，但因為接觸了高年級的學童，發現他們如同報導所言，心智明顯成熟許多，即使老師未能將電影課程放進教學進度，許多的家長也都主動帶學童進入電影院，讓學童能夠「跟得上」流行潮流，言行舉止都會進行模仿，同儕之間也以電影為討論主題。因此，我也會在平日午餐時間，放映較長片段的連續電影，一方面的用意是透過電影，放鬆學童心情，也讓學童透過不同的教學模式接收到良性的教學成效。另一方面則是顧慮到弱勢學童的學習刺激，需要更多元的內容，藉以帶動主要學習。

在放映的電影中，讓我覺得最有感觸的影片是民國光復期間的《後山日先照》，片中的場景不但可以輔助教師在進行社會課程教學時，藉以說明民國初年的社會背景；片中的對話也蘊含著內斂的個性，可以磨練高年級較為浮躁的心智；當然不免俗的，也有年輕男女之間的互動，因為較為保守，也讓青春期的學童能夠稍加收斂。當然，片中也有不合時宜的行為，此時教師就必須適時的介入講解。但整體而言，對於學童在社會時代的認知，遠比教師的講解要來的有效許多。

在選擇電影的過程中，曾經有過許多抉擇上的考量，因為電影和教師講授不一樣。單調的教師教學，透過眼神跟語氣，以及制式化的課本，引導的思考比較少，不過誤導的也比較少；但電影則是見仁見智了，同一個畫面上映的不只是視覺、聽學，著重的還有「想像」與「評價」。視覺和聽覺，在進行電影片子選擇時，可以過濾；但「想像」與「評價」則讓教師變得忙碌，想像需要引導，才不會誤導學童；評價需要確定，價值觀才不會偏差。

　　曾經放棄電影的課程，但對於學生日新月異的創造力與想像力，深深覺得若能因此挖掘學童另一方面的長才，也不枉然教育的意義。

四、2010.7.29 偏遠地區學校的語文教學～～陳意爭、許淑芬老師

　　偏遠地區的教學與支援一直以來都是教育較為忽略的地方，除了是因為學生人數過少，導致資源分配不均；另一個原因則是因為偏遠地區本身的刺激較少，致使外界的資源無法被吸收。不管是被主控的外界資源不足或者是主控的先備知識缺乏，都會讓偏遠地區學校的語文教學面臨一層層的阻礙，若是無法克服，其中的差距將會越來越明顯。

　　根據國家政策研究會的調查，指出國小教育中有許多積習已久的缺失，如教師負擔過重，人員編制及進修問題種種的問題，都反映出「教育資源分配」的不均。在臺東、屏東縣等有許多偏遠地區的學校，更反映出嚴重的城鄉差距。雖然教育制度在表面上做了許多的補救措施，如攜手計畫、夜光天使諸如此類的補救教學，但在都市裡，即使是弱勢家庭，獲得的相對援助也比偏遠地區要來得齊全，顯現出地區影響政策的非教育因素。

　　在臺北縣服務滿七年，每年教育輔助政策相當的多，除了課後班、攜手計畫、小秀才、夜光天使、銜接計畫，還有針對家長所提供的各式各樣的講座，常常是讓老師忙得昏頭轉向。也曾經發生過一個學生同時能夠接受到兩種以上的輔助教學，也無形中養大了家長們的胃口，以為「政府負責教養弱勢家庭」的錯誤觀念，讓弱勢

家庭的家長沒有意識自己也該做點努力，浪費了國家的用心。相較之下，偏遠地區的知識來源就是第一線的班級導師，外來的支援往往因為人數過少無法成立，顯示出導師必須有教育學生跟家長的雙重義務，才能讓學童在校與在家都能夠達到教育的階段目標。

語文教學可以說是全部課程的先驅，語文能力好，也能輔助其他課程的學習，透過多元互動的教學方式，激發學童潛在的實力，比起名目林立的輔導政策，都要來得有效，只是政策需要表面的評鑑，無法接受潛在的教化，相當可惜。

在專題講座的過程中，獲得了一個共鳴──「媒體教導了權利，卻未告知義務」，因此站在第一線的教師，總是成了無辜的砲灰。在歷經家長、人事以及教育體制的「洗禮」之後，我也漸漸的體會到現今教育對於家長以及教育者所著重的比例已經截然不同。樂觀一點來想，教師相對的責任也較輕，權利也較少；但責任與權力轉移到家長及政策的影響下，使得變動因素越來越多，造成的後果也越來越複雜。

在我看來，這也是社會在進行世代交換的過渡期，假以時日，反觀現今的教育制度，做適度的修正，將能夠對教育有更適切的方向，避免掉傳統教師權力過重以及現今家長權力過重的兩種極端現象。

五、2010.8.4 漢字字集之發展概況～～許文獻老師

漢字的爭議跟隨著政治而起起伏伏。從前是這樣，現在也是這樣。

　　漢字字集的演變比英文要來得複雜，除了是因為歷史的原因，也有因為政治原因而導致文化的傳承有了分歧，也讓我們在第一線教學的老師無所適從。

　　最明顯的莫過於在進行生字教學時，學童總是無法辨識課本上與生活中所習慣使用的文字為何有差異，又該在其中如何進行抉擇？而教師也對於教育方針的搖擺不定莫可奈何。除此之外，漢字字集的發展也隨著人民的似是而非走入歧途，常常是無可考究誰是誰非而不了了之。

　　即使外界的環境不是那麼良好，但對於還是有人在做對的事覺得相當認同。文化的學習雖然不能夠量化，但對於文字的學習透過量化，識字量以及寫字量都能夠有一個標準，雖然不是絕對，但也可以提出一個大概的考量依據來讓國人有一個認知。

　　漢字構形資料庫建置已十一年，但科技始終無法盡善的表達出漢字構形的知識，但我認為電子資料與紙筆資料應該要雙軌進行，除了是遺跡的保存考量之外，總覺得人類的文化發展是波浪型的，有一天還是會回到實體化的文化發展階段。關於漢字，雖然不懂它的歷史，但卻明白它的未來！

六、2010.8.11 語文教育工作者基進身分的塑造～～周慶華老師

　　從以前到現在，「生命不可承受的輕」一直在我的生活中上演著，也總是覺得人生苦多於樂，一直到現在，我慢慢懂了也學會苦中作樂。

　　我相信每一個人來到了這個世間，是有他本身該做的事情。就像我常常會問我周遭的朋友一個問題「人生的意義是什麼？」答案眾說紛紜，也都不能解開我心中的謎，即使知道這個答案可能沒有盡頭，我還是不斷的蒐集來自各行各業、形形色色的人們的答覆。最常聽到的答案就是「活在當下」與「吃喝玩樂」，因此在講座中，有一句話「不作一年後的承諾」著實驗證了「活在當下」的含意，承諾過於沉重，往往讓人無法活在當下。

　　「離開的時候不要回頭，幸運才會相隨！」每一次離開熟悉的環境，不論是家庭還是職場，都會有依依不捨的感覺，即使知道「分離是為了下一次的相聚」，但依舊忍不住會難過與不捨。但看見周老師能夠如此放得下，我想理性與堅持真的很重要，即使感性因子再多、內心情感再豐富，也要懂得收拾與收藏，就像每一段的戀情一樣，得不到的都是美好的，走到最後時，彼此之間往往早已被時間消磨掉當初的寬容，僅剩下無言以對，如同《暗戀桃花源》一般，看見枕邊人到終老前心中最掛念的是那早已塵封許久的青春夢，叫「老伴」情何以堪呢！所以舞者在掌聲最熱烈時下臺，掌握一條生命要懂得退場機制，才會完美，這道理我懂，但目前我還做不到！

打破框架帶來自在、永恆與美麗

史益山

臺東大學語教所在職班・臺南市文元國小教師

一、淺談課程設計╱黃琇屏老師主講

　　「課程設計」這一門深藏在記憶底層的學科，今日又被老師「你有多久沒做過課程設計了？」這個問題敲上了檯面。在老師深厚的功力與急促綿密的提醒下，短短兩個鐘頭裡，我們再一次複習了原本得花一個學期才能成就，而且身為教師必備的基本學科素養。

　　教書教了十年，不知從何時開始，備課這件事從節節寫簡案變成翻翻教師手冊，甚至有些章節拿了課本就上臺教了，自己的教學慢慢落入了窠臼，卻也無心改善了。今天的講座正好做個反思，原來自己的教學對完整的課程設計來說，只剩下發展活動的一部分。其實，老師所提到課程開始、結束的一些步驟，對課程的實施來說是相當重要，而且會大大的提升教學成效：

（一）提供前導組織架構：這一步驟在班上程度落差大的情形下顯得更加重要，像是數學科便是如此。複習先備知識，不只有

類似於「前測」的功能，而且對於程度低下的學生來說，能將先前不能理解的部分再複習一遍，對他們的理解與銜接現在的課程是有相當幫助的。在教學現場時，卻常常因為趕進度而省略了這一步，實在可惜。

（二）獲得注意（引起動機）：動機是看不見的，所以常常被忽略。如果能利用一些有趣的、生動的或是生活的圖片、多媒體、活動，不但能將學生的注意力拉回來，也能順利的銜接接下來的教學，聰明的學生甚至在這裡就能猜到老師下一步要教什麼。

（三）刺激先前學習的回想：通常一個教學單元要分幾節課來完成，這時複習上一節課的內容就顯得相當重要，這樣對健忘的學生來說可以恢復記憶，對大部分學生也能起複習的效果。

（四）提供回饋和總結的機會：在主要的教學活動之後，大部分的學生並無法自己歸結出整個教學活動的目的，也就是「我學到了什麼？」如果能夠在一節課或一個單元結束前，以問答討論的方式，就能使學生更具體明白他學到了什麼，也提升了學習的信心。

（五）利用回饋、評量的方法：這一部分在實際教學現場中，如果只看家庭作業是不準的，因為安親班老師提供解答的緣故。因此，通常會配合隨堂考或平時考。除了所謂課程設計理論之外，現場老師常做的一件事就是很累人的「補救教學」，通常是個別化的實施。不過，如果課前多花時間來設計課

程，並且在課堂上加入上述的教學步驟，也許提升了教學成效，事後就不用那麼累的來進行補救了。

二、新詩欣賞與教學／徐慶東老師主講

正如同周老師所說，聽徐老師談詩是一種至高的享受。他不只活生生的把詩演在你面前，透過他的肢體、聲音和表情，更甚的是在鮮明意象背後那顆等同於真、善、美的赤子之心也躍然在我們的心中。

就詩的欣賞來說，可不能太執著於文字或語詞，應該試著直接探求句子中的意象，去直接捕捉詩人寫詩當時的想像與感動。也許一次不行，那就下次再來，直到頻率對了就接收到了。也許我們接收到的與作者所表達的有所出入，但這也無妨，因為這就是詩身為一種藝術的特質，每一次的接觸都隨著時空、心境的不同而產生不同的體驗，所以詩不一定只有一種讀法，或許這也是它做為文學作品中的貴族與眾不同的地方。

那麼在詩的教學上，需要先提供範詩嗎？雖然提供範詩可以讓人了解詩的寫作大概是什麼樣子，但是就創作來說，卻給了一個限制的框架。也就是說，新詩並不像近體詩一樣有一定的格律，只要有想像、有感動就可以寫出一首詩。尤其對兒童來說，在還沒有太多成人世界給予的束縛之下，想像本來就是兒童天生的能力，只要能透過稍稍的提示，就能開啟無限的想像空間。就像老師提到的例子：校外教學時讓兒童去摸摸石頭，想像它像什麼？它在做什麼？你想對它說些什麼？接下來就完全交給孩子的想像力去運作了。

　　所以在教學上來說，這「稍稍的引導」是重要的。徐老師所設計的「新詩的十堂課」從感官的觸發如「你聽到什麼？」、「我摸、我摸、我摸摸摸」到想像力的發揮如「我有一張捕夢網」，再到文字的拼貼如「神奇的夢幻調色盤」，這些活動似乎就在培養兒童成為詩人的基本能力：感官的提升、意象的浮現、意象的重疊……這樣的教學設計實在令人佩服，也只有對詩及創作有深刻體驗的詩人才有辦法轉化出這樣的課程，在活動中潛移默化出感受與創作的能力，這實在是教學的最高境界。

　　透過詩的教學，孩子們學會了什麼？我想，提升對文字、語詞的掌握與運用應該是最初階最表面的效用，再上一層是閱讀理解的加深加廣以及表達能力的準確、通順。簡單來說，這對語文能力的聽說讀寫都會有相當大的提升效果。除此之外，對情意、美感上的潛移默化也不能小看，因為詩是人文的、藝術的、具有美感的，這些對目前制式教育下的孩子來說都是極其缺乏的養分。因此，詩的欣賞與教學不只是語文教育的一環，更是現代人提升心靈、創造價值的一條捷徑，這對我們這些教學現場的老師們來說，意義更是非凡。有幸聆聽這場講座，感謝周老師用心的安排與徐老師滿頭大汗的揮灑，這讓我們心中的感動久久不能自己。

三、童話世界／吳懷晨老師主講

　　吳老師的「哲學話語」對沒有哲學基礎的我來說的確難懂，就像隔著黑壓壓的烏雲想像背後皎潔月亮的實況，有時透出稍縱即逝的一絲光明，卻難以窺見全貌。

　　雖然如此，巴舍拉《空間詩學》裡的觀念讓我對詩的意象有了更進一步的提升，原來讀詩與寫詩是「不假思索」的啊！「若要構作一首完整而結構良好的詩歌，精神就必須有所籌謀，預想清楚。但是對一個單純的詩意象來說，根本是無所籌謀的，只消靈魂顫動一下，即見分曉。靈魂透過詩的意象，說出自己的在場。」（《空間詩學》）當我們打破對語詞分析的習性，直接探尋詩中的意象，這瞬間的存在才能貼近詩人的靈魂與感動，這才是用「心」去閱讀。

　　「總之，必須明確承認有兩種閱讀：『安尼姆斯（心智）』的閱讀及『安尼瑪（心靈）』的閱讀。依照不同的閱讀，我成為不同的人，當我閱讀一部思想著作，『安尼姆斯』應保持警惕，隨時準備提出批評，隨時準備進行反駁，這時的我不同於閱讀一本詩集的我。」（《夢想的詩學》）所以，這 Animus 與 Anima 似乎就是我們常說的「理性」與「感性」吧！

　　這又相關於課堂上提到的另一個話題：「孩子的想像總是無窮無盡、隨手可得，但成人的想像力似乎消失不見了？」孩提時那顆純真的心，為何隨著年紀的增長卻慢慢的萎縮？我想「知識障」是個不錯的解答：這俗世間的知識，往往成為人心靈上的障礙；知識架構得愈龐大，心靈所受到的障礙也愈嚴重。基本上這個世界的一切，都是人為所建構出來的，我們已經習慣透過這樣的架構來面對一切，反而不能感受到事物的本質；唯有拿掉這一層障礙，才能窺見事物的本質。寫詩、讀詩也是如此。孩子則仍然保有靈明的本性，或說是赤子之心，所以可以隨意的馳騁想像、用最簡單的方式看待這個世界。

巴舍拉說：「當一個夢想者排除了充斥著日常生活的所有『憂慮』，擺脫了來自他人的煩惱，當他真正成為他的孤獨的構造者，終於能沉思宇宙的某種美麗的面貌而不計算時間時，他會感到在他的身心中展現的一種存在。」一本好的童話故事，也應該是由這個存在所「夢想」出來的，而不是由成人的角度創作出來的。日本著名的動畫大師宮崎駿在他的作品如《龍貓》、《風之谷》中，就展現了夢想無限的想像力，雖然超出現實卻擁有很強的感染力，深深打動觀眾的心，無論是成人或是小孩。我想這樣子「有捨才有得」（捨棄有為、無所住而生其心）的生命模式，不只從事創作的人應該如此，所有人都該嘗試這打破框架所能帶來的自在、永恆與美麗。

四、文化創意產業的生產基礎／歐崇敬老師主講

在聽完歐老師的講座並看過講義之後，讓我對創意及文創產業有了另一層不同的看法。原本我認為文創產業是資本主義走到盡頭前的一種掙扎，只不過是把原本的產品拿文化的外衣來包裝一下，骨子裡還是原來的東西。我對這一部分的看法還是沒變，因為文創產業的目的還是在賺錢，只不過它把原來的產品加上一些文化有關的附加價值，這樣看起來是把文化當成商品在販賣一樣。

可是文化的東西如果把它當成產品來看就是有價的，反而失去了文化原本無形的價值。就像在原始部落，時間一到就有一群男女跳起山地歌舞，周圍則是一群饕客拿起相機拚命按快門，跳完之後大家一轟而散，饕客們回到桌子前繼續大啖美食，如此商業化的表演令人看了不勝唏噓。此外，如此添加上去的附加價值是一時的，

當它褪了流行，就得再想一個點子來重新包裝才能賣得出去，因為這還是資本主義下的產物，生意人得不斷的想出吸引人的點子才能賣出產品，這樣的思維還是在全球化的態勢下所進行的演化。

歐老師在講義所提的「創意」非常令人印象深刻，尤其是論及華人教育一直以來的「規矩化」是一針見血，令人佩服，這該是哲學家特有的洞見吧！我們從小所受的教育的確是這個樣子的，一切都得聽大人的，因為大人都是為了孩子好，而且從國小、國中、高中整個求學階段所注重的都是考卷上的數字——成績，所有人的路大都是齊一化的，讀好書才會有好工作。如果不以是非優劣來論斷的話，或許這可說是歷史的包伏、時代的必然。反觀今日，在不同文化的衝擊之下，這樣的觀念與作法勢必作出改變，或者說是融合，才能有所因應，而這就得打破一些舊有的、思想上的框架才行。這樣的改變對已經僵化的一切來說是值得慶幸的，就像一灘死水變成一條河流，清新又有活力。從僵化成為活潑，去除了思想、行動上的固著、執著，這讓我聯想到《金剛經》上所說：「應無所住而生其心。」這與佛法似有略同之處。

因此，若能從教育著手，進行有創意的教學，不要扼殺孩子們的創意，而是把他們的創意導向好的方向，那麼對整個國家，甚至全世界來說都是人類文明相當大的進步。但是我們還是得考慮行使創意的「目的」為何？它不應該只是拿來成為使產品提高價值或市場競爭力的資本主義的利器，而應該將它用來解決人類衝突及環境危機、提升人類文明境界……這些更崇高且長久的困境，我想這也正是周老師一直著墨在後全球化時代我們該省思與作為所努力的方向。孟子說過「天下溺，援之以道」，在這個物慾橫流的時代，

這個能夠援救天下國家的「道」是什麼我們不清楚，不過，打破僵化的思想、固著的觀念並擴大包容的心量，應該有助於現出我們靈明的本性，讓這個「道」早日到來！

五、傳記文學寫作與詮釋／簡齊儒老師主講

　　傳記的內容不出紀錄某人的生平事蹟，既是文學的一種體裁，那就得要有人寫，也要有人讀。作者為何要寫他人或自己的事？讀者為何要讀別人的事？在這個講座裡，簡老師就先從社會學的角度切入，而且從八卦談起，包括閒談所起的社交作用、談論內容男女不同等等。接著介紹了傳記的體例有史學論文式、回憶錄式、人物評論式、工作履歷式、史事敘述式、資料蒐集式、紀念文集式及掌故稗官式等；敘事者的型態則有研究者、目擊者及報導者三種，並且舉了〈馮燕傳〉與〈儀光禪師〉作為說明的例子。

　　比較有趣的是最後我們討論到怎麼來看一部傳記會比較有趣？比較深入，能夠看到別人所看不到的？這次講座給我們最大的啟示就是書本上所記載的並不一定是完全真實的，尤其傳記更是如此。由於時空的差異、資料的完整性等因素，都有可能造成傳記與事實之間的差距，何況作者個人意志（謀取利益、樹立權威或行使教化）介入的影響更是深遠。因此，傳記既然具有文學的特質，那麼就很難像科學一樣忠實的紀錄一切，或許那樣子的傳記也未必是讀者期待看到的樣子。

　　接著上述傳記與事實之間的差異是必然存在的，那麼讀者在閱讀傳記之際，除了滿足內心的好奇，或說是窺探的慾望之外，從書

中隱晦之處去推敲出比書中所載更為接近傳主或事實的內容，就是閱讀時的一大樂趣了。就像周老師所補充，儀光禪師在女色投懷送抱之時，竟然以自宮的方式面對處理，其心態想必是矯情無疑，以致於後來能夠擁有千名信眾，出入的排場不輸達官貴人，而作者在撰寫此時似乎也不全然是推崇之意。

　　這樣一種抱持懷疑態度來閱讀的態度，當然也是我們在從事教學時所應該帶進來的。同樣是一本書、一篇文章，「如何能夠看到別人所看不到的？」如果在進行閱讀教學時，能夠引導並鼓勵學生朝這個方向去思考，我想學生學到的不是只有進一步閱讀的樂趣而已，在這背後更能培養出學生的「慧眼」，能夠洞察事物的表象，直指關鍵的核心。一旦養成慧眼，同時也代表著更為開闊的心量，能接受各種不同的意見與想法，這不也是民主社會所最必須，而目前現實社會最缺乏的嗎？不過，套一句周老師常講的話：「要教別人寫詩，自己要先會寫。」回想這三個暑假以來，「更開闊的胸襟接受不同想法」，這點對我來說雖然還有進步空間，但這正是我個人最大最大的收穫，比加薪晉級更加可貴，甚至連我太太都能明顯感受出我的改變。雖然沒有把握將來能否繼續突破，但是我還是要說聲：

　　「老師，謝謝您，謝謝您無私的引領與付出，這些是我永難忘懷的！」

把握當下

許瓊玲

臺東大學語教所碩士・桃園縣草漯國小教師

一、7/7 華語文教學的新趨勢／講師：蔡佩玲博士

　　二十一世紀的語文新趨勢，大致說來是華語文流行的另類。但對我來說，了解就好，因為我不是很喜歡也沒有興趣，可能是自己在中文方面的底子還不夠深厚，所以想在臺灣這塊土地好好經營國語文的能力，提升自己的語文教學。

　　從蔡佩玲博士的演講當中，我可能對她在多媒體教學中，對電子白板有種誤解（個人淺見），電子白板的互動式中需要電腦、單槍投影、白板，但是蔡博士卻說成要有錄音機，感覺她不是很了解（我不是說蔡博士不專業喔）。又如周老師您曾對我述說，電子白板是一種教學輔助，也就是說它是一種教學媒材，可以因為教材的延伸作一番新的詮釋、創新。

　　每個人都有他的專業素養，我只是覺得如果涉獵不是很深的話，可以稍微解釋即可，如果要說的很明確，就必須作足功課才是。

多媒體的教學本身就有其科技的素養存在，但也不全然都是優點，傳統式的教學也有它的好，能搭配應用也是不錯的教學。

二、7/14 海峽兩岸的文化生態／講師：歐崇敬教授

「這份稿子」是我第一次看到較為特別的呈現方式。在還沒聽演講之前，老師曾先述說歐崇敬老師的特別，特別在於他的靈異，曾有很多人陪他前往聽演講。說實在的，對這種靈異很特別的人，想法和見解必有他過人之處。

「文化」的確要在「無中生有」必有它的生活型態產出和行銷，不容置疑的是要如何從中讓文化有另一番創新，這要看人類如何的發揮作用。歐崇敬老師以臺東和花蓮為例，他認為臺東在文化的產出沒有很清楚的規畫出完整的措施，相當可惜！然而，花蓮卻作的很成功，這跟團體的合作是非常重要的。

他認為可以結合某些團體來產出臺東的文化特色，這時讓我想到惠珠帶我去鐵花路的附近旁聽民歌，當她介紹這些唱歌的團體大部分都是教育界的主任和老師，這讓我很訝異。我個人覺得這些另類教育界的執教者，可以共同組織成另一種文化行銷，帶動臺東另外一種文化氣息。要讓其他人知道，臺東不是只有一位巨星張惠妹！

三、7/21 從審美到生命智慧啟蒙
——一個兒童電影課程的設計／講師：簡光明教授

「電影」對我以前來說真的是很陌生，住在山上的小孩，要看一場電影談何容易，讀師專才漸漸接觸電影這媒介，然而看電影也沒用頭腦去思考電影有何問題的存在，只知道電影「很好看」就結束了對這場對電影述說的生命。

說實在話，讀研究所才真的體驗到電影的生命竟如此的精采。讀碩一時，老師放了幾部名片，當時看電影那是白白讓你看完就好，還分組討論才能罷休，這才經典勒，討論的如火如荼也不知是對是錯，真的是很精采的分享。

電影的欣賞應該是要從審美的角度來看，好的文學作品如果能以電影的方式呈現也是不錯；但從另外一個角度來思考的話，電影不能夠完全展現文本的主要概念，如果可以的話，應該先把文本熟讀再看電影，會把心裡所看見的作一番詮釋。

電影的呈現要能在國小課程中教學，必須要在教學當中多元化、獨創性，才能引起學生的相互共鳴。要使看不見的東西被看見，就必須在電影的表現手法上有所方法，因為是講有關生命教育的課程，因此就必須尋找有關國小學生對生命教育的電影來做課程的設計。在此，老師必須要有電影的專業素養，才能好好運用在電影教學課程上。

四、7/28 偏遠地區學校的語文教學／講師：陳意爭老師、許淑芬老師

兩個不同的教學風格，卻有善變的特質。從善變的特質中找尋自己所要追尋的目標是什麼？是什麼權力讓自己在教學的目標中迷失是很重要的一件使命。

我很羨慕意爭老師的小學校以及教學方式，能應孩子的特質在教學的方法上有所變換。因此，我認為堅持創新改變是對的，學生少有這方面的好處，對個別差異來說可以因材施教，要給孩子們機會和舞臺，用心在每一塊的學習領域，換來的成果或許會有些許的差距，但還是會有心靈的感動和成就。

而淑芬老師在教學這方面，可能是時間的不足，在語文教學這方面沒有講很多，卻讓我深深體會在原住民學校教書的另頁辛酸淚史，原因在於經濟無法給予孩子正常的教學和一些觀念上的問題。淑芬老師也分外辛苦，總覺得她格外的忙碌，也對學校、家長有諸多的埋怨，總覺得是很不可思議的事。但是，還是有她的盲點存在，政府給予弱勢族群的經費是有預算的，並不能因為有個家窮困就給予這筆的經費，這是可以找村里長辦理低收入戶的證明即可，也不需一直拍攝某些家庭的經濟窮困，造成人們對原住民有觀念上的偏差。

不過，我還是很欣賞這兩位老師的特質，都有自己的個人風格。不管如何，對我來說，教育就是「儘管再困難，堅持再堅持的理念」。

五、8/4 數位學習語文教育產業／講師：許文獻教授

許老師今天的表現可圈可點，如果前幾週都以這種方式上課，我相信會有不少的收穫。在漢字字集方面，許老師講到的策略中有：好寫、好用、好記、好設計。在好設計方面有講到多媒體教材設計，這我比較有興趣，那時許老師有教我們實際操作如何設計生字比畫，很特別、很新鮮，也很有創意。

不過造字真的很不簡單，這需要花時間來安排，但這種媒體的設計會吸引學生對語文的興趣，知道生字最基礎的筆劃構造，很不錯！相對的，所要花的備課時間就相當的多，不過，有心在這方面的教學會收穫許多。然而，現今的國小生字教學中，很多學校都利用廠商所送的電子書來教生字，因此不需花很多的時間備課，真的是懶人教學，也受益許多。

去年碩一上課時，洪文珍老師也稍微教過生字的組合有那些部件、字根以及字的構造有那些，因此許老師這次的演講中講到漢字集時，就有些許的概念。概念清楚之後，在往後的教學就有幫助，有專長的確就有好內容的呈現，顯示了許老師的學識淵博，不錯！

六、8/11 語文教育工作者基進身分的塑造／講師：周慶華教授

我也好想當天地間的一縷遊魂。

每當寫不出論文時，

就會開車到海邊，但不下車，

　　車子熄火、開車窗、打開熟悉的音樂，就讓海風吹進來。

　　沒想親人，只想著另一種愁緒，

　　這種愁緒好像在我碩一結束後回到教育的崗位上時纏繞著我的心。

　　回想起來，到現在對教書沒有倦怠過，如果要我用一句話來形容的話：

　　「熱情不減，堅持再堅持」。

　　就這樣，在生命璀璨的每一刻貢獻給我又愛又頑皮的學生。

　　然而，聽完老師的心靈告白（算是吧），就有種莫名的失落感，對啊！曾經熱血奔騰年輕的我，如今面臨教育的大幅度改革，心裡有很多的不平在心底燃燒，卻不知該如何釋放！

　　生命中或有些許的不完美，拼湊出的美也帶有缺陷，尋尋覓覓就只能說：人生的起起落落，應該猶如老師所言「把握當下」。再不完美，也就從這不完美中找尋另一個完美。

語教所的點滴都烙印在我的生活中

黃獻加

臺東大學語教所碩士・嘉義縣溪口國小教師兼事務組長

【第一場】

第一場是黃琇屏教授帶來的淺談課程設計，教授提了很多不一樣的問題，像是「你覺得教師必須設計那些課程？」「課程設計時，你會考慮的因素是什麼？」「你理想的課程設計，包括那些要素？」「你認為教師在設計課程時，必須具備那些能力？」這些問題是過去修「語文領域教材教法」時，我們很少去思考的問題。

在教學現場的我們，已經很少作教學活動設計，最近一次教學活動設計，就是在寫論文時所編寫的。從師院畢業到目前，寫教學活動設計的次數不超過五次。尤其是實際教學，有太多事務繁忙。如果可以條列式將要教學的項目列出，並大概模擬，就已經很不錯了。教學活動設計大概就是學校交付的額外「作業」，用來繳交成果報告，或者是教學觀摩時會寫，平常大概也不會碰觸。

　　而我覺得教師可以設計很多不同的課程，除了課程所需的領域之外，也可以額外配合其他補充教材設計。例如我之前申請《國語日報》的讀報計畫，就曾寫過教案。而課程設計時，考慮的因素太多了，時間、地點、學生程度、教材內容、教學方法、流程。我認為最重要的因素是學生的程度以及配合其程度的教材，畢竟教學對象是學生，內容要符合學生程度，學生才會有收穫。

　　而教授也提到一些容易被忽略的點，例如課程目標不能虛無縹緲，必須具體明確、可觀察、可測量的敘述。還有順序性的問題，如整體到部分的學習，但我覺得還有部分到整體的學習，像是數學裡的同一單元，我們教學時必須把很多觀念、公式分別教學，在單元結束時做統整，並給予包含多種概念的題目練習。談到後面（較高年段）的單元，可能跟前面的單元（較低年段）的內容有相關，因此都需要帶進來談，做一個歸納統整。所以整體和部分的教學這部分，我覺得是依科目來決定。

　　教授帶了很多教案設計須注重的點，或許往後在教案設計上會更注意，讓教案更完備。

【第二場】

　　第二場是詩人徐慶東談詩，我覺得要成為詩人不容易，尤其是提筆就能寫詩，不用字斟句酌，搜索枯腸。每次提筆寫詩，總是絞盡腦汁，才能勉強擠出一些字，可能是真的缺乏練習的關係吧！沒辦法很順暢地完成一首詩。詩人寫詩如果賦予情感，我覺得讀來特別有味道，像是他給父親的詩，我就會去想到我那過世的外公。有

時我讀到那種意境感覺很美的詩，卻不會有很深的啟發，我猜想應該是人生經驗不夠，或者是不會讀詩、欣賞詩、詮釋詩。所以今年收到幾本老師的詩集，連同去年的，我閒來無事，還是會翻閱一下，雖然不一定會將詩牢牢地記在腦海裡，但有些材料，還是會留在心中，成為一些讓自己歡悅或提筆創作的種子。這樣的感覺還不錯。

看著詩人對談，雖然時間短暫，但有挺有趣的，這畫面或許在「詩歌節」能重現，但有時一群「志不同，道不合」詩人談話，也很特別，對詩人和聽眾來說，都是一種新的刺激。很可惜我不在「詩歌節」現場，錯過了感受詩人論詩的機會。

找詩人來談專題講座，是這三年唯一一場，這在我聽過的講座裡，也算是很特別的經驗。

【第三場】

這場我因為被靈隊綁架，所以缺席（寫論文缺席）。

【第四場】

歐崇敬教授這次來談的是有別於去年所談的文創產業，跟他給的講綱、講義無關。其實教授提到文創的部分，有太多的「模仿」和「取經」。不過能把別人的創意拿來改造後使用，或許又是另一種創意，即使在很多人看來不是。宜蘭就是個很出名的例子，記得國小時候去宜蘭，除了「下雨」，我想不出太多跟宜蘭有關係的詞語。但大學時期去宜蘭，就有很大的改變，不論是景點、公共設施

營造，連路燈都附上了特別的造型。不再是一個只是「下雨」、有個蘇澳港、龜山島縣，而是一個足以成為全臺觀光營造的典範。

歐教授提到的白米木屐村，是在蘇澳，一個不起眼、位處工業區邊陲的小小村落，但卻能讓每天參訪的人車絡繹不絕。裡面賣的是木屐，木屐成本不高，但靠著彩繪、造型、DIY 活動，也吸引不少買氣。當然，周邊店家也受惠了不少。靠的就是創意，當然從何而來就不得而知，但確定的是，同樣的東西，各個縣市都能賣，也都有能力營造這樣的小型社區，像是臺南市的後壁區，也有個很成功的土溝社區營造案例，只是沒有像白米社區這樣商業化。

只是，很多時候，當經濟活動和自然無法取得平衡時，就會有聲音出現。宜蘭算是北部的後花園，開發也較早，因此大多數居民很歡迎，也很習慣有這些商業活動；但花蓮、臺東，可就不是這麼一回事了。總是常有觀光開發和維持原貌相互角力，花蓮的部分似乎對於經濟活動較為歡迎，臺東則是各有支持。但在臺東生活這麼多年，總覺得每次回到這裡，雖然都有些改變，商店變得新穎多樣，但僅只市區，很多地方其實還維持相當純樸自然的風貌，這也是我樂於見到的。除了臺東，臺灣大概也沒有第二個保留如此多自然特色的縣市，但這部分也正一點一滴消逝。

如果能運用創意把臺東推銷出去、用創意保留臺東的自然原貌，並在人文部分傳達在舊有傳統上加入創新的思維，要求不要破壞，而要保存。像是在花蓮縣的林田山文化園區，就是一個最好的案例。那是一個日據時期的林場，在還未開發前，保有相當純樸的風貌，日式平房、雜貨店、廢棄小學、集會所等，但現在那裡，多了人為開發的痕跡，咖啡店、便利商店進駐，人潮也多了起來，但

卻失去了「原味」，這部分很可惜。但這也是我們可以去思考的方向，有人潮一定要有商業活動嗎？如果把商業活動放在園區外圍，園區內仍儘量保留原貌，是不是可以達到平衡？這都留待專業人士去協調解決。

　　至於歐教授所提文創文案設計，這部分我就不再提，因為很多同學的作業都已經附上。文案有了，付諸實行看來需要不少資金。這也是文創產業的弱點。當然，我們也可以先做一些，再慢慢擴大，我相信有朝一日一定可以實施的。如果這輩子沒完成，那就下輩子繼續吧！

【第五場】

　　這場是簡老師的講座，談的是傳記文學寫作與詮釋。這堂課從說八卦談起，聊到了儀光禪師。儀光禪師在很多人看來，是個德高望重的出家人。但實際上，他有太多不合邏輯的行為，例如自宮、不願還俗為王，卻又告知身世之謎等。從正面的角度來看，儀光禪師的確是非常了不起的人物，在美女面前揮刀自宮，強烈不願還俗，堅持入世的想法，著實令人佩服。但就如同老師說的，儀光禪師充其量只是「矯情」。只是想從一些特別的事情上著墨，讓別人覺得自己有至高無上的德行，但這樣的行為，講白一點就是想「謀取利益」、「樹立權威」。從這個出發點來看，就不難看出儀光禪師內心的想法了。這樣的觀點對於很多佛教界的人來說，或許是一項衝擊（應該說，對我們和簡老師都是），很特別的思考角度。這部分也是我覺得自己上課很大的收穫之一。至於另類的傳記製作，這

或許可以當作國小學生自我介紹的參考樣本，很高興可以接受這樣
的材料，這部分滿有用的，也可讓學生實際動手試試看。

【第六場】

　　從孔子一生的痛苦指數談起，發現孔子在從政和教育方面都有
一定的痛苦指數，再發現孔子其實不會創作，這觀點大概沒有人發
現。老師從《論語》中「子曰：『述而不作，信而好古，竊比於我
老彭。』」看出孔子不但沒有寫書的想法，還將此正當化。一般對
於此文句的解讀，不外乎是孔子認為自己只需要整理古人的著作，
不需要自己標新立異，自己寫作。一般人對此大力讚揚孔子的德
行，認為孔子是很偉大的，因為它隱藏自己的才華，不願外露，這
是一種慈悲心腸；況且把前人的著作，做一個完整的整理，也不啻
是一種創舉。所以從缺乏創作、不敢或不願創作的觀點去談這樣的
案例，這是讓人耳目一新的看法。

　　老師也提到了詩和歌曲的差異在於詩要有意象，並隱含情感，
屬於視覺的經驗；歌曲要淺顯易懂，讓普羅大眾能聽懂，屬於聽覺
的經驗。童詩要包含兒童經驗，要讓兒童能理解，否則充其量也不
過是給大人的詩。

　　其實我下筆寫詩的頻率，就大概跟過年一樣吧！一年僅一次，
但每次寫詩，總有些複雜的情緒交錯的漾起心頭。就像今天寫的
詩，是在臺東的最後一首，記得去年修課時，也有寫過。其實不是
寫詩的技巧進步了，讓我很感動；而是念完研究所，有念完研究所
的感覺，那個整個人的提升，才是真的感動。老師的課程裡，常有

些所謂「無中生有」、「製造差異」的論點產生，也往往讓我們有「創新世界」的感受。讓我知道了用其他角度看事情，獲得的訊息往往是很令人驚喜的。

我常與同事討論事情，很多看法對同事們來說，他們覺得很特別，很不一樣，我覺得這是念研究所帶來的改變，即使很多課程是被迫或被動的吸收知識，但這也成為了我能與其他人對談的材料。這是屬於我的成長。當然，我覺得很大部分是老師的課程中帶給我的，這部分相當感謝老師。

最後，以這堂課的作業作結。

最後一堂專題講座

一群學生聽了白髮老人的話
對我頻送秋波
我不好意思地搔搔頭
指縫塞了幾根綠色的毛髮
而這只是第一次上課

語教所的點點滴滴，都會烙印在我的生活中。當然，我也會秉持著語教傳統精神，為語文教育盡一份心力。感謝老師！希望老師一切順心。

我沒有憂慮

林怡沁

臺東大學語教所碩士‧臺東私立公東高工教師兼訓育組長

一、一個理想課程的設計

　　一個理想課程的設計，我想，除了首先要站在學生的角度思考外，更需要依據年齡與環境來規畫價值、原則與實踐。教育本就不會有立竿見影的成效，所以在設計課程時必須要有規畫的、漸進的觀察（或模擬）學生的吸收程度，並隨時調整授課的步伐。

　　在黃琇屏老師的演講中，讓我重新省思授課的態度也重新燃起教學的熱情。尤其在現在的教育體制中，行政工作已挖走我一半的精神，我只能在僅剩的另一半精神中振作，努力的備課並想像我的課程帶給學生的益處與學習吸收的程度，及最重要的興趣。畢竟教師無法一輩子在學生身邊鞭策，所以身為教育者更應要在課程中教導主動學習、追求智識的學習態度。尤其國文課程所教授的不是只有字詞音譯，更重要的是在課文／程中有品德的耳濡與價值觀的目染。現在的青年學子深受媒體與網路的影響，資訊

的快速其實是正面的影響，但是年輕人卻往往對負面的花邊或新聞會給予相當多的重視及模仿，所帶來的價值偏差會真實的反映在國文課上，尤其是當課文又牽涉到政治（官場文化）與道德社會層面時。

　　課程的設計，首先我會顧及課程的廣度，也就是廣泛的補充相關題材，尤其是青少年會關注的議題以引發學生的興趣，在與學生的互動中，就可以擷取幾個反應較佳或已具備的先備知識來加深深度，並漸漸的引導到課文中發揮。對學生來說，生活與課文就能有相關的連結，也因為課程與生活連結了，也就較能引發興趣或話題再繼續思考與求真，這正是身為教師最有成就感的一刻了。因為教育要教的，是要教他們能在生命中可以被廣泛運用的，縱使教師無法顧及每一個學生的感受與經驗，因為他們都來自不同的環境與家庭，但是如果每一個課程都能對十個學生有意義的影響，那麼我的課程設計也就達到了既定的目標。

　　就我近幾年的經驗，教育者最常陷落的窠臼就是，活在自己的世界中。畢竟教師是要有職志與熱情的責任感，才能肩負社會給我們的使命，因此也就形成一股傲氣，也就有一點自認為了。所以《莊子》的「濠梁之辯」是我常深思的問題。

　　課程的設計無法理想，只能接近理想，我們身為教育界的一份子，也許更應引領思潮，導正價值觀，以學生的需求為第一考量，如此課程才會接近一點理想，引發共鳴，發人省思！

二、新詩欣賞與教學

賞與教之間

徐風輕拂，言猶在耳，
慶想豐收入課堂。
東陽漸落，思浪狂湧
詩意奔騰心飛翔，
人間悲歡離合圈漣漪，
駕思緒，
到心海。

三十人行師其中，對望
零言只聆聽，
陸拾隻眼亮光四射，嘴角上鉤。
演盡人生傷悲感歎歡欣快樂，
講活生字默句的生命音符。

三、傳記的欣賞與寫作

「用字寫生命，用句說人生」，是我對傳記所下的注解。任何人對於生命的詮釋與評價總是因人而異，在簡齊儒老師的詮釋之下，傳記更別有新意。曾有一位名作家說：「學生不應該寫傳記」，在社會引發一股討論聲浪，但其實傳記不是要讓讀者看了立志成為

偉人,那怕只是一個平凡小人物,都有值得學習甚至寫傳記留存的價值。

很欣賞簡教授對〈儀光禪師〉的詮釋與見解,也讓我深感人的價值與生命的追尋。但是這樣的文章仍不免俗的隱含有神性、不俗、非人的特徵在,不管是孩童時期、成長經過、甚至圓寂都是不可思議的,即使確有值得學習的地方也難以產生共鳴,這也是傳記難以「親切」的原因。這也就是愛迪生令人崇拜的地方,畢竟他親切多了!

人嘗言蓋棺定論,每個人的一生被如何評價,都需要等到闔眼的下一刻才有結論與說服力。所以倘若要將傳記作教學,就只能從片段式的下手,試著將生命的一段切割出來,並給予價值的肯定與詮釋,才能來一段自認為的傳記,這也就是我們現在說的「自傳」了。常有學生反應不會寫自傳,這是可以理解的,因為短短十多載的生命歲月,還有一大段的菁華還沒有經歷,怎能有一番豐富的傳記可以書寫。倘若以狹隘的傳記來看,那麼現在我們所稱的自傳確實是可以被承認;但是倘若站在宏觀的角度來看自傳,就只是一小段的切割!姑且就將它與斷代史相提並論了。一則傳記是「通史」較有連貫性與廣泛的視野,縱古論今,還是「斷代史」就可以道長論短,就是見仁見智的議題了。

四、童詩寫作

船的回想

三個暑假

將生命的空白填補

斷裂連接

還發揚光大了，菁華

知識是浩瀚的海洋

我是汪洋中的一條船

載浮載沉

還好前方有一艘航空母艦

讓我們追隨、依附和休憩

喜怒哀樂都有可以發洩的地方，可以發洩的人

我沒有憂慮

只努力的往前狂奔

追上去，往前衝

我不怕停下船槳就會被丟在後方

因為有人會拉我

不會放手

那個拉我的

是白髮淺笑有酒窩大肚貌似腳踏車的航空母艦

讓人感覺心痛

黃紹恩

臺東大學語教所碩士・財團法人黃烈火社會福利基金會活動企畫

一、一個理想課程的設計

從黃琇屏老師的第一個問題發想：你認為教師可以或必須設計那些課程？雖然我並不是國小教師，但是從我的工作來看國小的教育，我覺得國小教育除了看國家的重視程度而如何給予幫助外，很重要的是校長要多關注。從我所接觸的偏遠地區的國小來看，校長重視外來資源的投入，因此我的基金會才得以進入校園進行閱讀活動，在活動中看到學童因為活動本身的活潑生動，而對閱讀更加有興趣。那麼回過頭來看國小教師在閱讀的教學上如何，只能說除了課本之外，難得有新意，因此才會凸顯外來資源的重要，這是我對於國小推動閱讀的感覺。如果更擴大這種感覺，想必在國小的課程設計上大多脫不了制式教材的束縛。

從黃琇屏老師的演講中獲得的資訊應該是在我師院時期就要知道的，課程設計不是每個當國小教師都應該必須知道的嗎？不是在研究所才要知道的，因此在此場講座中我所可以獲得到有幫助的

資訊是外部資源的連結，可惜這部分黃老師甚少提及。因此，在這我可以提供一個小小的資訊，也是從我的工作出發。在我接觸到的一個中型學校，此小學的校長非常致力於改善學校的環境，不僅從學校的整體環境開始做起，更從學校教師的教學上開始想辦法讓教師樂於教書，雖然在過程中我看到老師們都工作得很晚，但是做出來的成果卻是非常驚人的。這可以從學校特色的認證開始講起，這個學校想推閱讀特色認證，於是校長就開始尋找外部資源，讓學校多點不一樣的閱讀推廣活動，如學校的親子閱讀就是從我所服務的基金會開始進駐的；而學校也展開一系列的閱讀活動，如焦點一百，就是學童看完一百本書就可以和校長一起共進午餐。還有玉山銀行的資金補助，重新裝潢學校的圖書室，讓學生們樂於進圖書室閱讀及借閱書籍。還有一系列與家長會的合作，讓學校跟社區資源做結合，使得學校在短短的一年內就成功認證了閱讀特色。據我所了解的閱讀特色認證在別所學校的進行是一條長遠的路，但是此國小在這位校長的帶領下可以很快的得到認證。當然這個過程的細節在此很難用幾句話就草草帶過，但是很慶幸的是我全程都有參與，因此了解此認證不僅帶動學校學生對閱讀的興趣，也促使教師在課程設計上做更活潑且生動的教學以吸引學生學習。

　　當然我深信一個好的課程設計，不僅是要能符合學生所需，更重要的是要能促使教師去作自我成長的探索。雖然在實際教學現場已經少有教師在寫教案，但是相信教師在多年的教學經驗，應該可以拿捏學生的特質以帶動學生學習的主動性，而教師們也應該要順應時代潮流教出有創意的學生。

二、新詩欣賞與教學

從碩一到碩三一直以來都有接觸關於詩的欣賞及寫作，而自己到底領悟多少？我想這是我從未檢視過，但是經過這次的講座，彷彿又明白了更多關於新詩的欣賞，也許我還未觸動到關於寫詩那部分的我，但是欣賞詩確有更多的領悟。徐慶東老師說：心事若沒說出來，怎麼會有人知道？而寫詩如同在訴說心情一樣。只是一首詩的好壞，帶給讀詩的人要能產生意象，而這個意象要給人留下深刻的印象，在此不得不佩服周慶華老師寫詩的功力，居然能在短短兩小時的講座中創作出關於一整堂課的詩作，可見周慶華老師是個心思縝密且見識寬廣的人。

記得幾年前曾經邀請詩人來基金會演講，但是可惜的是，基金會的志工媽媽們還是沒辦法領悟到詩的美麗境界，我想是因為能寫、能欣賞詩的人不一定能教吧！這次很慶幸能夠接觸徐慶東老師的新詩欣賞與教學，特別是教學這部分，老師特地帶來他的教學成果，讓我們見識了一個詩人致力於推廣寫詩的用心，也提供了我們一些教學方法（以下附上一首〈孤單情人節〉）。

> 一個人，靜靜走在喧嘩的夜
>
> 這一天，孤單寂寞把我帶離原來的世界
>
> 相擁的畫面，甜蜜的瞬間
>
> 提醒著我，這一天不屬於我的節
>
> 孤單的情人節，充滿愛的一天

寂寞的自己，慢步在戀人們的身邊

孤單的情人節，甜蜜快樂的時間

快樂的這一天，只有我沒在過節

這世界，每個人都在慶祝著這一天，

每個人，期待著情人準備的驚喜，

孤單的情人節，只能靜靜不說一句話，

陪著我的它，渡過著慢慢長夜

輕哼著一首屬於自己的情歌

情人節，不是我的節

總希望有人能夠陪伴一起過這情人節

（于人群詩）

苦戀／苦楝

淡淡的紫色擠滿整個樹頭

彷彿宣告我戀愛了

濃濃的花香

許多人靠過來

多多人捏著鼻子走

昨夜的一場大雨

把來不及露臉的小紫花

通通打落地

（紹恩詩）

現在在寫作業當中，剛好看到你的新詩，忍不住寫了一首回應你。苦楝開滿了紫色小花，雖然落花滿地很漂亮，像是愛情被打落地斑爛漫卻絕情，但是最後還是會結成一顆顆可愛的小果實，祝福你下次會有更甜美的果實，加油吧！（http://tw.myblog.yahoo.com/jw!HCH0bnSCHBwdsZrrbsWHC6sc/article?mid=314&prev=-2&next=-2&page=1&sc=1#yartcmt）

上面一首詩是我同事的心聲，發表在他的部落格裡，裡面寫滿了關於的感情世界，我想這就是心事若是沒說出來，有誰會知道的最好寫照；而下面一首是我回應給他的詩，有點生澀，但總是想鼓勵他加油吧！我記得前陣子他曾經滿面春風的來上班，然後沒一個月每天都意興闌珊的拖著步伐進辦公室，雖然可以很明顯知道他不開心，但若是看他的部落格更可以了解他的心聲。他也曾經跟我說他很愛寫詩，我想有一天我應該鼓勵他出一本詩集才對。而我？生活太忙碌好像是一個很好的藉口，但實際上是我懶惰去紀錄自己的心情，而很高興的是就由這堂課我找回了一點點對於寫詩的興趣。

三、童話世界

這是一場很特別的講座，我先是期待這場講座的內容，但是在聽的當中彷彿感覺不到童話世界的存在，因為吳懷晨老師用了哲學的角度來看童話世界，這是一個很不一樣的思維。這讓我想起如同作研究般，一項事物總是可以用很多觀點去解釋，而且這世界也總

是鼓勵我們用不同的角度去看到一件事物，我想這是我在這場講座中的發想。

若用哲學思維看童話世界，是否意味每個人的身上都存在著童話世界，只是隨著時間的流逝，當孩子的樂趣及想像被成人世界的現實謀殺時，是否也意味童話世界的不存在，那麼那些寫童話的大人們是否也長不大？才能寫出貼近孩子思維的童話，這些是我有待去了解的課題，感謝吳懷晨老師在我心中留下的疑問。

四、文化創意產業

文化創意產業到底是什麼？透過歐崇敬老師的演講以及實際的操作，讓我們更能去貼近什麼叫做寫企畫，還有要勇敢的去做夢並且不為艱難的去實現。從老師所舉的幾個文化創意產業的例子，不難發現堅持是一項共通原則，還有好的創意以及超強的行銷。我去過溪頭的妖怪村，但我不是因為報導才去的，我是去到才發現有妖怪村，感覺很普通。大概是因為我的年紀還有一些經驗造成我對這個妖怪村不感興趣，我反而很為傳統的土產大街感到心酸還有難過，因為有妖怪村，這一整排的土產大街卻只是幾隻小貓在逛，幾家店門還都拉下了鐵門，只能說文化創意產業真是太強了。不過從文化紮根的角度來看，我相信土產大街還是會捲土重來，只是需要有好的創意來發揮。

老師另外提及的木屐村，個人逛過也不覺有什麼好玩的，因為不會再來第二次，但我還是在裡頭買了兩個小木屐的鑰匙圈。我想這是文化創意產業成功的地方，但也可能會是失敗的地方，因為創

意不夠深根。例如當地特色以及人文的精神似乎未在木屐村裡展現，於是此種創意就必須時時翻新，才能讓人舊地重遊意猶未盡。在宜蘭我也看到了當地人的創意，我還蠻喜歡到宜蘭旅遊，尤其是雪隧開通後我更常去，除了吃吃當地小吃，就是到礁溪泡溫泉。每到泡湯的季節，從礁溪上國道五的交流道一定會大塞車，此時路邊居然有一家店名叫甕仔雞的雞肉店生意出奇的好。原來他們打出口號，塞車不如吃完甕仔雞再上路，果真大家都會停下來先吃雞再上路，真是切實際的創意。

其實聽完這堂課，對於我的幫助還蠻大的，因為讓我去思考創意這件事，大概是因為我所做的論文就是關於創意，所以對於這個課題特別有感覺，或許還可以呼應老師所說的，失業了就去搞個文化創意產業吧！

五、傳記的欣賞與寫作

從小我最討厭名人傳記，看到厚厚的一本傳記就很頭痛，根本就讀不下去。我想有個很大的原因是我為什麼要讀這些書，因為都寫得很無聊，但是今天透過簡齊儒老師的詮釋，讓我對名人傳記又有新的觀感。首先簡齊儒老師提出傳記，為何傳？簡齊儒老師以豐富的文學知識為講座開場白，道出寫傳記的背後秘辛，這燃起我對傳記的興趣。人人都愛聽故事，但是故事背後的真真假假恐怕是聽故事的人所未講究的。簡齊儒老師也隨時提醒我們去想想為何寫傳記的人要如此寫，為何寫？拿寫日記這件事來說好了，我一直以為寫日記只是設定給自己看的，然而周慶華老師卻提出他的日記是設

定給女朋友看的，說明寫作是有其目的。我從未寫過日記，高中時曾寫過短篇小說，但是我未曾考慮要寫給誰看。此刻透過簡齊儒老師的演講及周慶華老師精采的補充，讓我對寫作這件事又有另外的啟發。

回到簡齊儒老師一開始所演講的內容，從說八卦講起。我想只要有人的地方，大概都會有八卦消息傳來傳去的吧！拿我所在的公司來說，認真工作是一回事，但是工作之餘就是閒聊，我們總是喜歡講老闆以及組織上層的八卦，好似講出來可以解除工作上的一些壓力，這是最好的印證。另一個印證是同學們總是在閒聊時說起某位同學的狀況，常常不是真的事情卻被傳得滿天飛，也許說者只是想證明自己的神通廣大知道同學的私生活狀況，也或許說者只是不知道要如何跟同學一起度過無聊的下午茶時間，所以盡說別人的事以填補無言，這些現象都被簡齊儒老師說得維妙維肖。

最後簡齊儒老師以儀光禪師的傳記來說明傳記的功用，先前所提寫作是有其目的，寫傳記更是如此，不然為何要訴諸文字給大眾閱讀。在儀光禪師這篇傳記裡，同時透過周慶華老師的解讀，讓大家對於這篇傳記有新的研究方向，這是這場講座最大的收穫。

六、童詩寫作

今天的語文教育專題講座，是我在臺東研究所生活的最後一場，也是最精采的一場。以前不明白老師為什麼總把詩作掛在嘴邊，現在聽完感觸良多，因此我也想訪作一篇老師在徐慶東老師演講所創作的那首詩，有作不好的地方敬請見諒囉！

十

演講前的影片

指出周大師對於我們的影響

芳汝興奮的指導同學製作奇幻影片

當白色投影布幕緩慢升起後

周大師只是靜靜拿起筆

白板上的一行字——孔子的痛苦指數

點出孔子的新祕密

套出親密愛人的呼吸聲，把瓔玲的睡眠鋸成兩半

血淋淋地灑在同學的桌上

孔子說四十而不惑

莎士比亞偏說四十個冬天圍攻你的容顏

窗外的苦楝樹為何如此高大

只因它享受天空的巨大穹蒼

我從你的眼睛聽出哀怨

加深了我對哀怨的想像

所以討厭的事無法忘懷時

寫詩

美好的事物無法留住時

寫詩

如同抿著嘴笑的小女生

留下二十年的期待

猶記徐慶東曾說過心事若沒說出來，有誰會知道

但是太白話就變成歌詞──沒詩意

沒詩意就不高貴了

因此孔子的痛苦指數急升逼近九

再來說從詩到童詩

詹冰的遊戲以為拿出小妹妹當校長就可以成功偽裝成童詩

反倒是某國小女生的山

警察圍攻小偷是兒童經驗

原來童詩是以兒童能理解或大人所認為兒童所能理解的為準

忽然瞌睡蟲來作祟

對圓圈內的退而求其次還是向上提升

一概消失在口水裡

反倒是陶南的一天敲醒了我的末稍神經

因為曾經有個調皮不愛讀書的小學生

在多年後的同學會上

讓人感覺心痛

也讓我的眼眶泛起一波漣漪

還好蚊子和耳朵的對話讓人狂笑

不然媽媽的愛是塊糖會讓人難以理解現代的孩子到底懂不
　　懂事

後來一件螞蟻被集體謀殺的事件

被寫成重新定義好心的詩作

最後還有動物學校參一腳

只能期待泥燕再飛來

充當小丑也不錯

課堂最後的創作
要把死的聯想成活的
請回憶老師桌上的特別物品
坐在臺下的我
痛苦指數
十

給老師的話：我有很認真在聽課喔！只是沒老師這麼強可以以
精鍊的文字將課堂發生的一切寫成詩，不過徐慶東老師也說過寫一
首爛詩比讀一首好詩好呀！所以我正在努力呀！三年的時間一眨
眼就要過去了，心中好捨不得來臺東的生活，能夠聽老師談詩，是
我這輩子最幸福的事。很感謝老師無時無刻都在提醒我一些做人做
事的道理，雖然我不是顏回，也不是子路，但肯定自己不是宰我。
感謝老師以不一樣的角度讓我認識孔子還有《論語》，若是早點認
識老師，當初就不會那麼討厭《論語》了！

回顧語教所做的事

語教所的完成式

＊臺東大學語文教育研究所

一、設所宗旨

結合現代語言教學的理論與實務、發展多媒體語文教材、培育專業語文教育人才、提供在職教師語文教育進修、開拓未來語文教育產業。

二、設所目標

語文教育研究所成立的目標為陶鑄語文教育研究的專才，訓練語文教育產業的編輯、規畫人才，推動語文資訊化教學，並培養具有人文關懷、受過現代語文教育訓練的教師。

三、發展計畫

　　本所的發展重點為：（一）注重現代語言學；（二）強調語文教學；（三）培養文學與文化的素養；（四）結合現代的科技媒體；（五）從事學習漢語的語誤及偏誤的蒐集、分析與研究，以作為語文教學的參考依據；（六）發展語文教育產業。

四、學生基本能力指標

（一）語言能力
　　1. 依學校規定的語言能力指標。
（二）專業能力
　　1. 掌握語言分析的方法。
　　2. 對語文教學有基本的認識。
　　3. 具備學術論文寫作的能力。
　　4. 具備獨立從事學術研究的能力。

＊國立臺東大學語文教育研究所修讀辦法

一、入學資格

（一）凡在公立或已立案之私立大學或獨立學院，或經教育部認可
之外國大學畢業，獲有學士學位，或具有教育部認可之同等
學力資格，經本校碩士班研究生入學考試測驗通過者，得進
入語文教育研究所（以下簡稱本所）修讀學位。

（二）外籍學生依本校「外國學生入學辦法」申請，經本所審查通
過者，得進入本所碩士班修讀學位。

二、修業年限

一般生以一至四年為限，在職生最高年限為五年。

三、修讀課程及學分

（一）研究生得依其個人背景，於入學後第一學期註冊時依學校規
定向所裡提出學分抵免申請。申請時應填具申請單，檢具相
關證明，經授課教師簽署同意，再經所務會議審查通過後准
予抵免。在本所修過的科目，若未超過六年，可申請抵免。

（二）畢業學分總數為 32 學分（不含論文）。研究生每學期所修學分不得少於 1 學分，不得多於 15 學分。

四、基本能力指標

（一）語言能力
　　1. 依學校規定的語言能力指標。
（二）專業能力
　　1. 掌握語言分析的方法。
　　2. 對語文教學有基本的認識。
　　3. 具備學術論文寫作的能力。
　　4. 具備獨立從事學術研究的能力。

五、資格檢定

（一）研究生修業期間參加學術研討會（或有審查制度之學術刊物）或所論文發表會發表論文一次以上，始得提出論文口試申請。
（二）已通過的科目，若未超過六年，可申請抵免。

六、論文

（一）本所學位論文應依「國立臺東大學學位論文格式」撰寫。該格式可向所辦公室索取。

（二）選修論文前須填寫「選修論文申請表」，交至所辦公室轉請指導教授簽字後存檔。

（三）論文計畫書經書面審查或公開發表及二位教授審查通過並由指導教授審閱簽名。論文計畫書應於預定口試日期前四個月提出，延畢生不受此限。

（四）預定口試日期前一月應交三份正稿至所辦公室，同時填具口試申請表，以便安排口試事宜。

（五）口試完畢研究生應依照口試委員之建議修改論文，送請論文指導教授審閱簽名後，交三份至所辦公室，本所據此將論文成績送教務處，完成各項程序。

七、其他未規定事項均依本校學則及碩士學位考試細則辦理。

八、修業流程：

　　修習學科──交論文計畫書及試寫三章審查──口試

九、本辦法經所務會議通過後實施，修改時亦同。

*臺東大學語文教育研究所課程綱要——日間班

一、目標

（一）配合國家語文教育的政策。

（二）提升語文教育的研究水準。

（三）提供語教專業人才的進修管道。

（四）開拓未來語文教育產業。

二、課程結構

日間部碩士班課程大綱		
科目類別	學分數	說明
研究方法類	32 學分	選修，至少三學分
語教共同專業課程		選修，至少三學分
語文學群專業課程		選修，至少六學分
語文教學專業課程		選修，至少三學分
論文類	0 學分	必修
畢業學分數		32 學分（選修 32 學分）

三、選課須知

（一）研究生得依個人需要至外所選修至多修 6 學分。

（二）每學期修習學分數依學校規定辦理。

（三）畢業總學分至少 32 學分（不含畢業論文）。

四、專門課程

類別	科目中文名稱	科目代碼	必選修	學分數	時數	開課學期	科目英文名稱	備註
研究方法類	語文研究法	EGL3M001	選	3	3	碩一碩二	Research Methods in Language & Literature	
	質性研究	EGL3M004	選	3	3	碩一碩二	Qualitative Research for Language Education	
	行動研究法	EGL3M006	選	3	3	碩一碩二	Action Research	
語教共同專業課程	漢語語言學專題	EGL3L013	選	3	3	碩一	Chinese Linguistics	
	語文教育史專題	EGL3L007	選	3	3	碩一碩二	Seminar on History of Language & Literacy Education	
	文學與語文教育	EGL3L009	選	3	3	碩一碩二	Literature & Language Education	

	當代文學理論	EGL3L010	選	3	3	碩一 碩二	Contemporary Literature Theory	
	識字與寫字 教學研究	EGL3L011	選	3	3	碩一 碩二	Studies in the Teaching and Learning of Chinese Characters	
語文學群專業課程	閱讀領域	閱讀 心理學	EGL3S109	選	3	3	碩一 碩二	Psychology of Reading
		閱讀 社會學	EGL3S110	選	3	3	碩一 碩二	Reading Sociology
		文本分析	EGL3S111	選	3	3	碩一 碩二	Text Analysis
		語文工具 書研究	EGL3S112	選	3	3	碩一 碩二	Studies on Reference Books of Language
		閱讀教學 理論	EGL3S113	選	3	3	碩一 碩二	Reading Pedagogy
		多媒體 讀物研究	EGL3S114	選	3	3	碩一 碩二	Studies on Reading Materials of Multimedia
		讀書會理 論與實務	EGL3S115	選	3	3	碩一 碩二	Theory and Practices of Reading Club
		圖畫書 閱讀專題	EGL3S117	選	3	3	碩一 碩二	Seminar on Reading of Picturebooks

		寫作教學專題	EGL3S215	選	3	3	碩一碩二	Seminar on Writing Instruction	
		詩歌寫作專題	EGL3S216	選	3	3	碩一碩二	Seminar on Poetic Writing	
		篇章學	EGL3S217	選	3	3	碩一碩二	Text Linguistics	
		修辭學專題研究	EGL3S218	選	3	3	碩一碩二	Topic on Rhetoric	
寫作領域		小說寫作專題	EGL3S219	選	3	3	碩一碩二	Seminar on Fiction Writing	
		兒童戲劇寫作研究	EGL3S220	選	3	3	碩一碩二	Studies on Children's Drama Writing	
		兒童詩歌寫作研究	EGL3S221	選	3	3	碩一碩二	Studies on Writing of Children's Rhymes and Songs	
		少年小說寫作研究	EGL3S222	選	3	3	碩一碩二	Studies on the Writing of Young Adult's Novel	
語言發展		心理語言學	EGL3S314	選	3	3	碩一碩二	Psycholinguistics	
		兒童語言發展	EGL3S315	選	3	3	碩一碩二	Children's Language Development	
		社會語言學	EGL3S318	選	3	3	碩一碩二	Sociolinguistics	
		語言哲學	EGL3S325	選	3	3	碩一碩二	Linguistic Philosophy	

		文化語言學	EGL3S326	選	3	3	碩一碩二	Cultural Linguistics	
語文教學專業課程	課程與教材	教材分析	EGL3T101	選	3	3	碩一碩二	Analysis of Language Arts Materils	
		語文課程發展與設計	EGL3T102	選	3	3	碩一碩二	Development and Design of Language Curriculum	
		多媒體語文教學設計	EGL3T002	選	3	3	碩一碩二	Multimedia Instructional Design of Language Literacy Instruction	
		語文教學方法研究	EGL3T202	選	3	3	碩一碩二	Studies on Methods of Language Teaching	
		閱讀教學與評量研究	EGL3T203	選	3	3	碩一碩二	Studies on Teaching and Evaluation of Reading	
		作文教學與評量研究	EGL3T204	選	3	3	碩一碩二	Studies on Teaching and Evaluation of Writing	
		語文的測試與評估研究	EGL3T205	選	3	3	碩一碩二	Studies on Language Test and Evaluation	

	教學資源	電子網路資源	EGL3T301	選	3	3	碩一碩二	Sources of Internet	
		語文教學資源專題	EGL3T302	選	3	3	碩一碩二	Topic on Sources of Language Teaching	
論文類		畢業論文	EGL1R101	必	0		碩二	Master's Thesis	

＊臺東大學語文教育研究所課程綱要──暑期班

一、目標

（一）配合國家語文教育的政策。

（二）提升語文教育的研究水準。

（三）提供語教專業人才的進修管道。

二、課程結構

暑期在職專班課程大綱		
科目類別	學分數	說明
研究方法類	必修 6 學分 選修 22 學分	必修 1
語言學習與語文知識類		必修 3
課程教材教法類		
文類閱讀寫作教學類		
論文研究類		必修 2
畢業學分數	28 學分	

三、選課須知

（一）每學期修習學分數依學校規定辦理。

（二）畢業總學分至少 28 學分（不含學位論文）。

四、專門課程

類別	科目名稱	科目代碼	必選修	學分數	時數	開課學年	英文名稱	備註
研究方法類	質性研究法（包含行動研究法和敘事研究法）	EGL3MX02	選	2	6	1,2,3		
	語文研究法	EGL3MX01	選	2	6	1,2,3		
	論文寫作規範（包含書目格式、論文結構、摘要、資訊檢索、文獻檢視）	EGL1MX01	必	1	3	1,2,3		
	行為與社會科學研究	EGL3MX03	選	2	6	1,2,3		
語言學習與語文知識類	語文教育專題講座（一）	EGL1SX01	必	1	3	1		
	語文教育專題講座（二）	EGL1SX02	必	1	3	2		
	語文教育專題講座（三）	EGL1SX03	必	1	3	3		
	詞彙與漢語語法研究	EGL3TX04	選	2	6	1,2,3		
	漢語篇章教學研究	EGL3TX02	選	2	6	1,2,3		
	語文教學方法研究	EGL3TX05	選	2	6	1,2,3		
	心理語言學	EGL3TX06	選	2	6	1,2,3		
	語言學習理論	EGL3TX07	選	2	6	1,2,3		
	社會語言學	EGL3TX08	選	2	6	1,2,3		
	文化語言學	EGL3TX09	選	2	6	1,2,3		
	閱讀障礙與補救教學	EGL3TX10	選	2	6	1,2,3		
	兒童讀寫萌發	EGL3TX11	選	2	6	1,2,3		
課程教材	注音符號教學研究	EGL3TX12	選	2	6	1,2,3		
	說話教學研究	EGL3TX13	選	2	6	1,2,3		
	識字與寫字教學研究	EGL3TX03	選	2	6	1,2,3		
	語文教學綜合研究	EGL3TX14	選	2	6	1,2,3		
	語文工具書	EGL3TX15	選	2	6	1,2,3		

教法類	與參考書選編研究					
	語文電子化教學研究	EGL3TX16	選	2	6	1,2,3	
	多媒體語文教學軟體設計研究	EGL3TX17	選	2	6	1,2,3	
	語文課程發展研究	EGL3TX18	選	2	6	1,2,3	
	語文教學評量研究	EGL3TX19	選	2	6	1,2,3	
	跨領域的讀寫	EGL3TX20	選	2	6	1,2,3	
	國內語文教學參訪交流	EGL3SX01	選	2	6	1,2,3	
	國外語文教學參訪交流	EGL3SX02	選	2	6	1,2,3	
文類閱讀寫作教學類	故事閱讀與輔導研究	EGL3TX21	選	2	6	1,2,3	
	少年小說閱讀教學研究	EGL3TX22	選	2	6	1,2,3	
	圖畫書閱讀教學研究	EGL3TX01	選	2	6	1,2,3	
	傳記文學教學研究	EGL3TX23	選	2	6	1,2,3	
	兒童詩歌閱讀與寫作教學研究	EGL3TX24	選	2	6	1,2,3	
	記敘文閱讀與寫作教學研究	EGL3TX25	選	2	6	1,2,3	
	論說文閱讀與寫作教學研究	EGL3TX26	選	2	6	1,2,3	
	電子童書閱讀教學研究	EGL3TX27	選	2	6	1,2,3	
	小說研究	EGL3TX28	選	2	6	1,2,3	
	詩歌研究	EGL3TX29	選	2	6	1,2,3	
	戲劇研究	EGL3TX30	選	2	6	1,2,3	
論文研究類	學位論文寫作（一）	EGL1RX01	必	1	3	2、3	分成三班上課
	學位論文寫作（二）	EGL1RX02	必	1	3	2、3	分成三班上課
	畢業論文	EGL1RX03	必	4	0	3	不排定上課時間

專兼任教師及歷屆研究生名錄

＊日間班

教師姓名	開設過課程
周慶華	語文研究法／文學與語文教育／閱讀社會學／詩歌寫作專題／小說寫作專題／語言哲學／文化語言學／語文教學方法研究
洪文珍	識字與寫字教學研究／閱讀教學與評量研究／少年小說寫作研究
洪文瓊	語文教材編選研究／電子網路資源／多媒體語文教學設計研究／多媒體讀物研究／多元識讀研究
陳光明	漢語語言學專題／篇章學／兒童語言發展／語文工具書研究／心理語言學
王萬象	當代文學理論／修辭學專題研究
張學謙	兒童語言發展／社會語言學
傅濟功	電子網路資源
王本瑛	心理語言學
許文獻	漢語語言學專題／語文教學資源專題

＊暑期班

教師姓名	開設過課程
周慶華	語文研究法／論文寫作規範／語文教育專題講座／語文教學方法研究／文化語言學／跨領域的讀寫／小說研究／詩歌研究／學位論文寫作
洪文珍	識字與寫字教學研究／語文教育專題講座／少年小說閱讀教學研究／國內語文教學參訪交流／學位論文寫作
洪文瓊	語文工具書與參考書選編研究／多媒體語文教學軟體設計研究／圖畫書閱讀教學研究／語文教育專題講座／國內語文教學參訪交流／學位論文寫作／論文寫作規範
陳光明	詞彙與漢語語法研究／漢語篇章教學研究／心理語言學／學位論文寫作
王萬象	詩歌研究／戲劇研究
許文獻	語文電子化教學研究

＊日間班學生名錄

2002學年	2003學年	2004學年	2005學年	2006學年	2007學年	2008學年	2009學年	2010學年
許淑閔	張顯榮	林裕欽	紀淑萍	蔡正雄	楊淅淳	郭佳蓉	江依錚	蔡秉霖
徐文勇	張毓仁	謝昌運	侯雅婷	江芷玲	林羿伶	謝欣怡	王裴翮	黃春霞
溫宗仁	莊雅茹	曹怡仁	魏美娟	邱耀平	潘善池	陳詩昀	許晏綾	陳榮輝
黃連從	高敬堯	陳彥宏	林怡伶	陳佩真	陳美伶	王韻雅	許瑞昌	鍾文榛
黃昭惠	鍾秋妹	劉昱成	林亭君	黃嬰喬	顏孜育	陳君豪	王文正	曾若涵
朱啓銘	黃　玉	蘇瓊媚	陳嬿羽	陳雅如	蔡宜真	李珏青	楊評凱	黃梅欣
張雅閔	陳心怡	張淑琪	陳韻竹	石國鈺	林靜怡	林月香	葉尚祐	黃子剛
	林家楓		涂淑琪	徐碧鴻	廖五梅	呂惠芸	黃詩惠	謝綺環

			張尹贏	蔡武忠	陳郁文	曾振源	江宏傑	周柏甫
			許詩君		孫長生	巴瑞齡	陳雅音	
			徐巧縈			麥特		
						麥美雲		

＊暑期班學生名錄

2006 學年		2007 學年		2009 學年	
陳意尹	廖惠珠	李金青	林秀娟	白清維	劉欣玫
許淑芬	沈珠帆	葉明慧	陳家珍	劉芳汝	李麗琴
董霏燕	鄭嘉璇	郭寶鶯	鄭揚達	林怡沁	范振豐
林璧玉	鄭孟嫻	嚴秀萍	吳淑玲	林子媛	張淑佳
林明玉	范姜翠玉	曾麗珍	許峰銘	鄭雅云	許璦玲
許靜文	張金葉	陳雅婉	張藍尹	史益山	許彩虹
蔡藻藻	黃婷珊	夏洪憲	林彥佑	游欽媄	李心銘
黃靜惠	李麗娜	呂秀瑛	許慧萍	王惠群	黃紹恩
蔡秀芳	曾詩恩	林桂楨	徐培芳	黃獻加	張銘娟
林美慧	陳湘屏	黃香梅	何瑞蓉	楊秀子	何秋董
李娟娟	劉佩佩	蕭孟昕	匡惠敏	林慧玲	康桂萍
陳淑瑜	吳靜芳	黃美娟	謝惠珠	李玉玫	呂輝程
吳麗櫻		羅文酉		瞿吟禎	

所長網頁留言

＊通告

　　語教所在學校整併政策下，已於 2011 學年度停招，研究生名額轉給華語系碩士班，獨立運作至 2011 學年度結束。休學的夥伴，請趕快復學並完成論文口試，以維護自己的權益；延畢和在學的夥伴，也請一併於 2012 年 7 月 15 日前完成論文口試，免得業務移交後會有諸多不便。語教所即將告別歷史，請大家珍惜這段時間，一樣做我們該做的事。

＊與語文教育共舞

　　歷史的列車
　　一節有一節斑駁的記憶
　　趕著夢想的翅膀
　　起風就要飛向夐遠的藍天

　　那時還在耽戀
　　椰子樹上一顆太陽的成熟

山呼應海也洶湧
蘭嶼和綠島都看見我們來了
乘著那一古老的列車

記憶開始斑駁以後
夢想會更堅實
俯瞰大地成了最新的儀式
在這裡心知道曠觀寰宇
剩餘的情節有波濤

東海岸鍛鑄了幾則傳奇
都著染上我們供養的色彩
踢踏的步伐後面
已經響起追隨的隊伍
與你結石緣來共舞

語帶溫暖
文心好去煮酒
教導天開傾覆的扉頁
育成後歸鄉

* 共吟一家香濃
——給語教所 2009 級暑碩班的夥伴

兩度暑天都在補聽

窗外蟬噪的高亢

有人走過知識快速飆漲的國度

驚奇許多來到的奔躍的靈魂

一起譜出共乘的方舟

在迎接陽光中給你不必賒賬的未來航向

清晨的露滴有陳釀的思維

芳槿攜來了四季的紅艷看汝

怡人的故事漫爬上枝頭最相沁

子思繼業遙想開出一串歷史的美媛

益世的書來不及記載全託付給裝詩的山

欽點天使的羽翼扶搖到了神的領地要問媖

惠賜滿車的福分有蝶戀成群

獻身非人的採訪然後蒸發的證照會增加

秀一場來自森林的舞蹈釋放撿拾標點的學子

慧了策略在閱讀場域流動中有明玲

玉悠開地昭亮藍田換來澄澄環帶的真玫

吟向夐遠編織一張說故事的網卜算說可禎

欣遇人文電影的掙扎後援手給出多玫

麗日翻過中央山脈在東海岸停留尋找一把古琴

振落了成堆的音符說要去祝福年豐

淑妝改變雕飾氣派依然數絕佳

璦出美名煥發一輪朝陽產地還有新玲

彩麗文字精繪的版圖橫貫著年年滋長的長虹

心繫後主的憂愁通感意象從詞裡浮現教你仔細鑴銘

紹述聽過傳奇的耳朵前進路上有聲音在感恩

銘刻一段後設相思贏來千里外的心儀迭代想要共嬋娟

秋實甜美如佳釀嘗了記得去賞花菫

桂氣穿透薄薄的數字轉身提攜半度的飄萍

輝光走動驚嚇到整山金針將認證閱讀寄託回程

惠予原味啟蒙開啟新紀元成就了一顆夜明珠

綠島在遠方呼喚蘭嶼

藍了二十五份備齊的心情向天

鯉魚山還沒有謄出我們嚮往徜徉的采邑

准許場內場外共吟古往來今潺潺的詩

一家人都卯上了開出逐漸升溫的舞臺列車

謝幕後端起掌聲有咖啡的香濃

＊樂翻一個無須月亮的夜
——語教所夥伴煨熟的周某慶生會

當問題秀完以後

一段錄影藏了二十餘個倩影

溫馨迴盪在語教大樓

天蠍男忘掉的日子

赧然的從歷史被召喚回來

他沉醉了一如極地初逢的新雨

雅致永遠要給天音

朝東已經光耀到了文字書藝會長茂

晏餘的情緒特好配穿齊綾

詩結了同心圓給出恩惠

依戀已遍最想彈錚

裴回飛渡露尖有成千的麗翎

宏圖展衍看見了俊傑

尚方寶劍不輕易許諾過期的福祐

瑞象輻輳全家都得到榮昌

評定等第最後勝名通向大凱

文昌君拴著朝日前來報效端正

梅果熟了雨露集體歡欣

若是春去秋來私攢的季節適合廣涵
綺美的福報連環
文事添一筆財運如榛
春陽孵熱了天邊會說故事的彩霞
秉你幾寸相思都嚐著甘霖
子時後的戲碼不計較柔還剛
柏樹在庭前終於結識流浪千年的杜甫

美顏明艷一整個越南的雲
韻華悄悄的爬上心頭連聲說雅
瑞氣從東海祝蝦翻出久久還在苕齡
詩化的心天天穿越祥綻的昀
珏分享出玉塔羅常青
月影漫上了花叢有餘香
盈揀半途送來早發的晞如
淑姿原來毋須及身還
偉岸比長過路途競爭新的豪雄
郁郁文采煲著來年一起促膝品茗
玉在底基開放一盆不凋的蘭

去年廿五今年減輕變十八
白髮消磨的歲月停格了
兩場舞蹈配上黏心的不哈歌
聯區禮物接手無限的感念

開懷是今夜最長的記憶
驚訝都在包圍的祝福詞裡

* 緣還在流動
——給 2008 級日間班的夥伴們

炎夏又催熟了東海岸的艷陽
細細數過楓葉再數白雲
牽掛的是那鳳凰花還沒有全開
蟬鳴當心在棲遲一場早定的盟約
好樂迪的歡唱聲裡
有我午後不捨的熟悉的身影

欣喜樹的苗壯備分是心怡
美麗島飛來一片南國的祥雲
振動了詩的豪興歌要去尋找水源
韻多彈跳古今准你追比爾雅
君不見卑南溪畔有雄豪
月光下旅行很文學夾帶梔子花香
詩沉甕底釀出一抹晨昀
瑞現東方中氣安住會加給遐齡
珏玉瓊瓊後藍田已經長青
佳人自渡飛上枝頭絢了芙蓉

蕙風到處飲食渴望眾生在終結芸芸
靜心飄洋歸來插花最安怡

邁不開那一步黏著的離別
驚喜贈我的腳踏車裡有濃濃的情意
踩上路往事在心疼
乍回頭綻放的容顏重來眼前躑躅
期期存願你們
揚帆時無風也無雨

＊「語文教師增能工作坊：澎湖場」緣起

　　臺東大學語文教育研究所一向在從事專業的語文教育研究，發展項目包括「結合現代語文教學的理論與實務」、「開發多媒體語文教材」、「培育專業語文教育人才」、「提供在職教師語文教育進修」和「開拓未來語文教育產業」等，至今連暑期在職專班已培養了一百多名研究生，學位論文出版超過五十種，在外口碑極佳；而所裡每年舉辦的學術會議、學術演講、研究生論文發表會和出版語文教育叢書等，也不斷熱絡所的學術氣氛和提升師生的學術研究能力，已經形成一個專業語文教育研究的社群。

　　此外，本所也承辦過多屆財團法人郭錫瑠先生文教基金會「兒童讀物深度閱讀培訓」，以及每年至少舉辦一場有關語文教學的工作坊，跟實務界廣泛分享研究經驗和成果，在激發大家從事語文教育的熱情和提升語文教學的技能上也頗有績效。尤其是工作坊的舉

辦，連結了在本所所陶冶的理論建構和實務經驗，經常給予參與者耳目一新的感覺，多有期盼能持續舉辦下去，而無形中鼓舞了本所努力再開發新的議題和規畫一系列相關的活動。

先前所有的語文教學工作坊，因限於人力和經費，都在臺東校內舉辦，規模無法擴展，不免深感遺憾。這次移到澎湖來辦理，也算是作了一點彌補。而所請講師，全是語教所畢業的夥伴，他們不但學有專精，而且還有豐富的教學經驗。請他們來講授分享，一方面是藉重他們的專長把語教所向來所推動的語文教育工作廣為傳揚；另一方面則是藉機會了解澎湖在地的語文教育現況，以便帶回跟理論相互印證，提供其他在學的夥伴參考借鏡。希望經由多向的交流，可以促使大家對語文教育有更多實質的關懷。

雖然本所因學校的整併政策關係，已從 2011 學年起停招，而把研究生名額轉給華語文學系，但對於早就開墾有成的語文教育研究園地，並不受影響而提早休耕。即使經營到明年 8 月 1 日結束，把業務移交出去，我們的心還是會留在這個曾經花團錦簇過的空間；更何況來進修過的夥伴，他們已經在各處散播精緻且有創意的語文教育的種子，研究所實際上並沒有終結，它只是不再發聲。但願舉辦工作坊這區區的心意，能獲得大家的賞愛而一起致力於創造未來更好的語文教育環境。

2011 年 11 月 28 日於臺東

* 澎湖行

攤開被海包圍也跌宕海的澎湖地圖

我的心開始神遊東北季風最後溫存的國度

像一隻候鳥找到了希望偏離航線的飛行

島嶼散布在詩人裁剪的詞句裡我遇見

羅列驚奇還給藝術家他要雕琢一份純樸

七美人笑了讓渡望夫石將軍挾去鎮守南方

仙人腳印踩過雙心石滬決定在天臺山逗留望安

返北記得用鼻子偷窺一雙溫馴的井虎

把桶盤整座玄武岩柱端走進入夢境孵化

偕海底大小噴湧的傳說來風櫃聽濤

隨著馬公飛航的廣播響起

敲醒我即將啟動一趟陌生又熟悉的旅程

天后宮施公祠觀音亭不曾停歇的歷史

揚達已經包辦寫在書裡透著薰香

忘了圖籍的海田石滬篤行十村

孟嫻嘉璇導覽後就會從繪本中活跳出來

許願後慧萍驅遣量詞的流通彩虹耽戀識字的風華

還有一起粧點熱情菊島的瑞蓉瑞昌馬校長

都進駐今年歲末最新的欣喜

六個鄉市先行流連我給出了滿檔存好的篇名

然後想看蔚藍天空溢水的前情跟著機身翩然降落

那是澎湖姊妹花幾年來催我踐行的約定

如今風把它舞動得像一群頑皮小孩正在練就通身絕藝

颼走幾片燦美又來虎嘯的威嚇

它要我記得腳下的土地也有芳草鮮妍

也許不該管到遠處的礁嶼和眼前的白沙是否准過靈魂帶著焦慮
　　去飄泊

踅過一圈後就得閑閑的放棄來時連名浮動的懸念

當兩天的島民勝似許久未曾進城的仙真

最終回神從工作坊結識了另一群夥伴

我們搏了一塊心靈版面

將語文創意織進釀造產出不許逃逸的新話題

那裡面有施琅暫停攻打鄭氏政權待在原地經營觀光產業

七矮人浪跡天涯找到了新白雪公主一共有七個美人

觀音菩薩聯手四海龍王給各地乾旱送去甘霖

等到旅遊季來臨就請仙人掌節上場

允諾土豆天人菊花卉藝術在關鍵時刻捧出聽任品嘗

順便把貝殼咾咕石玄武岩的夢帶回去安全溫習

一場舊誼新醅的餐會還在升溫

伴隨語教所的畢業旅行我要帶走它讓時間加入濃度

回看來時一身輕盈歸返多了幾重懷念

2011.12.3 於馬公國小辦理
「語文教師增能工作坊：澎湖場」現場

豐碩多彩的學位論文

＊日間班畢業論文

論文名稱	研究生	指導教授	年度
《電影影像與文字的關係探討》	許瑞昌	周慶華	100
《國小國語教科書分號、破折號、引號、頓號學習內容之研究》	郭佳蓉	洪文瓊	100
《寫一道好菜——臺灣當代飲食散文》	呂蕙芸	王萬象	100
《電影在語文教學上的運用》	陳美伶	周慶華	100
《電影中的文化意象》	王文正	周慶華	100
《文學的另類寫真——文人怪癖與文學創作的關係探討》	陳雅音	周慶華	100
《金銀紙信仰的祕辛》	楊評凱	周慶華	100
《近義詞辨析——以名詞為例》	林羿伶	許文獻	100
《中西兒歌的比較及其在語文教學上的運用》	陳詩昀	周慶華	99
《原漢學童作文病句比較探討》	曾振源	周慶華	99
《原住民影片中的原漢意識及其運用》	巴瑞齡	周慶華	99
《中西格律詩與自由詩的審美文化因緣比較》	林靜怡	周慶華	99
《成語的隱喻藝術》	王韻雅	周慶華	99
《越南童話的文化審美性及其教育價值》	麥美雲	周慶華	99
《色彩詞的文化審美性及其運用——以新詩的閱讀與寫作教學為例》	謝欣怡	周慶華	99
《語素、語詞意義的引申與擴張——以『青』為例》	楊淅淳	陳光明	99

《現行語文教育的缺失與改善途徑》	石國鈺	周慶華	98
《飲料名稱的審美與文化效應》	顏孜育	周慶華	98
《唐傳奇戲劇化在閱讀教學上的應用》	廖五梅	周慶華	98
《臺語委婉語的研究:「性」的社會、文化解讀》	蔡正雄	陳光明	98
《漢語語法的社會與文化功能——以漢語語法的靈活性為切入點》	潘善池	周慶華	98
《重新定義「臺語」——客家人對「臺語」名稱的態度分析》	張顯榮	張學謙	98
《金庸《碧血劍》改版書寫差異研究》	張淑琪	林雅玲	98
《漢語字詞意義的擴張與引申——以「白」為例》	徐碧鴻	陳光明	98
《張愛玲小說作品經典化研究》	陳彥宏	林雅玲	98
《美濃客家家庭客語的流失與保存》	鍾秋妹	張學謙	98
《國小國語教科書課文插圖融入教學之研究——以南一版第五冊第四單元為例》	徐巧縈	洪文瓊	98
《新加坡「講華語運動」的語言行銷分析》	張尹嬴	張學謙	97
《兒童美語廣告的語言意識型態分析》	許詩君	張學謙	97
《印度學生對語言政策態度調查》	涂淑琪	張學謙	97
《女性學習白話字的讀寫研究》	張雅閔	張學謙	97
《臺語加強詞的研究:語料庫語言學的分析》	謝昌運	張學謙	97
《「前景」與「背景」:曹俊彥自創故事類圖畫書中文字與圖像的強調手法》	陳韻竹	陳光明	97
《國語教科書中說明文的篇章結構》	侯雅婷	陳光明	97
《越南籍新女性移民跨文化語言學習策略的個案研究》	江芷玲	周慶華	97
《國小國語首冊教科書學習項目及學習順序之比較分析》	魏美娟	洪文瓊	97
《國小學童記敘文中的連接成分使用情況分析以臺東大學附小為例》	林亭君	陳光明	97
《國小低年級學童病句分析》	林怡伶	陳光明	97
《電視字幕對於語言理解的影響——以「形系文字」和「音系文字」的差異性為切入點》	陳佩真	周慶華	97

《神話在語文教育上的運用》	蘇瓊媚	周慶華	96
《英語品牌和商品名稱之命名與漢譯——以女性保養品為例》	林裕欽	陳光明	96
《國民小學語言人權教育活動設計》	紀淑萍	張學謙	96
《翻譯語篇與現代漢語回指的比較研究》	曹怡仁	陳光明	96
《越南籍新住民華語語音偏誤及教學策略研究》	陳心怡	王本瑛	96
《國語教科書記敘文標題的研究》	林家楓	陳光明	95
《國小學童記敘文的擴寫研究》	高敬堯	陳光明	95
《唸名速度與閱讀能力關係之追蹤研究》	張毓仁	陳光明	95
《洪醒夫小說世界的鄉土關懷》	許淑閔	張子樟	95
《國小學生摘寫故事大意之研究》	莊雅茹	洪文珍	95
《多媒體教材對國小六年級低語文能力學生閱讀學習成效之研究——以說明文教學為例》	朱啓銘	吳淑美 王明泉	94
《童詩閱讀教學探究——以〈在夢裡愛說童話故事的星星〉為例》	黃連從	周慶華	94
《臺灣大學生對語言權利態度調查》	黃昭惠	張學謙	94

＊暑期班畢業論文

論文名稱	研究生	指導教授	年度
《場域創意閱讀教學》	黃紹恩	周慶華	100
《語文戲劇化教學》	許璦玲	周慶華	100
《創意論說文寫作教學》	張銘娟	周慶華	100
《國小中年級學童家庭閱讀環境、閱讀動機、閱讀習慣與國語科學業成就關係之研究》	游欽媄	廖本裕	100
《標點符號的秘辛——從語法功能到文化功能的發掘進路》	楊秀子	周慶華	100
《語言學習的行銷》	張淑佳	周慶華	100
《識字教學策略》	許彩虹	周慶華	100
《編織式創意記敘文寫作教學》	瞿吟禎	周慶華	100

《創意戲劇化圖畫書教學》	李玉玫	周慶華	100
《非人採訪術》	黃獻加	周慶華	100
《繪本教學對國小輕度智能障礙學童功能性詞彙學習成效之研究》	林子媛	程鈺雄	100
《李後主詞通感意象探析》	李心銘	王萬象	100
《寫作戲劇化教學》	林怡沁	周慶華	100
《國小五年級學童閱讀理解能力與數學文字題解題能力之相關研究》	康桂萍	陳海泓	100
《國小四年級學童閱讀理解能力與臺中市國民小學推動校園閱讀線上認證系統之相關研究》	呂輝程	陳海泓	100
《注音符號的文化演現》	何秋菫	周慶華	100
《語文閱讀教學策略》	林慧玲	周慶華	100
《原住民小說中的成長啓蒙》	謝惠珠	周慶華	100
《橋樑書與戲劇結合在說話教學上的運用》	李麗琴	周慶華	100
《兒童傳記之內容分析研究——以居禮夫人為例》	蕭孟昕	黃志順	99
《圖形組織應用於國小國語課文結構教學之研究》	葉明慧	黃永和	99
《「文化回應教學」與國小讀寫課程設計——以屏東縣長樂國小為例》	黃靜惠	王慧蘭	98
《讀書會在新移民女性語文教育上的運用——以讀報互動作為開展核心》	匡惠敏	周慶華	98
《莊子寓言在讀者劇場中的應用》	林桂楨	周慶華	98
《一個關於橋樑書的新願景——從圖像閱讀銜接到文字閱讀的教學研究》	曾麗珍	周慶華	98
《心智繪圖應用於文章構思的研究》	呂秀瑛	黃志順	98
《導讀志工參與國小閱讀活動之研究——以臺北市永樂國小為例》	郭寶鶯	陳仁富	98
《國小低年級國語教科書記敘文句型分析——以南一、康軒、翰林版為例》	陳家珍	陳光明	98
《數學教科書中的語言表達》	陳雅婉	陳光明	98

《兒歌的韻律研究》	李金青	陳光明	98
《國小六年級學生以電腦寫作的修改策略之研究》	黃香梅	陳光明	98
《童話中的反動思維——以狼和女巫形象的塑造及轉化為討論核心》	嚴秀萍	周慶華	98
《澎湖的風土人文在語文教學上的應用》	鄭揚達	周慶華	98
《童詩圖像教學》	許峰銘	周慶華	98
《說演故事在閱讀教學上的應用》	林秀娟	周慶華	98
《國小學童中文量詞概念與閱讀理解能力相關之研究》	許慧萍	洪文珍	98
《中文關聯詞測驗與閱讀理解相關之研究——以一到四年級為例》	張藍尹	洪文珍	98
《國小高年級學童關聯詞使用與閱讀理解能力相關之探究》	吳淑玲	王本瑛	98
《圖像與修辭技巧結合之寫作教學——以國小四年級為例》	林彥佑	許秀霞	98
《看見自己的思考——以圖像組織提升國小三年級學生寫作能力之行動研究》	羅文酉	秦麗花	98
《以圖畫故事書為媒介指導兒童編寫劇本之行動研究——以國小六年級學生為例》	夏洪憲	秦麗花	98
《知識性文本閱讀策略教學之行動研究》	范姜翠玉	吳敏而	98
《國小教師國語文語言覺識調查》	林美慧	陳光明	98
《國小高年級議論文寫作教學模式之探究——以一個班級的行動研究為基礎》	蔡藻藻	楊淑華	98
《海島型縣市國民小學鄉土語言閩南語教材名詞代名詞類詞彙之比較研究——以澎湖縣、金門縣為例》	鄭孟嫻	洪文瓊	98
《國小學生閱讀不同文體文章提問表現之研究——以澎湖一所國小為例》	鄭嘉璇	洪文瓊	98
《運用迷你課程改善學生發問行為之行動研究》	陳淑瑜	洪文瓊	98

《作文病句探究——以九年一貫教育第二階段學生寫作所見現象為例》	許淑芬	周慶華	98
《小琉球的風土人文在語文教學上的應用》	蔡秀芳	周慶華	98
《新移民女性子女國語文補教教學》	葉玉滿	周慶華	98
《成語的語法與修辭及角色扮演——以康軒版國語教材所見為例》	陳湘屏	周慶華	98
《九年一貫第二階段國語課本連接成分的研究——以南一、康軒、翰林版為例》	吳靜芳	陳光明	98
《少年小說班級讀書治療對國小高年級霸凌學童的影響》	黃婷珊	洪文珍	97
《感官的獨白與合奏——視聽作文教學》	劉佩佩	周慶華	97
《圖畫與文字的邂逅：圖畫書中的圖文關係探索》	陳意爭	周慶華	97
《九年一貫國小國語教科書中鄉土文化內容之研究》	吳麗櫻	陳光明	97
《拒絕遊牧——流浪教師的修辭策略》	廖惠珠	周慶華	97
《國民小學國語習作大意練習的內容分析》	沈珠帆	洪文珍	97
《擴寫教學對國小二年級學童記敘文寫作之影響》	張金葉	陳光明	97
《解除寫作的夢魘——小學生作文病句的診斷與補救途徑》	李麗娜	周慶華	97
《國民小學第一學習階段學生硬筆字學習成果分析》	曾詩恩	洪文珍	97
《讀寫整合生命教育教學對國小高年級自傳創作影響之研究》	董霏燕	洪文珍	97
《創造性的場域寫作教學》	林璧玉	周慶華	97
《少年小說中的人物刻畫——以紐伯瑞兒童文學獎得獎作品為例》	林明玉	周慶華	97
《臺灣青少年成長小說中的反成長》	許靜文	周慶華	97

學位論文出版進軍市場

作者	書名	出版地	出版社	出版年月	備註
黃連從	《童詩閱讀教學探究——以「在夢裡愛說童話故事的星星」為例》	臺北	秀威	2007.8	
江芷玲	《越南新移民跨文化語言學習策略研究》	臺北	秀威	2008.8	東大學術1
陳佩真	《電視字幕對語言理解的影響——以「形系」和「音系」文字差異為切入點》	臺北	秀威	2008.10	東大學術2
陳意爭	《圖畫與文字的邂逅——圖畫書中的圖文關係探索》	臺北	秀威	2008.12	東大學術3
林明玉	《少年小說中的人物刻劃——以紐伯瑞兒童文學獎得獎作品為例》	臺北	秀威	2009.1	東大學術4
許靜文	《臺灣青少年成長小說中的反成長》	臺北	秀威	2009.1	東大學術5
許淑芬	《作文病句探究——以小四到小六學生寫作現象為例》	臺北	秀威	2010.2	東大學術6
李麗娜	《解除寫作的夢魘——小學生作文病句的診斷與補救途徑》	臺北	秀威	2008.12	東大學術7
廖惠珠	《拒絕遊牧——流浪教師的修辭策略》	臺北	秀威	2008.12	東大學術8
林璧玉	《創造性的場域寫作教學》	臺北	秀威	2009.1	東大學術9

陳湘屏	《成語的語法、修辭及角色扮演》	臺北	秀威	2009.10	東大學術10
葉玉滿	《新移民女性子女國語文補救教學》	臺北	秀威	2009.7	東大學術11
顏孜育	《飲料名稱的審美與文化效應》	臺北	秀威	2010.8	東大學術12
石國鈺	《現行國小語文教育的缺失與改善途徑》	臺北	秀威	2009.11	東大學術13
潘善池	《漢語語法的社會與文化功能——以漢語語法的靈活性為切入點》	臺北	秀威	2010.1	東大學術14
廖五梅	《唐傳奇戲劇化在閱讀教學上的應用》	臺北	秀威	2010.4	東大學術15
陳雅婉	《數學教科書中的語言表達——教你看懂數學課本的文字敘述》	臺北	秀威	2010.6	東大學術16
匡惠敏	《新移民女性的語文教育——讀報讀書會的運用與實例》	臺北	秀威	2010.2	東大學術17
曾麗珍	《一個橋樑書的新願景——從圖像到文字閱讀的教學研究》	臺北	秀威	2009.11	東大學術18
林桂楨	《莊子寓言在讀者劇場中的應用》	臺北	秀威	2010.11	東大學術19
麥美雲	《越南童話的文化審美性及其教育價值》	臺北	秀威	2010.7	東大學術20
黃靜惠	《「文化回應教學」與國小讀寫課程設計》	臺北	秀威	2010.2	東大學術21
蔡秀芳	《小琉球的風土人文與語文教學》	臺北	秀威	2010.8	東大學術22
許峰銘	《童詩圖像教學》	臺北	秀威	2010.5	東大學術23
嚴秀萍	《童話中的反動思維——以狼和女巫形象之遞嬗為討論核心》	臺北	秀威	2010.3	東大學術24
鄭揚達	《澎湖的風土人文與語文教學》	臺北	秀威	2010.6	東大學術25

林秀娟	《說演故事在閱讀教學上的應用》	臺北	秀威	2011.11	東大學術 26
林靜怡	《中西格律詩與自由詩的審美文化因緣比較》	臺北	秀威	2011.3	東大學術 27
王韻雅	《成語的隱喻藝術》	臺北	秀威	2011.1	東大學術 28
謝欣怡	《色彩詞的文化審美性及其運用——以新詩的閱讀與寫作教學為例》	臺北	秀威	2011.2	東大學術 29
曾振源	《原住民與漢族學童作文病句比較探討》	臺北	秀威	2011.1	東大學術 30
巴瑞齡	《原住民影片中的原漢意識及其運用》	臺北	秀威	2011.1	東大學術 31
陳詩昀	《中西兒歌的比較及其在語文教學上的運用》	臺北	秀威	2012.5	東大學術 32
楊評凱	《金銀紙的秘辛》	臺北	秀威	2011.11	東大學術 33
陳雅音	《文學的另類寫真——文人怪癖與文學創作關係探討》	臺北	秀威	2011.12	東大學術 34
王文正	《電影文化意象》	臺北	秀威	2011.11	東大學術 35
陳美伶	《電影在語文教學上的運用》	臺北	秀威	2012.4	東大學術 36
張淑佳	《語言學習的行銷》	臺北	秀威	出版中	東大學術 37
黃獻加	《非人採訪術》	臺北	秀威	2012.4	東大學術 38
許瓅玲	《語文戲劇化教學》	臺北	秀威	2012.4	東大學術 39
黃紹恩	《場域創意閱讀教學》	臺北	秀威	2011.12	東大學術 40
李玉玫	《創意戲劇化圖畫書教學》	臺北	秀威	2012.4	東大學術 41

許彩虹	《識字教學策略》	臺北	秀威	2012. 1	東大學術 42
瞿吟禎	《編織式創意記敘文寫作教學》	臺北	秀威	2012. 5	東大學術 43
楊秀子	《標點符號的秘辛——從語法功能到文化功能的發掘進路》	臺北	秀威	出版中	東大學術 45
張銘娟	《創意論說文寫作教學》	臺北	秀威	2011. 12	東大學術 46
林怡沁	《寫作戲劇化教學》	臺北	秀威	2012. 5	東大學術 47
李心銘	《李後主詞通感意象探析》	臺北	秀威	2012. 4	東大學術 48
何秋菫	《注音符號的文化演現》	臺北	秀威	2012. 5	東大學術 49
林慧玲	《語文閱讀教學策略》	臺北	秀威	2012. 1	東大學術 50
謝惠珠	《原住民小說中的成長啓蒙》	臺北	秀威	出版中	東大學術 51
許瑞昌	《電影影像與文字的關係探討	臺北	秀威	出版中	東大學術 52
李麗琴	《橋樑書與戲劇結合在說話教學上的運用	臺北	秀威	出版中	東大學術 53

「最新資訊」的回味

學術研討會徵稿

＊閱讀與寫作教學的新趨勢學術研討會

一、緣起：

　　本所向來以結合現代語言教學的理論與實務、發展多媒體語文教學、培育專業語文教育人才、提供在職教師語文教育進修、開拓未來語文教育產業等為發展重點，已經累積不少成果，今仍不懈努力配合舉辦學術研討會，再求深化，以探討閱讀與寫作教學的新趨勢課題。因正逢本所洪文瓊教授即將榮退，特以此兼為祝賀。洪教授著述宏富，語文教育專業為學界所共仰，且對本所的教學、服務貢獻良多，期盼此次學術研討會可以藉為輝映他的成就及聊慰他的劬勞。

二、主題：「閱讀與寫作教學的新趨勢」學術研討會

三、子題：

（一）閱讀教學的新趨勢

（二）寫作教學的新趨勢

（三）洪文瓊教授的學術貢獻

（四）座談會：洪文瓊教授的學思特色

四、主辦：臺東大學語文教育研究所

五、時間：2009 年 12 月 4 日（星期五）

六、地點：臺東大學臺東校區教學大樓視聽教室 B

七、論文、座談會引言邀稿截止日期：2009 年 10 月 4 日（為出版會前論文集）

八、論文字數：10000〜20000 字

九、座談會引言稿：3000〜5000 字

十、論文格式：

　　　請依一般學術論文撰寫格式。

十一、論文、座談會引言定稿，請以 e-mail 寄送。

十二、聯絡資訊：

（一）聯絡人：周玉蘭助理

（二）電話：089-318855 轉 4701

（三）傳真：089-348244

（四）e-mail：yulan@nttu.edu.tw

（五）地址：950 臺東市中華路一段 684 號臺東大學語文教育研究所

＊語文產業學術研討會

一、緣起：

　　　語文產業是時代的趨勢，也是從語文到語文教育這條路上所得納入的新課題；而關注這個趨勢和新課題，並予以全面性的省思和探討，也就成了所有語文同好所不合推卸的責任。因此，在文化創意產業日益受到重視的今天，大家集中力氣來一

探當中最精緻的語文產業，自然就有開啟新氣象的作用；而所回饋給語文愛好者的，也正是它的「獨具姿采」而可以從中啟迪再造語文的新生命。

二、主題：

　　　語文產業

三、子題：

（一）語文產業化的哲學省思

（二）語文與編採

（三）語文與創意產業

（四）語文與出版

（五）語文與其他新興產業

四、主辦：

　　　臺東大學語文教育研究所

五、時間：

　　　2010 年 11 月 27 日（星期六）

六、地點：

　　　臺東大學臺東校區教學大樓 5 樓視聽教室 A

七、論文截稿日期：

　　　2010 年 9 月 10 日（為出版會前論文集）

八、論文字數：

　　　10000～20000 字

九、論文格式：

　　　　請依一般論文撰寫格式（包括：題目、摘要、關鍵詞、內

　　文、參考文獻等）

十、聯絡資訊：

　　　　論文定稿請以 E-mail 寄送

（一）聯絡人：周玉蘭助理

（二）電話：089-355760

（三）傳真：089-348244

（四）E-mail：yulan@nttu.edu.tw

（五）地址：950 臺東市中華路一段 684 號臺東大學語文教育研

　　　　究所

＊後全球化時代的語文教育學術研討會

一、緣起：

　　　　時序已經推進到一個西方強權威力轉弱而東方中國崛起

　　的後全球化時代，一切以「重構文明」或「再造文明」的新意

　　識在主導經濟和科技的運作；而另一股更需反全球化的後生態

　　觀念也勢必要形塑完成，並且作為串聯全人類踐履隊伍的指導

　　原則。因此，始終居於領航地位的語文教育，沒有理由在這一

　　新時代不再引吭發聲；而重新來探討它的前進方向，也就正是

　　時候。

二、主題：

後全球化時代的語文教育

三、子題：

（一）後全球化與語文教育的革新

（二）語文教育怎樣因應後全球化時代的文明解構思潮

（三）後全球化時代的華語文教學競爭課題

（四）走向後全球化時代的語文教育研究

（五）語文教育研究所在後全球化時代的終結與新生

四、主辦：

臺東大學語文教育研究所

五、時間：

2011 年 7 月 27 日（星期三）

六、地點：

臺東大學臺東校區教學大樓 5 樓視聽教室 A

七、論文題目提供日期：

2011 年 1 月 10 日前

八、論文截稿日期：

2011 年 4 月 25 日（為出版會前論文集）

九、論文字數：

10000～20000 字

十、論文格式：

請依一般論文撰寫格式（包括：題目、摘要、關鍵詞、內文、參考文獻等）

十一、聯絡資訊：

　　　　　論文定稿請以 E-mail 寄送

（一）聯絡人：周玉蘭助理

（二）電話：089-355760

（三）傳真：089-348244

（四）E-mail：yulan@nttu.edu.tw

（五）地址：950 臺東市中華路一段 684 號臺東大學語文教育研
　　　究所

《告別歷史──一個獨特語文教育研究所的結束》徵稿

＊徵稿辦法

一、緣起：

臺東大學語文教育研究所在學校的系所整併政策下，於 2011 學年度停招，名額轉給華語文學系碩士班，而獨立運作到 2012 年 8 月結束。本所日間班共招九屆、暑期班共招三屆，大家在這裡奉獻心力給語文教育研究，成績斐然，留有許多美好的回憶。如今一切將不能再延續了，遺憾會隨著孳生。因此，為了給大家最後一個緬懷的機會，特舉辦此徵文，集結成書，以便留作紀念。

二、主題：

告別歷史──一個獨特語文教育研究所的結束

三、子題：

（一）在東大語教所的那段日子

（二）懷念東大語教所的人或事或物

（三）校外對東大語教所的評價

（四）東大語教所對語文教育研究的貢獻

（五）期許再生出一個語教所

　　　（題目自訂）

四、徵稿對象：

　　　東大語教所畢業和在學所有夥伴及關心本所的朋友

五、截稿日期：

　　　即日起至 2011 年 12 月 20 日止（並請提供作者資料，表

　　格如附件）

六、字數：

　　　2000～3000 字

七、約定：

　　　此為私款付印，無力給稿酬，凡經收錄者，致贈成書乙冊。

八、附誌：

　　　東大語教所周慶華所長有一文交代系所合併始末，將於適

　　當時機公布並收錄於專書。

九、聯絡資料：

　　　文章定稿請以 E-mail 寄送

（一）聯絡人：周玉蘭助理

（二）電話：089-355760

（三）傳真：089-348244

（四）E-mail：yulan@nttu.edu.tw

（五）地址：950 臺東市中華路一段 684 號臺東大學語文教育研

　　　究所

東大語文教育叢書出版理念及書目

＊東大語文教育叢書出版理念

只要有教育，就一定會有語文教育；而有語文教育，也勢必要有語文教育研究來檢視它的成效和推動它的進程。因此，從事語文教育的研究，也就成了關心語文教育的人所可以內化的使命和當作終身的志業。

臺東大學語文教育研究所從 2002 年設立以來，一直以結合現代語文教學的理論及實務、發展多媒體語文教學、培養專業語文教育人才、提供在職教師語文教育進修和開拓未來語文教育產業等為發展重點，已經累積不少成果，今後仍會朝這個方向繼續努力，以便為語文教育開啟更多元的管道以及探索帶領風潮的更新的可能性。

先前本所已經策畫過「東大詩叢」和「東大學術」兩個書系，專門出版臺東大學師生及校友的詩集和臺東大學語文教育研究所研究生的學位論文，頗受好評。現在再策畫「東大語文教育叢書」新書系，結集出版臺東大學語文教育研究所舉辦的學術研討會和研究生論文發表會的論文，以饗同好，期望經由出版流通，而有助於外界對語文教育的重視和一起來經營語文教育研究的園地。

　　如果說語是指口說語而文是指書面語，那麼語文二者就是涵蓋一切所能指陳和內蘊的對象。緣此，語文教育就是一切教育的統稱而可以統包一切教育；它既是「語文的教育」，又是「以語文來教育」。在這種情況下，語文教育研究也就廣及各個語文教育的領域。本叢書無慮就是這樣定位的，大家不妨試著來賞鑑本叢書所嘗試「無限拓寬」的視野。

　　由於這套叢書的出版，經費由學校提供，以及學者們貢獻精心的研究成果，才能順利呈現在大家面前；以至從理想面的連結立場來說，這套叢書也是一個眾因緣合成的結晶，可以為它喝采！而末了，寧可當語文教育研究是一種「未竟的志業」，有人心「曷興乎來」再共襄盛舉！

＊東大語文教育叢書書目

書名	主編	出版地	出版社	出版年月	備註
《語文與語文教育的展望》	周慶華	臺北	秀威	2009.12	東大語文教育叢書一
《閱讀與寫作教學的新趨勢》	周慶華	臺北	秀威	2009.12	東大語文教育叢書二
《流行語文與語文教學整合的新視野》	周慶華	臺北	秀威	2010.08	東大語文教育叢書三
《語文產業》	周慶華	臺北	秀威	2010.11	東大語文教育叢書四
《跨領域的語文教學》	周慶華	臺北	秀威	2011.07	東大語文教育叢書五
《後全球化時代的語文教育》	周慶華	臺北	秀威	2011.07	東大語文教育叢書六

工作坊

＊兒童文學在教學現場工作坊

一、活動時間：2009 年 11 月 7、8 日（星期六、日）

二、活動地點：臺東校區語教大樓二樓書法教室

三、參與對象及人數：語教所、兒文所、語教系、華語系學生 30 人

四、活動程序表：

日期	時間	講師	講題
2009.11.7	第一節 （8:55-9:45） 第二節 （10:15-11:05） 第三節 （11:20-12:10）	高雄縣寶隆國小 林明玉老師	童話 VS.兒童
2009.11.7	第四節 （13:10-14:00） 第五節 （14:05-14:55） 第六節 （15:25-16:15）	臺東縣富山國小 陳意爭老師	繪本的解讀及實作

2009.11.8	第七節 （8:55-9:45） 第八節 （10:15-11:05） 第九節 （11:20-12:10）	彰化縣伸港國中 許靜文老師	少年小說在國中教室
2009.11.8	第十節 （13:10-14:00） 第十一節 （14:05-14:55） 第十二節 （15:25-16:15）	屏東縣海濱國小 許峰銘老師	童詩的理念 與創作技巧

＊語文教學戲劇化工作坊

一、活動時間：2010 年 5 月 1、2 日（星期六、日）

二、活動地點：臺東校區語教大樓二樓書法教室

三、參與對象及人數：語教所、兒文所、語教系、華語系學生 25
人、校外在職教師 15 人，合計 40 人（名額可以流用）

四、活動程序表：

日期	時間	講師	講題
2010.5.1	開幕 （8:45-8:55）	臺東大學語文教育研究所 周慶華所長	
2010.5.1	第一節 （8:55-9:45） 第二節 （10:15-11:05） 第三節 （11:20-12:10）	臺北縣更寮國小 林桂楨老師	閱讀教學讀者 劇場化
2010.5.1	第四節 （13:10-14:00） 第五節 （14:05-14:55） 第六節 （15:25-16:15）	臺東縣瑞豐國小 廖五梅老師	聆聽與說話教學 故事劇場化
2010.5.2	第七節 （8:55-9:45） 第八節 （10:15-11:05） 第九節 （11:20-12:10）	臺東縣富山國小 陳意爭老師	識字與寫字教學 相聲劇化

2010.5.2	第十節 （13:10-14:00） 第十一節 （14:05-14:55） 第十二節 （15:25-16:15）	屏東縣潮州國小 匡惠敏老師	作文教學 舞臺劇化

＊第一線語文教師的經驗分享

一、活動時間：2010 年 11 月 30 日（星期二）19：00～21：30

二、活動地點：臺東校區語教大樓二樓書法教室

三、參與對象及人數：全校師生 50 人

四、活動程序表：

主持人	發表人	論文題目
周慶華所長 臺東大學 語文教育 研究所	江芷玲碩士　臺東縣寶桑國小總務主任	新移民女性的語文教育
	陳佩真碩士 臺東縣東海國小教師	電視字幕對語言理解的影響
	陳意爭碩士 臺東縣富山國小 利吉分校教師	另類圖畫書教學
	許淑芬碩士 臺東縣泰源國小教師	作文病句救護站
	蔡佩玲博士 臺東縣新生國中教師 暨臺東大學英美系 兼任助理教授	華語文教學的新挑戰

＊新移民女性及其子女的語文教育工作坊

一、活動時間：2011 年 4 月 23、24 日（星期六、日）

二、活動地點：臺東校區語教大樓二樓書法教室

三、參與對象及人數：全校學生 20 人、校外在職教師 20 人，合計
　　40 人（名額可以流用）

四、活動程序表：

日期	時間	講師	講題
2011.4.23	開幕 （8:45-8:55）	臺東大學語文教育研究所 周慶華所長	
2011.4.23	第一節 （8:55-9:45） 第二節 （10:15-11:05） 第三節 （11:20-12:10）	江芷玲碩士 臺東縣寶桑國小 總務主任	新移民女性 種子教師的培訓
2011.4.23	第四節 （13:10-14:00） 第五節 （14:05-14:55） 第六節 （15:25-16:15）	許峰銘碩士 屏東縣海濱國小教師	新移民女性的 在地認同與文化啓蒙
2011.4.24	第七節 （8:55-9:45） 第八節 （10:15-11:05） 第九節 （11:20-12:10）	葉玉滿碩士 苗栗縣栗林國小教師 兼教務組長	新移民女性子女 全式國語文補救教學

| 2011.4.24 | 第十節
（13:10-14:00）
第十一節
（14:05-14:55）
第十二節
（15:25-16:15） | 匡惠敏碩士
屏東縣潮州國小教師 | 新移民女性的
讀報教育 |

＊語文教師增能工作坊：澎湖場

一、活動時間：2011 年 12 月 3 日（星期六）

二、活動地點：澎湖縣馬公國小視聽教室（澎湖縣馬公市明遠路 2 號）

三、參與對象及人數：澎湖縣在職教師 40 人

四、活動程序表：

時間	講師	講題
09：00 ｜ 09：10	開幕：	周慶華所長 臺東大學語文教育研究所
09：10 ｜ 10：00	鄭嘉璇碩士 澎湖縣中山國小教師	鄉土童書賞析示介（一）： 以《海田石滬》為例
10：10 ｜ 11：00	鄭孟嫻碩士 澎湖縣成功國小教師	鄉土童書賞析示介（二）： 以《我在篤行十村的日子》為例
11：20 ｜ 12：10	鄭揚達碩士 澎湖縣風櫃國小教師 兼教務組長	風櫃國小推動語文教育 成果分享
12：10 ｜ 13：10	午餐	
13：10 ｜ 14：00	許慧萍碩士 澎湖縣沙港國小教師 兼訓育組長	學童量詞概念的發展 與閱讀困難的解決
14：10 ｜ 15：00	許彩虹碩士 澎湖縣中興國小教師	識字教學新策略

	綜合座談 主持人：周慶華所長 引言人：鄭嘉璇老師 鄭孟嫻老師 鄭揚達老師 許慧萍老師 許彩虹老師	主題
15：20 ｜ 16：10		澎湖縣國小語文教育的現況 與展望

*創意圖畫書教學工作坊

一、活動時間：2012 年 5 月 5、6 日（星期六、日）

二、活動地點：臺東校區語教大樓二樓書法教室

三、參與對象及人數：全校學生 20 人、校外在職教師 20 人，合計
40 人（名額可以流用）

四、活動程序表：

日期	時間	講師	講題
2012.5.5	開幕（8:45-8:55）	臺東大學語文教育研究所 周慶華所長	
2012.5.5	第一節（8:55-9:45） 第二節（10:15-11:05） 第三節（11:20-12:10）	陳意爭碩士 臺東縣富山 國小利吉分校 教師	創意圖畫書 說話教學
2012.5.5	第四節（13:10-14:00） 第五節（14:05-14:55） 第六節（15:25-16:15）	許璦玲碩士 桃園縣草漯 國小教師	創意圖畫書 閱讀教學
2012.5.6	第七節（8:55-9:45） 第八節（10:15-11:05） 第九節（11:20-12:10）	李玉玫碩士 臺中市新興 國小教師	創意戲劇化 圖畫書教學
2012.5.6	第 十 節（13:10-14:00） 第十一節（14:05-14:55） 第十二節（15:25-16:15）	黃紹恩碩士 財團法人黃烈火 社會福利基金會 活動企畫	創意圖畫書 創作教學

*語文教師增能工作坊：臺北場

一、活動時間：101 年 5 月 26 日（星期六）

二、活動地點：臺北市辛亥國小會議室(臺北市文山區辛亥路四段
103 號)

三、參與對象及人數：各縣市在職教師 40 人

四、活動程序表：

時間	講師	講題
09：00 ｜ 09：10	開幕： 周慶華所長 臺東大學語文教育研究所	
09：10 ｜ 09：50 09：50 ｜ 10：30	曾麗珍碩士 臺北市延平國小教師	融合讀報與電影的閱讀教學
10：40 ｜ 11：20 11：20 ｜ 12：00	何秋董碩士 臺北市辛亥國小教師	語音的文化性教學
12：00 ｜ 13：00	午餐	

13：00 ｜ 13：40	瞿吟禎碩士 臺中市立人國小教師	編織式創意記敘文寫作教學
13：40 ｜ 14：20		
14：30 ｜ 15：10	張銘娟碩士 新北市昌平國小教師兼教學 組長	創意論說文寫作教學
15：10 ｜ 15：50		
16：00 ｜ 16：40	周靖麗碩士 臺北市辛亥國小教師 臺北市政府教育處輔導團國 小國語領域團員	創意閱讀認證
16：40 ｜ 17：20		
17：20 ｜ 17：30	閉幕：周慶華所長 臺東大學語文教育研究所	

夥伴得獎記盛

＊專業表現得獎一覽表

學號	姓名	時間	參與競賽.考試
9400302	侯雅婷	2007	全國創意教學數位媒體製作競賽教師組佳作
9400303	魏美娟	2007	全國創意教學數位媒體製作競賽教師組佳作
9400305	林亭君	2007	全國創意教學數位媒體製作競賽教師組佳作
9400307	陳韻竹	2007	全國創意教學數位媒體製作競賽教師組佳作
4195016	鄭嘉璇	2007	榮獲教育部閱讀史懷哲個人獎
9400303	魏美娟	2008	榮獲國立編譯館教科書博碩士論文獎助
41960016	鄭揚達	2008	澎湖縣 2008 年國教輔導團體辦理「語文領域優異教學技巧觀摩徵稿活動」佳作
9700302	謝欣怡	2009	東區聯合大專生求職履歷表競賽第二名
9700311	麥美雲	2009	外籍生 TOP 測驗高等七級
9700311	麥美雲	2009	2008 年外籍學生及僑生國語演講比賽外籍生組第一名
9400313	徐巧縈	2009	榮獲國立編譯館教科書博碩士論文獎助

41950011	葉玉滿	2009	2009 年苗栗縣攜手計畫課後扶助四項競賽：新移民子女生字詞彙補救教學榮獲優等
41950011	葉玉滿	2009	2009 年苗栗縣教師教育研究論壇暨創新教學徵文比賽：新移民子女聽說演故事教學榮獲甲等
41960016	鄭揚達	2009	國民小學教師國小組國語文學習領域優良命題榮獲甲等
41960022	徐培芳	2010	榮獲國立編譯館教科書博碩士論文獎助
41960011	蕭孟昕	2010	獲選「臺北市 2009 學年度讀報教育徵件活動」特優
41950011	葉玉滿	2010	2010 年全國多元文化教育優良教案徵選：月光光照四方榮獲國小組特優
41960025	匡惠敏	2010	2010 學年度參加屏東縣書寫本土我的愛《以讀者劇場融入國小鄉土語言教學之行動研究》教學研究論文榮獲優選
4195017	鄭孟嫻	2010	榮獲天下雜誌閱讀典範教師
41950003	董霏燕	2011	榮獲 2010 學年度臺東大學傑出校友
9500304	陳佩真	2011	榮獲微軟臺灣中小學創新教育競賽第三名
9900304	鍾文榛	2011	榮獲學生學習歷程管理平臺 e-Portfolio 設計班級競賽佳作
9800308	許瑞昌	2011	公共藝術設置案校園攝影比賽作品「登高」榮獲入選

活動采風

＊語文教師增能工作坊：澎湖場

＊後全球化時代的語文教育學術研討會

＊新移民女性及其子女的語文教育工作坊

＊語文產業學術研討會

＊第一線語文教師的經驗分享

＊語文教學戲劇化工作坊

＊閱讀與寫作教學的新趨勢學術研討會

＊兒童文學在教學現場工作坊

＊書刊編輯工作坊

＊語文教育研究所學術演講

＊語文教育研究所研究生論文發表會

＊所長上任茶會

＊語文教育研究所暑期班校外參訪

＊語文教育研究所節慶活動

附錄

語文教育研究在後全球化時代的終結與新生

——以臺東大學語文教育研究所為典範的相應的思考

周慶華

中國文化大學文學博士・臺東大學語教所所長

摘要

　　經濟、科技和相關思潮等全球化由西方社會所帶動後,已經造成地球資源枯竭、環境汙染、生態失衡、溫室效應、臭氧層破洞和核武恐怖等後遺症,必然要有反全球化才能化解能趨疲(entropy)危機。而這反全球化所要進入的後全球化時代,無法寄望西方社會內部自我產出見教,只能靠原就跟自然和諧共存的東方社會來形塑制衡力量。它在最新可能的言說形態是華語敘述,而有賴語文教育研究的發皇予以摶成。而這條道路的規模,經過臺東大學語文教育研究所的努力,逐漸顯出了清晰的面貌;但可惜的是它就要被裁併

終結了，只好另為期待透過既有研究成果的「連類效應」來引出它
的新生。

關鍵詞：全球化、反全球化、後全球化時代、華語敘述、語文教育
　　　　研究

一、全球化與後全球化

近十餘年來，全球化的呼聲和實踐，像一頭猛獸衝破網羅在世界狂奔。喜歡刺激新奇的人，跟著它到處遺留痕跡；而驚恐逃避的人，則駭異莫名家園所遭到的蹂躪。前者，主導趨勢，還一直在鼓動別人「跟上來」；後者，則傷感遽變，偶爾還會聲嘶力竭的「喊停」卻都徒勞無功！換句話說，有人參與了全球化的嘉年華會；有人卻希望全球化快點過去或終止而進入後全球化時代，這是兩股會相互拉扯的力量。

現在即使全球化已經遭受不少阻力而現出某種疲態，但還是有許多人樂觀它的持續深化。這些樂觀者，都是出自於西方社會（佛里曼〔T. L. Friedman〕，2008；史旭瑞特〔T. Schirato〕等，2009；傅頌〔A. Fourçans〕，2011）；也有出自非西方社會（王立文主編，2008），但那全是應和者。因為全球化本來就是西方人所帶動促成的，他們勢必要繼續推行全球化，才能維持既有的榮景和文化優勢；而非西方人則純粹是基於「沾點好處」而迎合參與全球化的運作，二者的主從地位不可移易。因此，我們所看到的是從近代以來的一條西化的道路：工業化／現代化→資訊化／後現代化→普遍化／全球化，這裡面非西方人從未主導過任何一個階段的變革。

如果說全球化是指全球性的人口、金融、資訊科技和商品等的流動現象（湯林森〔J. Tomlinson〕，2007：1～3），那麼這背後的推手就非西方霸權莫屬。而西方霸權長久以來在世界各地推動民主政治、自由貿易、知識經濟和社會福利等文化全面性亟欲同化的工

作,也已經形成一股「不可抗拒」的全球化氛圍,使得世界正在進行一體化的新構成。但由於這一新構成有強迫和威脅成分,所以全球化連帶的也遭到會引致負面效應的指控。這種指控,有的來自西方社會局部的「反思力量」,有的來自非西方社會的「恐懼反彈」(赫爾德〔D. Held〕等,2005:5~6;佛德曼〔T. L. Friedman〕,2006:9),於是就出現了全球化和反全球化的行動拉鋸。

雖然如此,全球化的真正的「動因」卻還是很少被察覺,致使反全球化就只能在表面的作為上給予抵制,根本無力在深層的信念上加以掀揭批判。有人認為全球化不是到了晚近才開始,它從十九世紀以來逐漸發生的跨國貿易和資金勞工的流動、甚至幾度的金融危機時期就出現了。(佛德曼,2006:7)這是無可懷疑的事;但當真要說有全球化的事實,還可以遠推到十六世紀宗教改革後一併興起的殖民主義和資本主義。基督教新教徒憑著他們「因信稱義」的信念,脫離舊教會的束縛,由於社會地位低落(而非上層社會的既得利益者),必須以快速致富的方式來改善處境,所以促成了資本主義的興起;爾後為了更能取得存在的優勢,連帶地到世界各地掠奪資源和建立根據地而造成殖民主義的隆盛(當今的美國和加拿大,就是被新教徒征服後興建的國家),而全球化也就從此時陸續的展開,迄今都不見平息當中藉別人的資源來實現自己「致富美夢」的優著氣燄。而基督徒所以會走到這個地步(舊教徒後來也紛紛受到刺激而跟著張揚起來),關鍵就在他們所信守的「原罪」觀。換句話說,原罪教條的訂定,勢必會影響到新教徒贖罪的恐懼(駭怕回不了天國)而恆久的不安於世。而緣於贖罪的必要性,一種深沉的塵世急迫感也悄悄的孳生,終於演變成要在現世累積財富兼及創

造發明（包括哲學、科學、文學、藝術和制度／器物等等的建樹翻新）來榮耀上帝並藉以獲得救贖；尤其在資本主義和殖民主義矯為成形後，更見這種「過度的煩憂」（相對的，同樣源自希伯來宗教的猶太教和伊斯蘭教，在它們流行的地區，因為沒有強烈的原罪觀念或甚至沒有絲毫原罪觀念，所以就不時興基督徒所崇尚的民主制度、科學至上和資本主義／殖民主義等行徑，以至相關的成就就沒那麼「耀眼」）。因此，它所體現的「創造觀」這一世界觀，就正好支持了它要以「創造」來回應上帝造人而人負罪被貶謫到塵世後的尋求救贖的「必經之路」。但可歎的是，非西方社會中人原不是這種信仰，卻在人家一番「傾銷」後「迎合」了上去，導至世界日漸一體化在窮為耗用地球有限的資源。（周慶華，2010：13～15）就因為這耗用地球有限資源而導至資源枯竭、環境汙染、生態失衡、溫室效應、臭氧層破洞和核武恐怖等後遺症，所以必須以反全球化來緩和能趨疲（entropy）的危機和挽救世界的沉淪！

既然要反全球化，那麼全球化就不能再看著它延續，而必須讓時序推進到後全球化時代。這是從現在漸漸廣見的反全球化思潮「加碼」（也就是知道轉批判西方人遺禍地球的根本原因而促其調整信念）後所期待實現的，雖然還不到時候，但在實質上已經理念發出了（周慶華，2010），遲早會有相關的迴響。

二、後全球化的「後」思維

其實，全球化歷經幾個世紀的衝撞，也快到強弩之末了。而當今綠能經濟的形成（麥考爾〔J. Makower〕，2009；山德勒〔A.

365

Schendler〕，2010；瓊斯〔V. Jones〕，2010）以及中國和印度等
第三世界的崛起（肯吉〔J. Kynge〕，2007；塞斯〔A. Chaze〕，
2007；馬哈揚〔V. Mahajan〕，2010），不啻在預告全球化必須走向
下一步了。只不過綠能經濟所強調的再利用和開發新能源等觀念和
作為，還是老套（只是轉成綠色資本主義罷了），並非真有助於終
結能趨疲的危機；而第三世界的崛起（尤其是中國躍升世界第二經
濟體最搶眼），儼然一切以「重構文明」或「再造文明」的新意識
在主導經濟和科技的運作，但情況卻無法這麼樂觀，因為西方強權
的經濟和科技全球化已經快要耗用完地球有限的資源，第三世界崛
起除了「拾人唾餘」還得分攤環境汙染和生態失衡等後果，基本上
沒有什麼遠景可以期待。因此，所謂後全球化的「後」，它的意義
還得越過這一新經濟和西方強權威力轉弱的「假相」而從徹底「反
全球化」來定位。

　　基於這個前提，後全球化的「後」思維就得有東西來填補反
全球化後所會出現的思想空缺。而這在我們必要凸顯主體的立
場，一定是先寄望自己採取行動來回應。因此，在這個重要時刻，
華語敘述就得積極形塑，以備「不時之需」。大家知道，敘述為人
類展示發達語言的運作能力以及刻意藉為區別學科的捷徑。（周慶
華，2002）它在如今正當全球化風捲殘雲而促使海峽兩岸同感必
要藉機發聲的關口，所推出的華語敘述就成了一個可以檢視的好
案例。只是華語敘述本身在缺乏「雄厚實力」作為後盾的狀況下
仍舊高揚不起來；尤其臺灣一地近年來的華語敘述熱潮卻難以激
起國際社會的迴響，就可見它的「主體性」未能完構的一斑。要
改善這種不利的處境，既有的華語敘述模式勢必得向新式的華語

敘述模式過渡，以未來可以有的相關「濟世」或「益世」的良方重新發聲，一切才庶幾可望！大體上，這一濟世或益世的良方，乃在於反全球化取向。換句話說，最有可能成為這一波反全球化的強大制衡力量的華語敘述及其抗衡式的華語帝國，則期待儘快形塑反轉來發揮濟危扶傾或挽救世局的功能。前者（指華語敘述），緣於面對歐美強權所推動的全球化浪潮，原自有一定威勢的傳統中國，竟也不能免俗的全心去擁抱，尾隨別人度日；以至百多年來一直不見自家面目，民族尊嚴從此掃地！因此，寄望一個新穎的華語敘述來針砭時局且試圖挽回失去的自信心，也就有「時代的意義」。而這個新變途徑，則在復振深化可以藉為濟危扶傾舉世滔滔暴亂安全閥的傳統仁學。傳統仁學以「推己及人」為張本，節欲面世，所具有的「縮結人情／諧和自然」特性，可以緩和西方強權為「挑戰自然/仿效上帝」所帶來的蹙迫壓力和迷狂興作。（周慶華，2005；2006；2007；2008；2010；2011）後者（指華語帝國），乃因英語帝國的形成，靠的是殖民征服和資本主義動能，使得英語在跨洲際的流動中取得一種「傾銷」和「迎合」的絕對優勢。如今另一個華語新興勢力正在醞釀，但要離可以成為華語帝國的目標還很遙遠。理由是華語背後的文化形態並不像英語背後的文化形態以造物主的支配身分自居，沒有殖民他者的強烈欲望和連帶興作資本主義，自然也無力反凌越西方社會而奪取帝國地位。但華語因內蘊「氣化觀」的韌度和諧和性，卻可以用來制衡英語帝國過度行使所導至的世界破敗的危機；而在相對上的挽救世局有功而自成一個抗衡式的帝國。這一抗衡式的帝國，在具體上可以使華語敘述從三方面來開展：第一，構設後環境生

態學。現行的環境生態學，大多是為了因應臭氧層破洞、溫室效應、酸雨危害、熱帶雨林減少、土地沙漠化、野生動物瀕臨絕種、海洋污染和有害廢棄物等問題，但實質成效卻極有限。這癥結乃在西方資本主義所帶動的全球化，迫使舉世參與耗用資源所造成的；大家不反資本主義，就拯救不了地球。因此，新的解決途徑，就在從恐懼全球化出發，徹底反資本主義，並使相關議題推進到後環境生態學的層次。

第二，強化災難靈異學。有關災難的界定，常被「自然」化或「物理」化，而忽略它跟靈界的連結而不為無意性。它的種類多，乃是為平衡生態所採取的手段不同，人間儼然是靈界的試煉場域。在這個場域裡，死亡成了災難最深的見證；而當中又有慢速死亡的潛在性災難在拖長試煉，更具警惕意味！但一般的解釋都僅止於人謀不臧或神鬼作怪，殊不知它是靈界為回歸秩序化所作的調整，災難種類多及死亡多樣化，所代表的是靈界的對策「多管齊下」，為的是因應靈界分項負責者的不同能耐。因此，循著災難必現靈異的理路，可以構設出一套災難靈異學；至於它還有一些非本質的難題，則不妨俟諸異日再行深入處理。

第三，開啟新靈療觀。舊靈療以撫慰受傷殘的靈體和協商索討者去執或力勸當事人對外靈的寬恕，效果普通、甚至鮮見真正的療癒案例。它除了不懂靈靈互涉或靈靈互槓的輪迴潛因，而且還低估了靈體互有質差的重要性，以至經常事倍功半。如今倘若大家覺得靈療還有存在的空間，那麼它勢必是啟靈式的，以強化靈體對「相敬兩安」、「無求自高」、「修養護體」和「練才全身」等策略的深切體認，才有辦法逐漸扭轉他者靈療為自我靈療，而取得雖然弱勢卻

是強者的存在優勢；進而以此新靈療觀開啟緩和輪迴壓力和特能因應能趨疲危機的稀罕新遠景。

這麼一來，所謂的後全球化，也就不同於當今許多反全球化聲浪所想推進的時代。後者有原始主義（返回未有全球化時代）、社會改良主義（主張在發達國家和發展中國家之間建立一種平等互利的關係）、民族主義（反對西方文化的入侵和普遍化擴張）、原教旨主義（想透過自己所認同價值觀的普遍化擴張來對抗西方價值觀的普遍化擴張）和馬克思主義（要打破資本主義一統天下的局面）等反全球化運動（汪信硯，2010），但它們僅是消極抵抗或不附和而未能極力批判的取向，卻都成了全球化的組構成分而欲「後」無由；更何況裡面所摻雜的要從「普遍價值原則」（如保護生態環境、控制核武擴散、尊重人權和信仰自由等）來解決全球化偏狹化困境的遐想（同上），也如同天邊雲霓，杳不可及，因為全球化的單一價值觀如果可以被扭轉也就不致有今天不堪的下場了。換句話說，所以會有全球化，就是西方創造觀型文化單一價值觀所強力促成的，今天要它容受其他文化的價值觀，那就等於不必認同它而全球化也可以不發生了；但事實卻不是這樣，只要全球化存在一天，西方創造觀型文化的單一價值觀就不可能退讓而自行縮手。因此，所謂的普遍價值原則，最後也都要由西方人所欽定才算數，不可能經過別人的認定而後要求他們來信守。但這在培植一個深具抗衡力量的華語敘述上就不同了；它除了可以自持，還可以推廣以拯救世界的危殆（也就是一方面不隨人起舞；一方面看準世界弊病而提供新療方），遠比那些只能從「自己的立場」出發的反全球化運動來得務實有效。

三、全球化時代語文教育研究的命運

　　可以統攝理性和感性認知的語文教育研究，在後全球化時代應該能夠據此發展的，但它在全球化時代卻早就消沉了；以至所要藉它來接上這裡倡議的致力於華語敘述的發展，就得再費心別為規畫了。也就是說，原特別重要的語文教育研究這種話語，它還沒來得及後設思考到可以主導反全球化運動的階段，就先被掃進歷史的陳跡裡，致使現在有反全球化的需求才要重振它來擔任形塑華語敘述此一非常的任務。而這不妨從語文教育研究在全球化時代的命運談起。

　　倘若說語是指口說語而文是指書面語，那麼語文二者就是涵蓋一切所能指陳和內蘊的對象。（周慶華，2004：1～2）緣此，語文教育就是一切教育的統稱而可以統包一切教育；它既是「語文的教育」又是「以語文來教育」。在這種情況下，語文教育研究也就廣及各個語文教育的領域。（周慶華主編，2010：東大語文教育叢書出版理念1）但現今卻因為受到學科劃分的限制，語文教育研究反而被拘泥在語言／文學（或文章）教育研究的範疇，大為縮小所該有的領地。而即使是這樣，它所研究的「語文教育」這一對象在全球化時代，也早已深陷「難以開展」的窘境！

　　由於全球化是「一個不斷地國際探險、侵略和殖民的長期發展下的結果，經由經濟、武力、宗教及政治利益方面的行動，並透過交通和傳播技術的高度發展，才有辦法形成」（愛德華〔R.Edwards〕等，2003：17引伊凡斯說），所以在它強勢且逼迫別人就範的氛圍

中，所有的教育就不得不跟著改絃更張；以至有人所指出世界各地
的教育或學校教育改革所具有的「緊密連結學校教育、就業、生
產力和貿易，以提升國家經濟」、「提升學生在就業相關的技能和
能力的成效」、「在課程內容和評量中，取得更直接的控制」、「減
少政府對教育的花費」和「使社區更直接地參與學校決策，以面對
市場選擇的壓力，增加教育的投入」等五項基本要素（同上，5引
卡特等說），也就無慮是這一波教育市場化的最深標識。就因為一
切以市場為導向，教育不再像早期可以多元博雅的發展（中華民
國比較教育學會主編，1996；中國教育學會主編，2000；鄭燕祥，
2006；黃乃熒主編，2007），所以相關研究也順勢自我屈就（無能
回過頭來引領風尚）；而語文教育研究這一不具競爭力的領域，自
然很快的被邊緣化，從此不再聽到它還有「什麼希望」可說。

　　此外，原來教育所要傳遞的知識實體和精熟，也因為全球化而
出現機構和專業的認同危機：「在全球化特殊現象中，當知識、教
學論和教師不再視為必須具備權威時，且透過符號和意指實踐的豐
富性可以壓倒他們的話，他們依然具有主體性嗎？在全球化現象
中，這些問題假定擁有重要的顯著意義，因為它的確就在這些現象
中，且具備學校教育解組、認識論的不確定性以及電子文本等特
質，權威將會被推翻。」（愛德華等，2003：165 引摩根等說）這
種危機，也使得學習誘惑在教育內的定位無端的弔詭起來：「這確
實是一項成就，教師使學習更加無趣、沮喪、灰暗、無性欲！我們
必須理解如何滿足社會的需求。假如人類對學習非常瘋狂的話，就
如同他們在做愛一般，想像一下，這會發生什麼事情。人群會衝撞
並推開學校的大門！這可能是一場極端的社會災難。因此，你必須

讓學習更加惹人討厭，如此才能限制運用知識的人群數目。」（愛德華等，2003：166引傅柯說）

換句話說，全球化也讓集體學習瓦解以及促成不同行為的可能性。這樣所謂的教育研究又要研究什麼？它不就在教育理想性失落的過程中也喪失了著力點？而已經被邊緣化的語文教育研究，豈不是要更加的「舉棋不定」？因此，不論是市場導向還是認同危機，語文教育研究都不得不進入慘淡的黑暗期。

更有甚者，全球化所一併帶動的後現代解構思潮，把語文的創作和接受當作是不斷補充匱缺和游移填實空白的歷程（伊瑟爾〔W. Iser〕，1991；薩莫瓦約〔T. Samoyault〕，2003；德希達〔J. Derrida〕，2004），而完全不理會自我理論本身的盲點（如「不斷補充匱缺」和「游移填實空白」等也得回返自身，而造成相關論點都不再可信）（周慶華，2009），它竟也風行了又風行；導至一切語文研究和語文教育研究彷彿都快要變得不可能！而這讓原本就受制於市場化和缺少認同的語文教育研究更為雪上加霜，再也無人相信可以重擊大纛揚威！

語文教育研究在全球化時代的命運是這樣。它勤於尋覓自己的領屬，卻發現前有敵陣後有潰兵；而呼求不會有響應，且孤立無援還遭逢長年的寒冬！這是它從「一切」教育研究萎縮到「語言／文學（或文章）」教育研究而「廣大」的精神闇默不彰以來，再一次廢敗消沉，不知何時才能重見天日而輝煌起來。

四、語文教育研究在後全球化時代的持續蕭條

前面所揭發的全球化和反全球化兩種情境，照理前者是要被看壞而後者是要被深為期待的，但整體情況卻是後者還在難產中而前者依然如脫韁野馬，致使凋零殆盡的語文教育研究更無從「起死回生」。因此，語文教育研究在後全球化時代的持續蕭條，也就是預測兼事實的描述。這本來是註定如此的事，毋須再次提醒大家強為認知；但這裡為了看它是如何「持續」蕭條的以及要從那裡去尋求轉機，所以才另立一節來「接著談」。

以臺灣來說，原語文教育研究大多集中在幾所師範院校，偶爾還可以看到對語文教育「熱中」的現象（如舉辦學術研討會、撰寫學位論文和出版叢書等），但近年來師範院校紛紛改制後，相關的語文教育系所也跟著轉型，如今僅剩臺東大學語文教育研究所和臺中教育大學語文教育系所，整體研究人力突然大幅縮小；而外界一點也不為語文教育研究低迷而感到惋惜！國外過去還有人在為人文和科學「兩種文化」的分化而呼號，希望透過教育來縫合：「教育不是解決問題的全部答案，但如果沒有教育，西方世界甚至不知如何下手解決問題。所有的矛頭都指向同一個方向：縮小我們兩種文化間的差距……為了知性的生活、為了我國的特殊危機、為了西方世界隨時會爆發的貧富差距危機、為了那些只要世人運用一點智能就能脫離貧困的窮國等等，我們、美國和所有西方世界，都有義務用最新的眼光，重新檢視我們的教育。」（史諾〔C. P. Snow〕，2000：145）

　　但現在我們卻看不到語文教育研究被其他學科研究凌駕而有人站出來講一些「振奮人心」的話；好像是「全球化社會要湮沒它的」只好認了。如此一來，語文教育研究就不得不退到角落去「苟延殘喘」，有心人多嚷嚷反而會被視為不自量力兼自討沒趣！然而，大家又知道語文教育還一直存在著，而存在著的語文教育又不能沒有相關的研究來提升它的品質和引導未來的走向。因此，儘管已經到了後全球化時代而語文教育研究還在持續蕭條，我們仍然得期待它重新活絡起來，這才相應於大家正要過渡的後全球化時代的理想需求。

　　事實上，並不是毫無表現可以給這個看似空窗期的「後語文教育研究」時代增添光彩的。因為我所服務的臺東大學語文教育研究所從 2002 年設立以來，就以全國唯一從事專業的語文教育研究相標榜，並試圖以結合現代語言教學的理論及實務、發展多媒體語文教學、培養專業語文教育人才、提供在職教師語文教育進修和開拓未來語文教育產業等為發展重點，到今年度已經有一百多篇的學位論文以及學位論文出版五十多種。另外，還有語文教育叢書的陸續出版以及我個人出版的書等。這些成果固然還嫌單薄，也未必都朝著反全球化的方向，但在語文教育研究一片沈寂的後全球化時代，我們是有那麼一點信心想喚醒正在「居後」而卻還不知「清醒」的心靈。只不過很可惜，這樣一個研究成效超常的研究所，卻迫於現實環境被學校的整併政策終結了，永遠不再招生；明明才剛站起來演奏一首好曲子，卻馬上要成為絕響！因此，原應再出餘力反全球化的，現在就真的參與了蕭條的行列。這實在是一齣時代的反諷劇，連我們身在當中的人都訝異莫名！

　　語文教育研究的最後一個據點撤去後，似乎相關的志業也要停止了。這是我們此時此刻不得不憂心的地方！但也因為前路被截斷了，所以正好可以促使大家再行思考後續反全球化的「能量積蓄」問題。換句話說，正由於一個有能力開啟新氣象的語文教育研究所被迫結束經營，才激起我們想到接下來「那裡找轉機」的問題。因此，前面所說的持續蕭條的語文教育研究如何尋求轉機一語，也就是因為有正要「大展鴻圖」的臺東大學語文教育研究所的終結而讀留給大家一起來研議。它可以不成功，但不能沒有此一志意。

五、終結後的新生的可能性

　　今後的語文教育研究，終究是要致力於形塑華語敘述且作為反全球化的制衡力量，從自我完足到落實為第一線教育的參鏡來發揮影響力，它才有現實感和理想性。而這也不能因為一個研究所的結束，就放棄別的可能的新生期待。縱是如此，這裡面還有一點轉折，我們得先通過它，以便能順利的「到達彼境」。

　　這是緣於有所要形塑的華語敘述何以是最合適反全球化（而不是靠其他敘述）一個問題存在，不先解決它也就無法保障自我立論的可靠性。我們知道，人的一切行為都可以上溯到世界觀來理解（終極信仰本是最優位的，但當世界觀據它而形成後，它就內在當中，所以只要追究到世界觀就可以了）。而如果不是出於迎合信仰，所信守的世界觀根本無涉「創造觀」的非西方社會中人是不可能參與全球化的運作的。理由是非西方社會中人原信守的世界觀，主要有中國傳統的「氣化觀」和印度佛教所開啟的「緣起觀」：一個相信

宇宙萬物是由精氣化生的，特別講究諧和自然和縮結人情；而一個相信宇宙萬物是由因緣和合而成的（不為所縛就成佛），特別講究自證涅槃和解脫痛苦。（周慶華，2005；2007；2008）信守這兩種世界觀的人，都不會有類似信守創造觀的人那樣「急切」的演出終至「失態」！然而，百年來抵擋不了西方霸權凌厲的攻勢，原信守上述兩種世界觀的人都走出陣地降敵去了，徒然遺下一個本可以「試為拖延卻不願等待」的喟歎！

這顯示信守氣化觀和緣起觀的人也有「墮落」的潛能（才會盲目屈就）；原先他們無知所期望的追趕或超越西方的成就，事實證明已經是夢幻泡影（不但如民主政治的追求而造成社會內部更大的不安，還有其他如科技的發展／學術的構設／文學藝術的創作等也都「小人一號」），永遠只能成為人家的影子，而釀成舉世一起陷入不可再生能量即將趨於飽和的危機！因此，要有新的世界觀來對抗這些舊的世界觀，才有可能讓岌岌可危的世界「起死回生」。

雖然如此，要大家全然棄守舊的世界觀而改崇尚新的世界觀，可能會難如登天；而這就得先從兩種世界觀的多元辯證做起，然後再逐漸走向所要追尋的目標（以至真的走到那個地步又要如何的問題，則可以屆時再議，現在無法預期）。由於這種多元辯證是要在地進行，以達普遍化革新的效果，所以它可以「上升」為一種反全球化的新媒因（memes）。

媒因，作為「思想傳染因子」（道金斯〔R. Dawkins〕，1995；林區〔A. Lynch〕，1998），在類比上所能提供給在地反全球化的動力是那構想的「切合時代需求性」，要阻擋它傳播的人必須加倍的付出心力。換句話說，反全球化的新媒因從在地出發（不論由誰來倡

議），連結成網絡，最後一定可以看到改善當前處境的成效。而這內在的動能，就在於透過多元辯證兩種世界觀而推出的新方案。

這個新方案，由新能趨疲世界觀分別來對治既有的世界觀，一方面極力批判規諫信守創造觀的人必要淡化對天國的嚮往，不能再無視於大多數的蒼生還要在地球上「寄生」（他們根本不知道有什麼天國可嚮往或無法認同對方所嚮往的天國），自己多耗用一份資源就會減少別人一次生存的機會，同時也直接間接的危及自己後世子孫的存在優勢；一方面則多方提醒奉勸信守氣化觀和緣起觀的人得從盲目跟隨的迷茫中醒悟過來，究竟是一起走上「同歸於盡」的末路還是自我節制而清貧過活，總得作個抉擇。然後當對治有效了，就可以回過頭來強化新能趨疲世界觀的正當性。此外，既有的創造觀、氣化觀和緣起觀等，各自信守的人又可以進行「內部」的辯證，透過「諧和自然／縮結人情」和「自證涅槃／解脫痛苦」的作為來折衝緩和「挑戰自然／媲美上帝」的激化，次階段性的有果效後又可以晉身回返新能趨疲世界觀而讓它「總其成」。而這不在意從一小地方開始踐履連結，冀能廣起效應；以至反全球化媒因的在地新構想就「於焉形成」，從此再也不須疑慮反全球化會無處著力。（周慶華，2010：15～19）所謂可以作為反全球化憑藉的華語敘述，就是要在這一「在地新構想」的發覺凸顯上。它因為還有氣化觀的內質以及兼納緣起觀的輔佐，如果能再促使創造觀反向思變，那麼它就能達成反全球化的目的，而實踐第二節所說那三個向度。

華語敘述不是一蹴可幾（得先克服它有別其他敘述的自我顯能難以「立即見效」的困境），所以它也不可能有相關研究所的存在

就會「積效卓著」，更何況它就要吹熄燈號了呢！因此，務實一點的，我們是要靠它的「連鎖效應」來展開全面性的批判，使得反全球化成為日益普遍的運動；同時以不隨順興作科技、資本主義和殖民征服等「自然」的化解能趨疲危機（而不是像第二節所引論者遐想的先塑造一些價值原則，然後再去解決全球化的困境）。而這種連鎖效應，是以冀望已經播下的研究者種子及其研究成果直接間接的激勵更多人加入反全球化行列為最近途徑的。而在這種情況下，一個有指標性的研究所的終結，毋乃也因此「希冀可成」而如同獲得了新生。換句話說，研究所的結束倘若能夠引發大家珍惜所擁有的經驗而有機會就去實行推廣，那麼研究所不就重獲新生了嗎？所謂「終結後的新生的可能性」，也就因為這樣而得到了肯定。

參考文獻

山德勒（2010），《綠能經濟學──企業與環境雙贏法則》（洪世民譯），臺北：繁星多媒體。

王立文主編（2008），《全球在地文化研究》，臺北：秀威。

中國教育學會主編（2000），《跨世紀教育的回顧與前瞻》，臺北：揚智。

中國比較教育學會主編（1996），《教育：傳統、現代化與後現代化》，臺北：師大書苑。

史　諾（2000），《兩種文化》（林志成等譯），臺北：貓頭鷹。

史旭瑞特等（2009），《全球化觀念與未來》（游美齡等譯），臺北：韋伯。

伊瑟爾（1991），《閱讀活動──審美反應理論》（金元浦等譯），北京：中國社會科學。

佛里曼（2008），《世界又熱、又平、又擠》（丘羽先等譯），臺北：天下。

佛德曼（2006），《了解全球化》（蔡繼光等譯），臺北：聯經。

汪信硯（2010），〈全球化與反全球化──關於如何走出當代全球化困境問題的思考〉，於《北京大學學報（哲學社會科學版）》第 47 卷第 4 期（33～34、35），北京。

肯　吉（2007），《中國撼動世界：飢餓之國崛起》（陳怡傑等譯），臺北：高寶國際。

周慶華（2002），《故事學》，臺北：五南。

周慶華（2004），《語文研究法》，臺北：洪葉。

周慶華（2005），《身體權力學》，臺北：弘智。

周慶華（2006），《靈異學》，臺北：洪葉。

周慶華（2007），《走訪哲學後花園》，臺北：三民。

周慶華（2008），《轉傳統為開新──另眼看待漢文化》，臺北：秀威。

周慶華（2009），《文學詮釋學》，臺北：里仁。

周慶華（2010），《反全球化的新語境》，臺北：秀威。

周慶華主編（2010），《流行語文與語文教學整合的新視野》，臺北：秀威。

周慶華（2011），《語文符號學》，上海：東方。

馬哈揚（2010），《非洲崛起：超乎你想像的 9 億人口商機》（陳碧芬譯），臺北：高寶國際。

麥考爾（2009），《綠經濟：提升獲利的綠色企業策略》（曾沁音譯），臺北：麥格羅·希爾。

傅　頌（2011），《青少年也懂的全球化》（武忠森譯），臺北：博雅。

黃乃熒主編（2007），《後現代思潮與教育發展》，臺北：心理。

湯林森（2007），《文化與全球化的反思》（鄭棨元等譯），臺北：韋伯。

塞　斯（2007），《印度：下一個經濟強權》（蕭美惠等譯），臺北：財訊。

愛德華等（2003），《全球化與教學論》（陳儒晰譯），臺北：韋伯。

赫爾德等（2005），《全球化與反全球化》（林佑聖等譯），臺北：弘智。

德希達（2004），《書寫與差異》（張寧譯），臺北：麥田。

鄭燕祥（2006），《教育範式轉變：效能保證》，臺北：高等教育。

瓊　斯（2010），《綠領經濟：下一波景氣大復甦的新動力》（鄭詠澤等譯），
臺北：野人。

　薩莫瓦約（2003），《互文性研究》（邵煒譯），天津：天津人民。

編後記

周慶華

中國文化大學文學博士・臺東大學語教所所長

語教所最近三年，是狀況最好也最艱困的時期。最好，是因為夥伴們不畏外面的狂風暴雨，仍然同舟共濟，齊力維護所的優質傳統；最艱困，則是所被迫整併停招，甚至還常有人在覬覦所現有的資源。

由於所僅剩最後一個階段，而我接掌所務又不願看到所因外在壓力而無所作為，所以連續辦了三場學術研討會、六場語文教學工作坊、十幾場學術演講和出版六本語文教育叢書，以展現所最大的熱力。夥伴們也都卯足了勁，在跟所一起應和舞動，一點也看不出所就要結束的傷感落寞。

在這個過程中，有不少學術界的朋友慷慨協助所的運作，或幫忙審查口試論文，或應邀來演講及發表論文，或給予精神上的支持；如今又有部分抽空響應紀念文集的徵稿，盛情常在而令人感動！

至於日間班和暑期班的夥伴們，平時就很貼心自辦許多活動在活絡所的運作，現在不論畢業或還在學的，仍不斷捎來問候、致贈禮物和保健食品以及關心所走出歷史舞臺的善後問題。

　　編這本紀念文集，本來以為它可以說明一切了，但現今看來似乎還不足以完全剖白心跡，因為還有太多的不捨！像王萬象教授除了始終陪著語教所打拚，還一直勸我留下來完成其他未竟的志業，我卻無法回應他的隆情盛意；又像助理玉蘭和曾經長期代理過助理的依錚和詩惠，她們毫無怨言且十分能幹的幫忙處理行政業務，而我也無從為她們安排較好的出路，這些都只能留在心底惦念。

　　等語教所獨立運作告一段落，我也要離開學校去過還沒有規畫的退休生活。不是我忍心棄還可以有跟未來夥伴一起鑽研學術的機會於不顧，而是學校和大環境已經變質到無力想像的地步，這時就真的是一人難以敵眾人而想改革卻無處著力了。不過，有緣大家還是可以相聚，談天論學，交換時事心得，只是屆時又不知會是什麼心情。

社會科學類　ZF0030

告別歷史
——一個獨特語文教育研究所的結束

編　　者 / 周慶華
作　　者 / 周慶華、王萬象、楊秀宮、歐崇敬、鍾屏蘭、黃筱慧、許文獻、
　　　　　彭正翔、黃亮鈞、周靖麗、陳意爭、許靜文、林明玉、許淑芬、
　　　　　匡惠敏、林彥佑、蕭孟昕、林桂楨、許瓔玲、何秋董、瞿吟禎、
　　　　　張銘娟、黃紹恩、許彩虹、史益山、李心銘、林怡沁、黃獻加、
　　　　　蔡正雄、廖五梅、曾振源、巴瑞齡、林靜怡、江依錚、陳雅音、
　　　　　黃梅欣、鍾文榛、周玉蘭（依章節順序排名）
責任編輯 / 陳佳怡
圖文排版 / 楊尚蓁
封面設計 / 蔡瑋中

出 版 者 / 周慶華
　　　　　臺東市中華路一段 684 號
　　　　　電話：089-318855
法律顧問 / 毛國樑　律師
製作發行 / 秀威資訊科技股份有限公司
　　　　　114 台北市內湖區瑞光路 76 巷 65 號 1 樓
　　　　　電話：+886-2-2796-3638　傳真：+886-2-2796-1377
　　　　　http://www.showwe.com.tw
劃撥帳號 / 19563868　戶名：秀威資訊科技股份有限公司
　　　　　讀者服務信箱：service@showwe.com.tw
展售門市 / 國家書店（松江門市）
　　　　　104 台北市中山區松江路 209 號 1 樓
　　　　　電話：+886-2-2518-0207　傳真：+886-2-2518-0778
網路訂購 / 秀威網路書店：http://www.bodbooks.com.tw
　　　　　國家網路書店：http://www.govbooks.com.tw
圖書經銷 / 紅螞蟻圖書有限公司
　　　　　114 台北市內湖區舊宗路二段 121 巷 28、32 號 4 樓
　　　　　電話：+886-2-2795-3656　傳真：+886-2-2795-4100

2012 年 6 月 BOD 一版
定價：470 元

國家圖書館出版品預行編目

告別歷史：一個獨特語文教育研究所的結束 / 周慶華等作.
　--一版.--臺東市：周慶華, 2012.06
　　面　；　　公分. --(社會科學類；ZF0030)
　BOD版
　ISBN 978-957-41-9073-7(平裝)

　1. 國立臺東大學語文教育研究所　2. 文集

525.833/139　　　　　　　　　　　　　101007349

讀者回函卡

感謝您購買本書，為提升服務品質，請填妥以下資料，將讀者回函卡直接寄回或傳真本公司，收到您的寶貴意見後，我們會收藏記錄及檢討，謝謝！如您需要了解本公司最新出版書目、購書優惠或企劃活動，歡迎您上網查詢或下載相關資料：http:// www.showwe.com.tw

您購買的書名：＿＿＿＿＿＿＿＿＿＿＿＿＿＿＿＿＿＿＿＿＿＿

出生日期：＿＿＿＿＿年＿＿＿＿月＿＿＿＿日

學歷：□高中 (含) 以下　　□大專　　□研究所 (含) 以上

職業：□製造業　□金融業　□資訊業　□軍警　□傳播業　□自由業
　　　□服務業　□公務員　□教職　□學生　□家管　□其它＿＿＿

購書地點：□網路書店　□實體書店　□書展　□郵購　□贈閱　□其他

您從何得知本書的消息？

　□網路書店　□實體書店　□網路搜尋　□電子報　□書訊　□雜誌
　□傳播媒體　□親友推薦　□網站推薦　□部落格　□其他＿＿＿＿＿

您對本書的評價：（請填代號　1.非常滿意　2.滿意　3.尚可　4.再改進）

　封面設計＿＿＿　版面編排＿＿＿　內容＿＿＿　文／譯筆＿＿＿　價格＿＿＿

讀完書後您覺得：

　□很有收穫　□有收穫　□收穫不多　□沒收穫

對我們的建議：＿＿＿＿＿＿＿＿＿＿＿＿＿＿＿＿＿＿＿＿＿＿

＿＿＿＿＿＿＿＿＿＿＿＿＿＿＿＿＿＿＿＿＿＿＿＿＿＿＿＿＿＿＿

＿＿＿＿＿＿＿＿＿＿＿＿＿＿＿＿＿＿＿＿＿＿＿＿＿＿＿＿＿＿＿

＿＿＿＿＿＿＿＿＿＿＿＿＿＿＿＿＿＿＿＿＿＿＿＿＿＿＿＿＿＿＿

11466
台北市內湖區瑞光路 76 巷 65 號 1 樓

秀威資訊科技股份有限公司　　　收

BOD 數位出版事業部

....

（請沿線對折寄回，謝謝！）

姓　　名：＿＿＿＿＿＿＿＿＿　年齡：＿＿＿＿　性別：□女　□男

郵遞區號：□□□□□

地　　址：＿＿＿＿＿＿＿＿＿＿＿＿＿＿＿＿＿＿＿＿

聯絡電話：(日) ＿＿＿＿＿＿＿＿＿　(夜) ＿＿＿＿＿＿＿＿＿

E-mail：＿＿＿＿＿＿＿＿＿＿＿＿＿＿＿＿＿＿＿＿＿